Research on Business Structure Evolution and Commercial Subject System Innovation in the Digital Economy Era

数字经济时代的营业性构造演进与商主体体系创新研究

汪青松　著

图书在版编目（CIP）数据

数字经济时代的营业性构造演进与商主体体系创新研究 / 汪青松著. -- 北京：北京大学出版社，2025. 1. ISBN 978-7-301-35748-4

Ⅰ．F272

中国国家版本馆 CIP 数据核字第 2024W4A697 号

书　　　名	数字经济时代的营业性构造演进与商主体体系创新研究
	SHUZI JINGJI SHIDAI DE YINGYEXING GOUZAO YANJIN YU SHANGZHUTI TIXI CHUANGXIN YANJIU
著作责任者	汪青松　著
责任编辑	吴佩桢　张　宁
标准书号	ISBN 978-7-301-35748-4
出版发行	北京大学出版社
地　　　址	北京市海淀区成府路 205 号　100871
网　　　址	http://www.pup.cn
新浪微博	@北京大学出版社　@北大出版社法律图书
电子邮箱	编辑部 law@pup.cn　总编室 zpup@pup.cn
电　　　话	邮购部 010-62752015　发行部 010-62750672
	编辑部 010-62752027
印　刷　者	北京溢漾印刷有限公司
经　销　者	新华书店
	730 毫米×1020 毫米　16 开本　17.25 印张　309 千字
	2025 年 1 月第 1 版　2025 年 1 月第 1 次印刷
定　　　价	68.00 元

未经许可，不得以任何方式复制或抄袭本书之部分或全部内容。
版权所有，侵权必究
举报电话：010-62752024　电子邮箱：fd@pup.cn
图书如有印装质量问题，请与出版部联系，电话：010-62756370

国家社科基金后期资助项目
出版说明

　　后期资助项目是国家社科基金设立的一类重要项目,旨在鼓励广大社科研究者潜心治学,支持基础研究多出优秀成果。它是经过严格评审,从接近完成的科研成果中遴选立项的。为扩大后期资助项目的影响,更好地推动学术发展,促进成果转化,全国哲学社会科学工作办公室按照"统一设计、统一标识、统一版式、形成系列"的总体要求,组织出版国家社科基金后期资助项目成果。

全国哲学社会科学工作办公室

序

回眸过往,奠基于第一次工业革命和欧洲法典化时代的商主体理论与制度,以现实空间发生的可见商事活动为情境、以砖混砌成的工厂与商店为参照、以民法的自然人主体原型为蓝本、以独立实体观念为基础,建构起"营利性目的+营业登记"的民商事主体界分标准和"商个人""商合伙"与"商法人"三分的商主体类型化体系。岁月荏苒、时代变迁,一百多年时光流逝,科学技术与社会经济的发展翻天覆地,但商主体体系的理论和制度却仿佛冰封在早已远去的十九世纪,千篇一律地重弹着与时代脉搏格格不入的旧调陈词。

转眼当下,信息技术的日新月异已经将我们带入全新的数字经济时代,规模经济、零工经济、共享经济、众创经济、平台经济等理念不断推动着商业模式演绎出千变万化的"颠覆性创新",有别于传统商主体法律形态的新型"营业性构造"层出不穷:自然人借助淘宝、微信等网络系统和移动客户端可以瞬间"化民成商";信息技术的飞速发展使得存在已久的公司集团的信息传递与控制管理变得更加便捷;平台型企业以其迥异于传统"科斯式企业"的生态化演进身姿异军突起;区块链技术进一步推动了组织的虚拟化、去中心化发展趋势。

不言而喻,商主体在市场实践层面与理论制度层面的严重背离已经一目了然,植根于自然人原型之上的私法主体制度,囿于形式理性与伦理观念,难以对商主体的技术特征与构造演进予以充分涵摄,面对数字经济时代不断涌现的新型"营业性构造",既有商主体体系化的理论与制度已经失去其合理性与解释力,亟待进行既承继传统,又回应现实和面向未来的体系化创新。就创新的目标而言:一是推动商主体理论和制度摆脱传统民事主体制度以自然人为原型的"社会伦理构造"的囿限,实现其向以组织体为典型的"市场理性构造"本质的回归;二是建构起从"实践样态"到"法律形态"再到"法学范畴"的商主体理论生长路径;三是回应数字经济时代的"营业性构造"法治化发展需要和《民法典》统领下的中国特色商主体制度的创新需求。

为达成上述目标,本书将以商主体体系化的传统理论与制度为坐标,通过对数字经济时代的"营业性构造"的典型样态与演进趋势的描述来揭示商主体理论制度与市场实践的貌合神离,随后在对个人维度和组织维度的"营业性构造"演进的现实状况、主体特征及其对商主体体系带来的挑战进行深入分析的基础上,提出回应数字经济发展的商主体体系创新的理论重构与制度表达建议。

本书在理论层面致力于实现的学术创新集中体现在:商主体本质上是一种以营利为手段的"市场理性构造",回应数字经济的商主体体系创新的理论与制度建构应当从以"法人"范畴为重心转向以"组织"范畴为重心,从独立实体视角转向网络结构视角。这一创新的意义在于:第一,有助于克服传统商主体体系化过分依赖以自然人的社会伦理构造为基础的民事主体理论和以人格为基础而拟制的"法人"概念所存在的弊端;第二,有助于克服传统的"三分法"商主体分类方式在逻辑自洽与实践契合度方面的不足;第三,有助于克服民商关系"合一"或"分立"二元论在解释和指导私法主体体系化建构的立法模式选择上各自所存在的局限性。

在上述理论创新的基础上,本书也尝试着提出了一些富有新意的学术观点。比如,关于数字经济时代"营业性构造"的演进趋势,本书将其概括为个人众创化和组织网络化,有助于为商主体理论制度创新构建起从市场具象到法理抽象的纽带。关于"组织"概念的法学解读,本书提出其是比"法人"更为基础和重要的主体概念,既可以和"个人/自然人"实现逻辑上的自洽,也可以实现对各类新生主体的统领,为主体制度的发展供给充分的制度空间。关于将商主体本质解读为"市场理性构造"的意义,本书认为,基于市场理性构造的商主体制度建构所要遵循的基本逻辑是:在基本判断标准上,应当以主观上是否具备符合市场理性的行为目标和客观上是否具备符合市场理性的行为能力来决定是否满足商主体资格"营利性"的法律内涵的要求。

在上述逻辑的指导下,本书进一步明确指出:商主体类型化的第一层次要实现从传统的三分法向"商个人+商组织"的二分法的重构;对个人众创化的回应,要通过对自然人营业能力的一般性赋权和"个体经营者"概念的引入,以增加包容性并实现逻辑自洽;对公司集团化的回应,要通过在商组织形态中明确引入"公司集团"和构建以统一管理权/指示权为核心的集团治理机制;对企业平台化的回应,要通过将平台型企业确立为单独形态,将其理解为一种"协作性商组织"并变革其信用基础;对组织虚拟化的回应,要通过在商组织法定形态中增设"虚拟组织"类型和构建以平台为中心的监管与归责体系。

本书的学术价值主要体现在:第一,有助于建构起商主体理论生长的科学路径。本书通过揭示市场经济活动创新与商主体形态演进之间的内在逻辑,建构起从"实践样态"到"法律形态"再到"法学范畴"的商主体理论生长的应然路径。第二,有助于推动商主体向"市场理性构造"本质的回归。本书通过回应数字经济现实和需求的商主体体系化理论创新,有助于实现商主体的法律认知摆脱传统民事主体制度以自然人为原型的"社会伦理构造"的囿限,向以组织体为典型的"市场理性构造"本质的回归。第三,有助于实现商主体体系的逻辑自洽和开放包容。本书通过重新解读商主体"营利性"的内涵和重新建构商主体的类型化,在增强体系合理性的同时,也能够有效纳入游离在传统体系之外的特殊的和新生的营业性构造。

本书的应用价值主要体现在:第一,促进数字经济背景下营业性构造创新的法治化发展。本书有助于将数字经济背景下涌现的新型营业性构造纳入商主体体系,从而为相应调整规则的建构奠定基础。第二,推动私法主体体系的完善。本书有助于阐明在《民法典》时代制定商法通则的必要性与可行性,以此实现对私法主体制度整体统一性和商主体制度具体差异性的协调。第三,服务新时代的国家发展战略。本书有助于推动构建面向市场、面向未来、具有中国创造价值的现代化商主体制度,从而为中国的"创新驱动发展""一带一路"和"构建人类命运共同体"等战略和倡议的实现奠定具有共通性和可输出性的商事法律制度基础。

同时,受研究能力、研究条件所限,本书也存在明显的不足以及诸多尚需深入研究的问题。比如,未能充分开展实地的田野研究,导致一手调研资料不足。本书在立项前的研究工作主要是基于文献和网络资料。关于数字经济时代各类新型"营业性构造"的分析,主要是基于相关机构的行业发展报告,这些报告大多缺乏对本书所聚焦的商主体体系问题的深入关注,因而所展示的相关信息不够全面和准确。立项之后原计划对各类典型的"营业性构造"的商主体资格获得情况和存在问题进行更有针对性的直接调研,以使得相应的制度完善建议更能契合实践需求。但近三年新冠疫情一直肆虐,导致现场调研难以充分开展。

另外,本书所涉及的社会现实问题非常宽泛,虽然研究定位是偏重整体性的"体系化构建",但研究中又必须兼顾到完整性和全面性,由此可能导致对于一些更加重要的主题,比如社交电商、公司集团、平台企业等的研究不够深入,对于制度建构的指导性尚不明显,各类具体的"营业性构造"作为商主体所需要的理论基石和制度构建均需要进行更为细化的专题研究。

汪青松

2024年7月30日

目　录

导论 …………………………………………………………… 1

第一章　商主体体系化的理论传统与制度现状 …………… 14
　　第一节　商主体体系化建构的基本问题指向 ……………… 14
　　第二节　商主体体系化建构的传统理论基础 ……………… 17
　　第三节　域外商主体体系化的发展演进趋势 ……………… 25
　　第四节　中国商主体体系化理论与制度现状 ……………… 32

第二章　数字经济时代的营业性构造演进 ………………… 43
　　第一节　数字经济的蓬勃兴起与发展的基本状况 ………… 43
　　第二节　数字经济对于商业模式的重大深远影响 ………… 52
　　第三节　数字经济背景下的营业性构造演进趋势 ………… 56

第三章　个人众创化及其对商主体体系的挑战 …………… 62
　　第一节　个人众创化营业样态的发展状况 ………………… 62
　　第二节　个人众创化的主体特性分析——以"个体社交电商"
　　　　　　为例 …………………………………………………… 85
　　第三节　个体社交电商对商主体体系的挑战 ……………… 88

第四章　公司集团化及其对商主体体系的挑战 …………… 95
　　第一节　公司集团化发展的基本状况 ……………………… 95
　　第二节　公司集团化引发的关系异变与治理需求 ………… 100
　　第三节　公司集团的主体特性分析 ………………………… 106
　　第四节　公司集团对商主体体系的挑战 …………………… 109

第五章　企业平台化及其对商主体体系的挑战 …………… 115
　　第一节　平台型企业发展的基本状况 ……………………… 115
　　第二节　平台型企业的经营特性分析 ……………………… 124

第三节　平台型企业的主体特性分析 …………………………… 132
　　第四节　企业平台化对商主体体系的挑战 ……………………… 142

第六章　组织虚拟化及其对商主体体系的挑战 ………………………… 152
　　第一节　数字经济背景下的区块链组织发展状况 ……………… 152
　　第二节　区块链系统作为治理机制的可行性分析 ……………… 161
　　第三节　区块链组织的内外部关系分析 ………………………… 177
　　第四节　区块链组织的主体特性分析 …………………………… 187
　　第五节　区块链组织对商主体体系的挑战 ……………………… 196

第七章　回应数字经济发展的商主体体系创新的理论重构 …………… 203
　　第一节　数字经济时代商主体的本质回归 ……………………… 203
　　第二节　基于市场理性构造的商主体制度建构的基本逻辑 …… 212
　　第三节　回应数字经济发展的商主体类型创新 ………………… 216

第八章　回应数字经济发展的商主体体系创新的制度表达 …………… 228
　　第一节　商主体体系创新的建构思路 …………………………… 228
　　第二节　商主体体系创新的立法模式 …………………………… 234
　　第三节　商法通则的商主体基本制度 …………………………… 243
　　第四节　商组织的一般共通规则构建 …………………………… 251
　　第五节　类化商主体的特殊规则设计 …………………………… 256

参考文献 ……………………………………………………………………… 261

导 论

体系化是探求事物整体性和规律性的主要方式。商主体的体系化要解决三个核心问题:一是商主体资格的判定,即私法主体如何"化民成商"?二是商主体的类型化,即商主体分类如何逻辑自洽?三是商主体的实践契合性,即法律制度如何回应实践中不断涌现和发展的各种"营业性构造"的制度需求?[①] 但长期以来,商主体体系化的既有理论与制度都未能很好地解决上述问题。与此同时,在数字经济不断深化发展的背景下,不仅由来已久的公司集团化趋势进一步加剧,由信息技术助推的新型"营业性构造"也不断涌现,如社交电商、平台型企业、基于区块链技术的"去中心化自治组织"(DAOs)等。但既有商主体体系的理论、制度与数字经济下的"营业性构造"演进实践之间存在明显的不适应性,亟待通过商主体的再体系化来回应数字经济发展的法治化需求。

一、本书的学术脉络与重要启示

(一) 域外研究的学术发展脉络

商主体法定是各法域普遍遵行的原则。大陆法系在商主体立法上形成了所谓客观主义(以《法国商法典》为代表)、主观主义(以《德国商法典》为代表)和折中主义(以《日本商法典》为代表)三种模式。在分类体系上,商主体基于其组织机构特征和责任承担方式而被划分为商个人、商合伙和商法人,这是最为普遍的商主体分类方式。大陆法系的商主体体系化主要是依赖于商法典来实现的,相应的学术发展脉络也可以划分为三个阶段:

第一,商主体体系化的法典化阶段——以"商人"为重心。诞生于工业化早期的商法典在理论上被视为民法典的特别法,营利性目的和商人形态法定被解读为"商人"资格的判定标准;尽管法、德、日等国商法典关于"商人"的界定与分类体系不尽相同,但沿袭民法中以自然人为原型的"人格"观念

---

① 这里所使用的"营业性构造",是用来统称各种持续从事营业活动的自然人与组织体。其中的一部经由法律肯认而获得商主体资格,另外一些则因未获得法律的肯认而不具有独立的法律主体资格。

而形成的商个人、商合伙和商法人的"三分法"是最为重要和普遍的分类方式。不过,商法典对于"商人"体系化的努力很快就面临包容性不足的困境,法国 1867 年《商事公司法》、德国 1937 年《股份及股份两合公司法》的单独立法即为例证。

第二,商主体体系化的后法典化阶段——以"企业"为重心。尽管商法典基于"商人"概念而得以建构,但学界关于商法区别于民法的特征归纳并不十分成功,据此,面对企业逐渐成为主流营业性构造的市场状况,德国学者施密特等开始尝试将商法由商人特别法转而定义为企业的对外私法,德国学者卡纳里斯也承认,依应然法,商法应向企业特别对外私法方向发展。① 德国 1998 年的商法改革大大简化了"商人"的分类体系,实际上也使商主体体系化的重心转向了企业立法。② 日本 2005 年单独制定了公司法典,不仅凸显商主体立法对于"企业"的偏重,也直观地例证了现代商法典的发展史恰如一部法典"解构"史。③

第三,商主体体系化的新阶段——研究重心向特殊或新型营业性构造的转向。从实践上看,一些特殊的或新型的营业性构造对传统的商主体体系提出了挑战,成为研究热点:

一是公司集团对"独立法人"理念和商主体类型化方式的挑战。在基于"独立法人"的商主体观念和"三分法"分类方式下,公司集团被排除在商主体体系之外。在立法上,除德国等少数法域为集团设定了专门的调整规则之外,多数法域的民商事基本法并未明确赋予公司集团以主体资格。但既有研究已经注意到,典型的大公司虽然将自己划分为众多的子公司,但通过子公司和母公司相互担保对方的主要债务的方式超越了它们之间的责任壁垒④;也有不少研究指出了认可集团整体利益以及赋予其主体资格的必要性⑤,许多法域也正在通过判例来认可公司集团的整体利益。⑥

二是平台型企业对商主体内外部关系边界判断的挑战。体现共享经济

---

① 〔德〕C. W. 卡纳里斯:《德国商法》,杨继译,法律出版社 2006 年版,第 11—14 页。
② 〔德〕托马斯·莱塞尔、常鸿宾、刘懿彤:《德国商法典的最新变革》,载《法学家》1998 年第 4 期。
③ 〔日〕尾崎安央、张杨:《日本商法典的"解构"与日本民法的"商法化"现象》,载《中国政法大学学报》2018 年第 1 期。
④ Richard Squire, "Strategic Liability in the Corporate Group", 78 *University of Chicago Law Review*, 605-669 (2011).
⑤ Pierre-Henri Conac, "Director's Duties in Groups of Companies-Legalizing the Interest of the Group at the European Level", 10 *European Company and Financial Law Review*, 194-226 (2013).
⑥ Til Rozman, "Corporate Groups and Corporate Social Responsibility—The EU Perspective", 2 *The Turkish Commercial Law Review*, 205-218 (2016).

理念的许多平台型企业呈现所谓"轻资产"化和营业行为"外部化"的主体特征,据此,有学者指出共享经济领域的公司已无法以传统公司形式运作,而是一种"协作型市场经济的初生形式"①;有研究指出共享经济的真正效果是个人提供资金和劳动力,平台提供市场化和不同程度的控制②;平台型企业由此可以兼得一体化企业和市场交易的双重效率。③

三是基于区块链技术的"去中心化自治组织"对商主体"实体性"理念的挑战。有学者早在1991年就提出了"虚拟组织"概念,区块链技术的发展则使得建构于网络空间的"去中心化自治组织"可以像传统的实体公司一样有效运营,关于其治理、监管和税收等问题已经受到不少关注。④ 尽管关于区块链的理论研究从技术应用层面向更广泛的非技术层面的扩展才刚刚开始,不过,区块链作为一种治理机制所具有的独特价值已经受到一些学者的关注。⑤ 通过对相关文献的梳理,能够发现现有研究的理论视角主要集中在三个方面:

其一,从经济的角度关注区块链对传统治理方式与观念的影响。如有研究指出,区块链虽然被认为是一种开创性的新兴技术,但是也给现有组织带来了巨大挑战。区块链可能产生一种新型的经济系统,即区块链经济。在区块链经济中,交易合同将按照智能合约界定的规则自动执行。区块链经济将以一种在区块链中界定自身治理规则的新的组织形态(分布式自治组织)表现出来。区块链经济中的治理可能会彻底偏离既定的治理观念。⑥

其二,从社会的角度关注区块链对政府"开放式治理"转向的积极价值。如有研究指出,为了跟上技术前进的步伐,社会正在不断地转型,传统范式正

---

① John Infranca, "Intermediary Institutions and the Sharing Economy", 90 *Tulane Law Review* (Online), 29 (2016).
② Mark Anderson & Max Huffman, "The Sharing Economy Meets the Sherman Act: Is Uber a Firm, a Cartel, or Something in Between?", 3 *Columbia Business Law Review*, 859-933(2017).
③ Rashmi Dyal-Chand, "Regulating Sharing: The Sharing Economy as an Alternative Capitalist System", 90 *Tulane Law Review*, 241-309 (2015).
④ Ying-Ying Hsieh & Jean-Philippe Vergne, "Bitcoin and the Rise of Decentralized Autonomous Organizations", 7 *Journal of Organization Design*, 14 (2018); David J. Shakow, "The Tao of the DAO: Taxing an Entity that Lives on a Blockchain", 160 *Tax Notes*, 929(2018).
⑤ 也有研究基于现有区块链系统所存在的问题关注其作为治理机制的不足。如有研究指出,最近的数字货币危机表明,这些体系结构缺乏强有力的治理框架,因此容易走向重新集权的模式:它们被强大的参与者联盟非正式控制,这些联盟在生态系统内可能违反了区块链社区的基本规则,但却不担责任或不受制裁。See Philipp Hacker, "Corporate Governance for Complex Cryptocurrencies? A Framework for Stability and Decision Making in Blockchain-Based Organizations", https://ssrn.com/abstract=2998830,最后访问时间:2024年2月13日。
⑥ R. Beck, C. Müller-Bloch & J. L. King, "Governance in the Blockchain Economy: A Framework and Research Agenda", *Journal of the Association for Information Systems*, 1-41 (2018).

在受到挑战,治理的基本原理就是受到挑战的诸多范式之一。随着社会价值观的转变,对政府的期望也从传统模式转变为"开放式治理"。这虽然是一个颇有争议的术语,但"开放式治理"的确意味着一个鼓励促进开放性、问责制和回应民众的概念,诸如互联网之类的技术对于开放式治理倡议的成功就显得至关重要。这些技术使得公民和政府能够更好地接触到数据并参与活动。而区块链和智能合约可以用来为开放式治理助力。① 另有学者明确提出"区块链治理"的概念,认为其是以一种潜在的更有效率和分散的方式提供服务,而不必依赖国家或政府官僚机构。②

其三,从企业组织的视角关注区块链给传统企业治理带来的挑战。有研究指出,即使是一个以即时海量的信息为特征的时代,关于区块链和类似技术的信息也如海啸般汹涌、引人注目。对于董事会、顾问和治理专家而言,厘清区块链究竟是一项应用技术还是 21 世纪的信息高速路,无疑是一个挑战。但毋庸置疑的是,不论是在战略制定还是在风险评估方面,我们都不应对其视而不见。对于某些企业来说,区块链可能会对其盈利能力、市场地位甚至企业本身的生存构成根本威胁;而对其他企业而言,这又是一个千载难逢的良机。③ 区块链代表了密码技术和信息技术在财务记录这一古老问题上的全新应用,它可能导致公司治理的深远变化。④ 基于区块链的新技术允许用户形成所谓的分布式自治组织,它可以开展类似于公开交易公司的运作。而区块链组织的特别之处在于,数字通证持有人可以取代传统股东,他们可以任命成员,组成类似于董事会的治理机构。⑤

(二) 域内研究的学术发展理路

域内关于商主体体系的研究脉络可以从三个方面简要描述:

第一,商主体体系的理论奠基——域外传统的继受。新中国商法理论

---

① Freya Sheer Hardwick, Raja Naeem Akram & Konstantinos Markantonakis, "Fair and Transparent Blockchain based Tendering Framework-A Step Towards Open Governance", https://www.researchgate.net/publication/325168151_Fair_and_Transparent_Blockchain_based_Tendering_Framework_-_A_Step_Towards_Open_Governance,最后访问时间:2024 年 5 月 20 日。
② Vincenzo Morabito, "Blockchain Governance" (2017), in *Business Innovation Through Blockchain*, pp. 41-59. 资料来源:https://www.researchgate.net/publication/313021355_Blockchain_Governance,最后访问时间:2024 年 3 月 20 日。
③ Tessa Hoser, "Blockchain Basics, Commercial Impacts and Governance Challenges", 68 *Governance Directions*, 608-612(2016).
④ David Yermack, "Corporate Governance and Blockchains", 21 *Review of Finance*, 7-31(2017).
⑤ Robert Leonhard, "Corporate Governance on Ethereum's Blockchain", https://ssrn.com/abstract=2977522,最后访问时间:2024 年 2 月 13 日。

研究兴起于 20 世纪 90 年代之后,最初的研究主要集中于域外理论与制度的引介和对民商关系的厘定,关于商主体概念、范围、资格判断标准、类型等体系化问题的研究与观点也基本承继大陆法系传统。

第二,商主体体系的理论发展——传统认知的反思。在继受域外理论的同时,也有一些研究提出了有别于传统理论认知的新思路,可简要归纳为以下三点:

一是民商主体关系从涵盖论到独立论。传统理论一般认为民事主体涵盖商主体,二者以"营利性目的"的有无作为实质区分标准,但有学者认为营利标准在认定上存在困难①;另有学者认为商主体应当独立于民事主体②。在此基础上,有学者提出了商主体资格判定的三要件说,即认为商主体应具备下列三个条件:营利性、职业性和名义性。具体地说,商主体应实施营利性行为(商事行为);并以实施营利性行为为职业,即有组织、有计划、大量反复地实施;以自己的名义实施商行为,独立享有权利、承担义务,系营利性行为效力所及之人。③ 与此同时,营业登记被普遍认为是商主体资格取得的形式要件。

二是商人与商主体从等同论到区别论。商主体在传统商法及域外商法典中常被称为"商人",其概念各异,并无定论,这实质上与不同的商主体资格判定标准密切相关。我国学者在早期一般也是直接采用商人概念。不过,近年来的商法研究中,在"商主体等同于商人"的传统观点之外,出现了扩张和限缩两种主张:扩张论认为商主体表现为投资主体与营业主体这一既相对分离又有时重叠的二重结构④,应承认实际参与商事关系的非商人的商事主体地位⑤;限缩论认为我国商法应在总纲性商法规范中采用"经营者"概念来替代抽象的商主体,并将其界定为经营行为的实施人。⑥

三是商主体形态从传统视角到现实视角。尽管公司、合伙企业等典型商主体形态依然是研究重点,但诸如集团中的母子公司关系、关联企业实质合并破产等也引起了学者的重视。⑦ 也有研究注意到数字经济迅速发展和"大

---

① 王文宇:《揭开法人的神秘面纱——兼论民事主体的法典化》,载《清华法学》2016 年第 5 期。
② 葛伟军:《民法典编纂视野下民事主体与商事主体的衔接》,载《上海财经大学学报》2017 年第 4 期。
③ 施天涛:《商人概念的继受与商主体的二元结构》,载《政法论坛》2018 年第 3 期。
④ 肖海军:《论商主体的营业能力——以投资主体与营业主体的二重结构为视角》,载《法学评论》2011 年第 5 期。
⑤ 施天涛:《商人概念的继受与商主体的二元结构》,载《政法论坛》2018 年第 3 期。
⑥ 王建文:《我国商法引入经营者概念的理论构造》,载《法学家》2014 年第 3 期。
⑦ 黄辉:《国企改革背景下母子公司债务责任问题的规制逻辑和进路》,载《中外法学》2017 年第 6 期;徐阳光:《论关联企业实质合并破产》,载《中外法学》2017 年第 3 期。

众创业、万众创新"背景下涌现出大量商主体①;实践中的"微商"存在着主体界限不明的问题②,并且以自然人为最初形态的"微商"商人开始呈现出多元化、组织化的特征③;有学者提出应当将大型平台界定为"第四方法人"④;也有学者提出区块链社区是有别于有限责任公司的一种新型组织模式⑤。

第三,商主体体系化的制度表达——立法模式的选择。既有研究主要聚焦于是否需要在《民法典》⑥之外另行制定商事基本法,可分为肯定论、否定论和折中论。肯定观点认为在商事单行法之外还需要具有一般性调整特征的商事通则/商法通则⑦,即使是在制定《民法典》的大背景下,多数商法学者仍认为商法通则的制定将超越民商合一与民商分立模式的两难选择,并与我国民商立法以解决问题为导向的指导思想和现实格局高度契合⑧;否定观点则认为作为商事立法核心范畴的商事主体与商事行为不能独立于民法⑨,"商事通则"立法不过是实质上的民商分立⑩;折中观点认为商事主体立法的最优选择应是《民法典》一般规定与商事主体单行法特别规定相结合的体例模式⑪。

(三) 既有研究的重要启示

首先,传统商主体体系化的理论与制度植根于工业化早期,以个体经营者和小规模个体企业为原型建构的商个人、商合伙、商法人制度,强调商主体的财产基础、独立特性和形态法定,难以预见到数字经济时代个人"由民化商"的便捷性和企业组织的网络化发展趋向,由此产生的理论制度与实践需要之间的不适应性亟待通过对商主体的再体系化创新加以破解。

其次,民事主体制度是一种以自然人为原型、旨在彰显人格平等的"社

---

① 许中缘、颜克云:《商法的独特性与民法典总则编纂》,载《中国社会科学》2016年第12期。
② 俞华:《我国微商新业态发展现状、趋势与对策》,载《中国流通经济》2016年第12期。
③ 董彪、李仁玉:《"互联网+"时代微商规制的逻辑基点与制度设计》,载《法学杂志》2016年第6期。
④ 李广乾、陶涛:《电子商务平台生态化与平台治理政策》,载《管理世界》2018年第6期。
⑤ 刘晓蕾:《区块链社区:一种新型的组织模式》,载《人民论坛·学术前沿》2018年第12期。
⑥ 本书中涉及的法条除特别注明外,均指中华人民共和国法律法规。如将《中华人民共和国民法典》简称为《民法典》。
⑦ 王保树:《商事通则:超越民商合一与民商分立》,载《法学研究》2005年第1期;范健:《我国〈商法通则〉立法中的几个问题》,载《南京大学学报(哲学·人文科学·社会科学版)》2009年第1期。
⑧ 赵旭东:《民法典的编纂与商事立法》,载《中国法学》2016年第4期;蒋大兴:《〈商法通则〉/〈商法典〉的可能空间?——再论商法与民法规范内容的差异性》,载《比较法研究》2018年第5期。
⑨ 许中缘、颜克云:《商法的独特性与民法典总则编纂》,载《中国社会科学》2016年第12期。
⑩ 赵磊:《反思"商事通则"立法——从商法形式理性出发》,载《法律科学》2013年第4期。
⑪ 肖海军:《民法典编纂中商事主体立法定位的路径选择》,载《中国法学》2016年第4期。

会伦理构造",以其为蓝本模拟建构的传统"商人"制度和"法人"制度均缺乏与时俱进的开放性、包容性,商主体体系需要针对商主体作为市场理性产物的特点来构建。

最后,《民法典》和商事单行法尚未完成中国特色的商主体体系化的制度建构,还需要通过适当的立法模式安排和基本规则设计来上承私法体系的整体统一性、下启商法的相对独立性。

二、本书的学术价值和应用价值

(一) 学术价值

第一,建构起商主体理论生长的科学路径。本书有助于揭示市场经济活动创新与商主体形态演进之间的内在逻辑,建构起从"实践样态"到"法律形态"再到"法学范畴"的商主体理论生长的应然路径。

第二,推动商主体向"市场理性构造"本质的回归。本书有助于通过回应数字经济现实和需求的商主体体系化理论创新,有助于实现商主体的法律认知摆脱传统民事主体制度以自然人为原型的"社会伦理构造"的囿限,向以组织体为普遍典型的"市场理性构造"本质的回归。

第三,实现商主体体系的逻辑自洽和开放包容。本书有助于通过重新解读商主体"营利性"的内涵和重新建构商主体的类型化,在增强体系合理性的同时,也能够有效纳入游离在传统体系之外的特殊的和新生的营业性构造。

(二) 应用价值

第一,促进数字经济背景下营业性构造创新的法治化发展。本书有助于将数字经济背景下涌现的新型营业性构造纳入商主体体系,从而为相应调整规则的建构奠定基础。

第二,推动私法主体体系的完善。本书有助于阐明在民法典时代制定商法通则的必要性与可行性,以此实现对私法主体制度整体统一性和商主体制度具体差异性的协调。

第三,服务新时代的国家发展战略。本书有助于推动构建面向市场、面向未来、具有中国创造价值的现代化商主体制度,从而为中国的"创新驱动发展""一带一路"和"构建人类命运共同体"等战略的实现奠定具有共通性和可输出性的商事法律制度基础。

三、本书的主要目标与基本内容

（一）主要目标

1. 实践目标：分析数字经济背景下呈现的个人众创化、组织网络化发展趋势背后所蕴含的法理意义，揭示"营业性构造"法治化创新发展的实践需求。

2. 理论目标：构建有助于民、商主体清晰界分的商主体资格判定标准，实现商主体分类体系的创新发展与逻辑自洽，完善彰显"市场理性构造"本质的商主体理论体系。

3. 制度目标：阐明商法通则对于商主体体系化创新的重要价值，推动面向市场、面向未来、具有中国创造价值的现代化商主体制度的构建。

（二）总体框架与主要内容

本书对数字经济背景下的特殊或新型的"营业性构造"的演进趋势及其对既有商主体体系理论与制度的挑战进行系统探究，在此基础上为商主体体系创新的理论重构与制度设计提出建议。总体框架除"导论"之外，共分为八章：

第一章"商主体体系化的理论传统与制度现状"。本部分首先阐明商主体体系化的问题指向，指出商主体的体系化要解决三个核心问题：一是商主体资格的判定，即私法主体如何"化民成商"？二是商主体的类型化，即商主体分类如何实现逻辑自洽？三是商主体的现实契合性，即法律制度如何回应市场实践？随后论述了商主体体系化建构的传统理论基础，指出了社会伦理是传统私法主体制度构建的逻辑基础，商主体制度建构是以自然人的法律人格作为原型，民商主体界分以"营利性目的"和"营业登记"为标准，严格遵循商主体法定原则，商主体的主要类型化方式是"商个人+商合伙+商法人"的"三分法"。本部分也概括归纳了域外商主体体系化的发展状况，指出商主体界定方式正在由差异走向趋同，商主体重心正在由商个人向商组织转向，商主体制度涵摄范围不断扩展，民商主体界分的制度模式仍存差异。本部分最后重点分析了中国商主体体系化的现状与问题，指出从《民法典》主体制度的规范设计，特别是关于民商主体界分的整体制度设计来看，其对于自然人与组织体的民商界分所遵循的逻辑标准存在显著不同，且依然存在一些不容忽视的缺陷和不足，也因此可能会面临一些难以破解的现实难题。

第二章"数字经济时代的营业性构造演进"。在数字经济背景下，规模经济、零工经济、共享经济、众创经济、数字经济等理念不断推动着商业模式呈现出各种"颠覆性创新",为相关学科研究提供了丰富的实践资源。仅就商主体体系化的理论研究而言,商业模式创新中的"营业性构造"的演进趋势尤其值得探究。本部分将对数字经济时代的"营业性构造"的实践样态进行归纳,在此基础上致力于从个人与组织两个维度证成和揭示以下演进趋势:一是个人维度出现的众创化,即信息技术发展和商业模式创新使得私法主体"由民化商"在实践操作层面变得极为便捷,加之"大众创业、万众创新"理念的推动,在传统的个体工商户、流动摊贩之外出现大量的个体社交电商(如"贝店"借助社交网络分享传播实现"店主"规模的快速扩张)、网约运营私车车主(如滴滴快车)等;二是组织维度出现的网络化,表现之一是由来已久的企业集团化、联盟化发展(中国沪深两市数千家上市公司几乎都是公司集团的成员),表现之二是近年来由信息技术和数字经济理念助推下出现的企业组织的平台化、生态化(典型的如电商平台、出行平台),表现之三是基于区块链技术而出现的去中心化、虚拟化(典型如基于以太坊的"去中心化自治组织")。

第三章"个人众创化及其对商主体体系的挑战"。本部分运用"权利能力—行为能力"框架对最能体现数字经济时代个人众创化趋势的个体社交电商的主体特性进行分析:首先,从权利能力上看,许多个体社交电商经营者并没有取得法律意义上的"商事人格",如微信"朋友圈"充斥的大量"微商";其次,从生成基础上看,个体社交电商主要依赖于社交信任和"流量"等信息资源,而非传统商主体所需要的有形财产;最后,从行为能力上看,个体社交电商具有不同于传统商个人的快速"裂变"特性,即可以便捷地将"消费者"转化为"经营者"。本部分随后重点分析个人众创化对现有商主体体系的挑战:其一是对商主体资格判定标准的挑战。现有理论和制度采用"营利性目的(实质要件)+营业登记外观(形式要件)"作为商主体资格判断标准,但在数字经济时代,私法主体"由民化商"的途径和频率大大增加,"营利性目的"的判断与强制登记主义的实施都面临诸多实践难题,现有判断标准不能提供未登记的事实经营者的商主体资格的判断依据。其二是对商主体法定形态的挑战。我国《民法典》仅明确规定了一种"商个人"形态——个体工商户,但该概念难以涵盖不断演进的社交电商新样态。

第四章"公司集团化及其对商主体体系的挑战"。本部分将运用"契约与组织"框架对组织网络化的典型样态之一——公司集团进行分析。传统公司法以"独立实体"型公司作为公司治理法律制度设计的基点,强调个体公司的独立利益至上,但这种"纸面的法"却与市场实践中的真实景象大相径庭,公司集团已经成为现代市场中的主导力量,具备成为组织实体的客观基础。公司集团引发控制公司股东的"股权"异变为"控制权"、控制公司管理层信义义务对象的扩展、从属公司作为法律实体的独立性被大大弱化、公司集团内的多元利益冲突进一步加剧,这些关系异变彰显出公司集团的特殊治理需求。从主体特性角度看,公司集团具有超越于成员公司的整体利益,其主体地位已经在一些法域中得到确认,其主体资格也在我国相关立法中有所体现。公司集团对商主体体系的挑战主要表现在:既有商法理论采用商个人、商合伙、商法人作为主要的商主体分类方式,由此导致实质上具备商主体特性的公司集团被排除在我国民商法所建构的主体体系之外;另外,公司集团内的子公司也与法律上描述的"独立法人"相去甚远。

第五章"企业平台化及其对商主体体系的挑战"。在数字经济理念助推之下出现的企业组织的平台化和生态化,已经呈现出不断扩张的发展态势。平台型企业正在成为全球经济复苏的新引擎、正在引领运营模式创新的新潮流、正在构筑我国经济转型的新生态。平台型企业较好地体现了降低交易成本、创造新型市场、改善交易体验、促进协作机制的经济逻辑。从主体特性上看,平台型企业结合了传统企业与市场机制的双重优势,以接入机制作为合作与生长的技术路径,重构了所有权的基本结构,变革了控制权的行使方式,实现了实体性与虚拟性的同构,发挥了多元化的主体功能。企业平台化对商主体体系的挑战主要体现在:颠覆了传统的"科斯式企业"认知,淡化了企业与市场的边界,改变了商主体的信用基础,冲击了商主体的类型界定,延展了商主体的经营场所,以及模糊了商主体的责任界分。

第六章"组织虚拟化及其对商主体体系的挑战"。区块链技术从比特币到以太坊的应用扩展,标志着其引发的冲击正在从货币领域走向法律领域。区块链系统的分布式存储和可自动执行特性支持其能够对传统合同、企业组织和市场等主要治理机制实现更为高效的功能性拓展乃至替代,由此引发组织虚拟化发展的趋势。区块链系统作为一种可发挥与企业相类似功能的治理机制,具有其自身的优势和局限。区块链系统无法消除的风险和责任又使得对其内部关系的界定成为监管机构和司法机关无法回避的问题。区块链组织的主体特性主要体现为组织结构节点化、组织资产数字化、组织决策自治化、组织契约智能化和组织交互去中心化。"去中心化自治组织"之类的虚拟性组织对商主体法定原则、实体机理、产权配置、交易机制和治理结构都带来了严峻的挑战。

第七章"回应数字经济发展的商主体体系创新的理论重构"。数字经济时代的"营业性构造"在个人维度和组织维度的演进发展充分表明,商主体原本就不是社会伦理的产物,而是市场理性的创造,因此,数字经济时代的商主体要实现向"市场理性构造"的本质回归。基于市场理性构造的商主体制度建构所要遵循的基本逻辑包括:在基本判断标准上,应当以主观上是否具备符合市场理性的行为目标和客观上是否具备符合市场理性的行为能力来决定是否承认商主体资格;符合市场理性的行为能力的判定应当以法定外观为一般,以事实外观为特殊;法定的商主体形态应当具有较大的开放性,要为市场创新留下制度空间;商主体制度设计要尽可能减少不符合市场理性的管制,以营业自由为统领,实现从规制型立法向赋权型立法的转变。在此逻辑指导下,商主体类型化的第一层次要实现从传统的三分法向"商个人+商组织"的二分法的重构;通过对自然人营业能力的一般性赋权和"个体经营者"概念的引入来回应个人众创化;通过在商组织形态中明确引入和构建以统一管理权/指示权为核心的集团治理机制来回应公司集团化;通过将平台型企业理解为一种"协作性商组织"和变革其信用基础来回应企业平台化;通过在商组织法定形态中增设"虚拟组织"类型和构建以平台为中心的监管与归责体系来回应组织虚拟化。

第八章"回应数字经济发展的商主体体系创新的制度表达"。本部分首先分析在《民法典》背景下制定商法通则对于商主体体系创新的必要性与可能性。商主体体系化的创新应当注重对传统民商关系认知的扬弃与超越,通过在《民法典》基础上制定一部商法通则能够上承由《民法典》奠定的私法主体的整体统一性,下启由商事专门法呈现的商主体的具体多样性,实现商主体向以组织体为一般形态的"市场理性构造"本质的回归,充分回应数字经济时代"营业性构造"创新的法治化需求。本部分随后将重点探讨商法通则主体制度的建构思路:一是商主体形态的制度供给;二是商主体的设立程序;三是商组织的共通性一般规则;四是商个人、商法人与非法人商组织各自的特殊规则。

(三) 重点难点

本书充分认识到商主体体系化的传统理论与既有立法在回应数字经济时代的市场实践方面的不足,致力于推动既承继传统,又回应现实和面向未来的商主体再体系化创新。因此,以下三个方面既是本书的重点,也是难点:

第一,数字经济下"营业性构造"的演进趋势及其挑战。充分关注和分析数字经济市场实践中不断发展的"营业性构造"是摆脱商主体体系化传统认知的狭隘视野与思维束缚的关键,是实现回应市场实践的理论重构与制度建构的基础。困难在于如何把握数字经济下的新型"营业性构造"区别于传统商主体的特性,如何将各异的"营业性构造"的具象归纳提升为具有法学意义的抽象?

第二,回应数字经济的商主体体系创新的理论重构。理论建构是连通市场实践与制度设计的纽带,是本书理论价值的重要体现。困难在于如何既尊重和继承商主体体系化理论的历史传统,又回应和体现数字经济市场实践创新发展的时代需求?

第三,回应数字经济的商主体体系创新的制度建构。商主体体系创新的制度建构是本书应用价值的重要体现。困难在于如何既维护由《民法典》奠定的私法主体制度的整体统一,又体现商主体作为"市场理性构造"的自身特性?

四、本书的基本思路与研究方法

(一) 基本思路

本书旨在解决的核心问题是:新经济下已出现的和未来可能新生的经营性构造如何融入民商事基本法的主体体系? 在研究思路上将以对数字经济背景下不断发展的"营业性构造"的关注和法学审视为起点,以域内外和学科内外相关的创新性理论成果为借鉴,以对传统商主体体系化理论和中国现行制度设计之不足的分析、反思为路径,以传承发展、开放包容的商主体体系化理论重构为重心,以维护私法主体制度整体统一与体现商主体自身特性并重的商主体制度构建为依归。

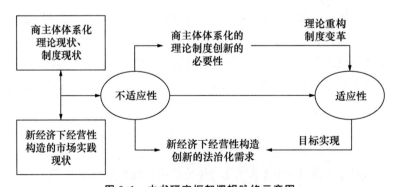

图0.1 本书研究框架逻辑脉络示意图

(二) 研究方法

1. 对比分析法:对数字经济背景下的"营业性构造"的实践样态开展专题调研,并与传统商主体形态进行对比分析,以揭示其作为商主体的一般性和特殊性。

2. 功能分析法:分析数字经济下的特殊的和新型的"营业性构造"对于市场需求的功能性满足,以此解释实践中的商主体演进发展的内在动力与逻辑脉络。

3. 概念分析法:对与商主体相关的概念术语的实践契合性、逻辑合理性进行分析,以阐明其对商主体体系化的逻辑自洽性的影响并指明创新方向。

4. 跨学科研究法:借鉴经济学、管理学等领域关于特殊与新型"营业性构造"的研究成果,以佐证民商法学中的主体理论创新发展的必要性与可行性。

第一章 商主体体系化的理论传统与制度现状

体系化是探求事物整体性和规律性的主要方式,而整体性认知又须以事物的相对独立性为前提。换言之,商主体的体系化既是探寻商主体整体性的方式,又是完成商主体独立性塑造的过程。针对商主体的整体性研究首先应当明确的是,商主体体系化必须解决哪些问题?易言之,商主体独立性之塑造需要依次完成哪些核心任务?显而易见的是,商主体的体系化将从私法主体的"化民成商"开始,即商主体资格的独立性判断理应作为核心任务的第一步。随之而来的是,商主体的体系化也会自然指向商主体类型的合理划分。此种合理划分不仅要求类型清晰周延,还需要与商事实践相互契合。因此,商主体之体系化将依次指向以下三个问题:一是商主体资格的判定,即私法主体如何"化民成商"?二是商主体的类型化,即商主体分类如何逻辑自洽?三是商主体的现实契合性,即法律制度如何回应市场实践?

第一节 商主体体系化建构的基本问题指向

一、私法主体如何"化民成商"

(一)商主体的独立性证成

商主体资格判定的前置性问题是:商主体是否具备独立于一般民事主体的理论可行性?进而言之,商主体有无独立之必要?即商主体独立性论证的现实意义何在?

针对前一问题,学界一直存在两种截然对立的观点。否定论者认为,人的普遍商化使得一般民事主体与商事主体相互融合、无法区分。[①] 即便能够区分,商主体的独立性也势必会导致特殊阶级的身份立法,进而与平等原则

---

① 史际春、陈岳琴:《论商法》,载法苑精萃编委会编:《中国商法学精萃》,机械工业出版社2002年版,第41页。

相悖。① 然而,肯定论者却认为,现代商品经济条件下民事主体对市场交易的广泛参与,并不能必然推导出一般民事主体与商事主体相融合的结论;恰恰相反,若以民法上的自然人和法人概念来确定商主体,则会给商事实践带来难以克服的局限。② 此外,当平等原则在现代民法中所承载的价值已从形式平等过渡到实质平等时,从民事主体的抽象人格中分化出的商主体具象人格,反倒可以助益于民商事主体实质平等保护之实现。③ 相较而言,商主体的独立性起码在理论层面有更大的说服力。

就后一问题即商主体独立的必要性而言,可从以下两个层面分别予以揭示:从部门法关系上看,商主体作为商事法律制度"商主体—商行为"的二元调整对象之一,其独立性塑造或称体系化建构无疑会有助于厘清现代民法、商法和经济法等不同法律部门之间原本含混不清的调整对象范围④;在法律规制层面,基于商主体在市场准入、行为规范、法律适用和意思自治程度等方面的重大差别,体系化研究将对商主体的独立规制发挥十分重要的作用⑤。综上所述,商主体体系化的前置问题——商主体独立性的理论可行性和现实必要性已是一目了然。

(二) 商主体资格的判定要素

在大陆法系法教义学知识传统的熏陶之下,法律概念是我们研习法律制度的基本要素,但如何理解和界定法律概念,却不是一个简单明了的问题。若将概念当作一种工具,法律概念的发现需要借助法学家的理性思考和社会经验证据的佐证。因此,从此种意义上讲,法律概念是裁剪生活实践的工具。如果将这一思路运用到商主体概念的发现过程中,我们也就不难理解为何商主体资格的判定需要并且应当作为商主体体系化和再体系化过程中的首要线索。随着现代经济社会的不断发展,商主体范围也处在不断变动之中,故此种对商事实践的"裁剪"必须应时而为。从这个基点出发,厘定商主体概念和范围的关键环节和手段就是确定商主体资格的判定要素。

商主体资格的判定要素是私法主体"化民成商"的调节阀。在此意义上,商主体资格判定要素的确定是法政策考量的结果,而考量的现实依据便

---

① 郑玉波:《民法总则》,中国政法大学出版社2003年版,第44—45页。
② 赵万一、叶艳:《论商主体的存在价值及其法律规制》,载《河南省政法管理干部学院学报》2004年第6期。
③ 梁慧星:《从近代民法到现代民法——二十世纪民法回顾》,载《中外法学》1997年第2期。
④ 范健、王建文:《商法的价值、源流及本体》,中国人民大学出版社2007年版,第9页。
⑤ 赵万一、叶艳:《论商主体的存在价值及其法律规制》,载《河南省政法管理干部学院学报》2004年第6期;范健、王建文:《商法的价值、源流及本体》,中国人民大学出版社2007年版,第107页;吕来明:《论我国商事主体范围的界定》,载《北方法学》2008年第4期。

是社会生活的发展状况。伴随着市场经济的不断前进,作为市场交易之构成要素的商主体,其内涵与外延也会因应而变,旨在适应经济交往之现实需求。以本书所关注的数字经济背景下新型"营业性构造"或谓之实践中的事实商主体的出现为例,要想使这些新型构造由原先的一般民事主体进入到商主体范畴,就必须运用商主体资格判定要素的上述功能,修正相关判定要素,以使特定类型的私法主体实现"化民成商",进而达到商主体再体系化的最终目标。

二、商主体如何实现逻辑自洽

当借助于资格判定要素厘定商主体的外延范围之后,商主体体系化的下一任务便是依据特定的标准将商主体作类型化区分。类型化区分的目的与私法主体"化民成商"的动机相类似,都是通过对私法主体类型的不断细化,实现不同私法主体利益的平等保护,在彰显公平价值的同时,促进市场交易效率的提升。有学者研究表明,类似思路同样出现在充满等级色彩的社会历史阶段中,为了强化商人这一新兴的、象征财富增长的社会阶层,在法律上细化商人身份有助于商人社会形象的塑造,更反映了当时社会经济活动中分工日益明确、管理日益细化的需求。① 由此,不论是现有商主体类型划分合理与否的判断标准,还是未来商主体类型重塑的核心目标,都指向的是尊重商事实践需求,平等保护各类商主体,促进市场交易效率的提升。

此外,商主体的类型化并非实际经济活动中商主体形态的原样复制,相反,作为法律创造的一种特殊构造,它是立基于现实情况的一种"发明",这种"发明"不仅承载了对社会生活的发现,也体现了法律对它的规整。② 法律之所以要对商主体原型进行一定程度的规整,原因在于直接反映商事实践的商主体原型不一定是彼此之间逻辑自洽的类型划分,而规整的过程实际上是一种商事实践与法律理性之间趋于自洽的妥协。这种妥协的最终目的在于,弥合商主体类型化理论与商主体类型化实践之间的缝隙,以使实践促进理论、理论指导实践。

三、商主体制度如何回应现实

商主体制度对现实的回应就是商主体的实践契合性,为此,首先要求商主体的理论体系是商事实践的经验性表达。承前所述,如果说商主体的类型化指向的是商主体体系化的规范性,那么商主体的实践契合性则蕴含的是商

---

① 范健、王建文:《商法的价值、源流及本体》,中国人民大学出版社2007年版,第199页。
② 徐强胜:《商主体的类型化思考》,载《当代法学》2008年第4期。

主体体系化的经验性。正如学者所言,"社会经济生活的需要是法律创制商事主体的根源,更是商事主体理论的基础与依据,因此,商事主体理论是对社会商事交易活动的法律表述,其体现的是较高的立法创制技术"①。故而,立法创制技术越高,商主体法律制度与商事实践的契合度就越大;反之,立法创制技术越低,商主体法律制度与商事实践的契合度就越小。

此外,商主体理论的实践契合性还要求商主体的理论体系具有一定的前瞻性。如果说商主体理论的经验性要求我们对现有商事实践有一个整体、全面的认知;那么商主体理论的前瞻性则要求我们从现有商事实践中发现主体理论发展的趋势,在准确把握商主体理论体系的演进规律后,还要在此基础上构建一个开放的理论体系,以克服人类认知理性的局限。

由此可见,商主体理论的实践契合性既要求我们全面考察商主体理论体系的实际运行情况,包括实际类型以及现有商主体规则,也要结合社会发展趋势梳理商主体的未来演变趋势。

第二节　商主体体系化建构的传统理论基础

一、社会伦理是传统私法主体制度的伦理基础

罗马法以"身份"作为建构人格之要素以及近现代民法立足于"人人平等"的价值理念实现了身份与人格的分离都是私法主体制度演进中的不争事实。因此,从形式上看,民事主体法律人格基础的历史演变的确表现为一种"从身份人格到伦理人格"的变迁。② 但从历史唯物主义的角度分析,罗马法上的"身份"标准得以依存的逻辑基础仍然是当时普遍接受的伦理观念,尽管按照近现代的伦理内涵,它们完全是"非伦理的"。从这个意义上说,所谓"从身份人格到伦理人格"实质乃是"从彼伦理人格到此伦理人格"。也就是说,"从身份到伦理"只是个人法律人格演进的表象,民事主体制度实际上始终是社会伦理的实在法投影,传统私法主体制度其实一直就是沿着"伦理"这一主线演进发展的。

(一) 伦理观念的应然与实然:自然伦理与社会伦理

伦理之产生可以说是和人类社会文明史一样源远流长,但是由于伦理学

---

① 王璟:《商法特性论》,知识产权出版社2007年版,第101页。
② 马俊驹:《从身份人格到伦理人格——论个人法律人格基础的历史演变》,载《湖南社会科学》2005年第6期。

"概念的无公度性"和"广泛的历史多样性"①,对其并没有一个普遍接受的界定。包尔生(Friedrich Paulsen)认为:"我们可以在同样的意义上称伦理学的命题为自然律,这些命题也同样表现了存在于行为类型与它们对生活所产生的效果之间的恒久联系。"②但石里克(Moritz Schlick)则认为:"如果存在着某种价值,它们在同我们的情感绝对地无关这个意义上说是'绝对的',那么,这种价值就将构成一个独立的领域,无论如何都不涉及我们的意志和行为的世界,因为似乎有一堵不可逾越的高墙把它们同我们隔绝了。而我们的生活中就好像它们并不存在似的,所以在伦理学看来,它们一定也是并不存在的。"③但关于伦理的莫衷一是的界定也给我们以另一种启示,即我们可以立足于自然观和历史观相结合的视角将伦理分为自然伦理和社会伦理,前者类似于包尔生眼中的伦理,可用来指称发源于古希腊的自然法思想所一直主张的人生而平等;后者相当于石里克理解的伦理价值,可用来指称特定社会历史时期占统治地位的、直接指导人们行为的社会伦理观念。

自然伦理是人类伦理观的一种应然状态,是指引人类社会在精神层面不断自我完善的永恒灯塔,其本身包含着平等自由等恒定的正义观;而社会伦理则是特定人类社会在某一历史时期所形成的普遍伦理观念的一种实然状态,这种状态与理想的正义观或者说是自然伦理总是存在着或大或小的差距。自然伦理与社会伦理既密切相关又相互背离。二者的内在关联性主要体现在:首先,自然伦理对社会伦理具有指引性,即自然伦理所立足的平等正义等理念不断地指引着社会伦理演进发展;其次,社会伦理是特定历史阶段关于自然伦理认知水平的具体表达,具有丰富内容的社会伦理是指导当时人们社会生活的基本行为规范,是当时人们对自然伦理认识和接受程度的反映;最后,自然伦理是审视评价社会伦理人性水平的标尺。自然伦理与社会伦理的背离是人类社会发展的一种客观状态。实际上,自然伦理与社会伦理的分野至少从苏格拉底时代就应已开始。苏格拉底以其所谓"灵异"教导青年服从自己的理性判断和理性权威,但这一合乎自然伦理精神的道德原则却与当时希腊的社会伦理观念格格不入。正如黑格尔所言:"苏格拉底伤害了他的人民的精神和伦理生活;这种损害性的行为受到了处罚。"④自然伦理与

---

① 〔美〕阿拉斯戴尔·麦金太尔:《谁之正义,何种理性?》,万俊人等译,当代中国出版社1996年版,"译者序言"第5页。
② 〔德〕弗里德里希·包尔生:《伦理学体系》,何怀宏、廖申白译,中国社会科学出版社1988年版,第18页。
③ 〔德〕石里克:《伦理学问题》,张国珍、赵又春译,商务印书馆1997年版,第108页。
④ 〔德〕黑格尔:《哲学史讲演录》(第2卷),贺麟、王太庆等译,商务印书馆1960年版,第104页。

社会伦理相对应的思想在霍布斯那里也可以得到些许回应和支持。霍布斯认为自然法是作为内部命令来约束人的,因此是"理性发现的诫条或一般法则"。并在《利维坦》一书中提出了由自然法建构道德哲学的基本方向。而且他认为:"研究这些自然法的科学是唯一真正的道德哲学。"①从这一点来看,霍布斯似乎是将自然法等同于自然伦理。而其所主张要构建的契约伦理应当属于一种社会伦理。

(二) 社会伦理是传统私法主体制度构建的逻辑基础

如果自然伦理与社会伦理相对应的观念和自然正义与法律正义以及自然法与实在法相对应的观念一样是可被接受的话,那么我们就能得出一个推论:特定社会历史时期的民事主体制度是建构于当时的社会伦理基础之上的,或者说传统私法主体制度就是有关自然人地位的社会伦理在实在法上的投影。从这一角度来说,所谓的立法者"不是在制造法律,不是在发明法律,而仅仅是在表述法律"②,或者说民事立法实际上就是在表述伦理,因为"民法规范主要表现为伦理性规范"③。所以,不论是罗马法上的主体制度还是近现代民法中的主体制度,归根结底无非都是对当时社会伦理的确认和表达。比如,"自然人之能力,罗马法依身份之不同分为三种:一曰自由身份权,依此身份,自然人有自由与奴隶之分也。二曰市民身份权,依此身份,自然人有罗马人与外国人之分也。三曰家属身份权,依此身份,自然人有家父与家子之分也。""自由身份权即 Libertas,简称自由权。市民身份权,即 Civitas,简称市民权。家属身份权,即 Familia,简称实用性权。此三种身份权,总称曰人格或人格权(Caput)。"④从严格意义上说,只有兼备这三种身份权的"家父"才是罗马法上拥有完整人格的法律主体。这三种身份权中的自由人的身份和市民的身份是属于家父构件中的公的方面⑤,或者说罗马法的主体制度涵盖了私的和公的领域,统领了个人、家庭、市民社会、政治国家(城邦)等全部范畴。而家庭、市民社会或者国家都只不过是作为"家庭和民族的现实精神"⑥之体现的伦理实体的一种形态而已。因此,在奴隶社会时期,当时的社会伦理不是从每一个个体人的角度去理解人、把握人,而是从家庭、社会和国家的角度去审视个体在其中所处的坐标;而人的平等、自由、尊严等自然伦

---

① 〔英〕霍布斯:《利维坦》,黎思复、黎廷弼译,商务印书馆1985年版,第97—121页。
② 《马克思恩格斯全集》(第1卷),人民出版社1956年版,第183页。
③ 赵万一:《论民法的伦理性价值》,载《法商研究》2003年第6期。
④ 邱汉平:《罗马法》,朱俊勘校,中国方正出版社2004年版,第53页。
⑤ 徐国栋:《"人身关系"流变考(上)》,载《法学》2002年第6期。
⑥ 〔德〕黑格尔:《法哲学原理》,范扬等译,商务印书馆1996年版,第173页。

理的价值内涵还没有发展成为社会伦理的当然要义,于是,人格就当然异化为身份的表征。在这样的社会伦理观念下,将一部分人宣布为法律上的"非人"①的主体建构模式、因身份变量之增减而引发"人格减等""人格限制"乃至消灭的人格变更制度等,在当时的普遍观念中是不具有伦理可责性的。也就是说,我们不能运用今天普遍认同的与自然伦理更为接近的社会伦理尺度去评价罗马法的人格制度进而得出其"非伦理"的论断。因此,所谓的罗马法中的"身份人格"本质上仍是一种"伦理人格",是与当时特定的社会伦理相适应的。而近代以来,"希腊式的伦理理性主义、伦理战斗精神和伦理逻各斯思维在近代民族主权国家的独特经验方式下作为市民知识分子用来反抗中世纪宗教—伦理体系的思想武器,不断被现代市民意识作出新的解释。欧洲人在文艺复兴的形式中感受到的、体会到的并不是古代世界和古代道德的雷同或重复,恰恰相反,回到希腊的运动实际上是以一种迂回路线告别了希腊。……例如'理性''本性''平等''自由''知识''美德''民主''法'等这些由希腊语言翻译成欧洲民族语言的词,但它们蕴含的思想则是全新的"②。由此形成的关于人的平等地位的全新社会伦理观念也终得以被形塑成为近现代民法中的民事主体制度。伦理人格自此取代了原始身份的要求,成为现代自然人法律人格的基础。③

二、自然人独立人格是商主体建构的拟制蓝本

商主体的法律人格既包括商自然人的法律人格,也包括商组织体的法律人格。早期商主体的法律人格由自然人人格派生,在表现形式、权利属性等方面都直接表现出自然人的人格特征,基本忽略了企业、其他组织形式的商主体的存在。后来虽然发展出组织体的法律人格,但仍是以自然人独立人格作为拟制蓝本。由于商组织体的法律人格并非天然取得,而是由法律拟制产生,故尤具讨论之必要。在商组织体中,法律人格之典型形态便是公司的法律人格,因此下文将围绕公司的法律人格要素和表现形式展开分析。

(一) 商主体法律人格的内在要素:独立财产和独立意思

商主体法律人格要素是企业获取抽象法律人格或取得商主体资格之基础。④ 虽然世界各国的商法学理论已呈现出趋同化态势,但不同法域的立法

---

① 胡玉鸿:《法律史上人格制度的演化》,载《法律科学》2008 年第 4 期。
② 田海平:《西方伦理精神——从古希腊到康德时代》,东南大学出版社 1998 年版,第 280 页。
③ 叶欣:《私法上自然人法律人格之解析》,载《武汉大学学报(哲学社会科学版)》2011 年第 6 期。
④ 范健、王建文:《商法的价值、源流及本体》,中国人民大学出版社 2007 年版,第 232 页。

传统与商事习惯等层面的差异使各法域的公司法律人格要素又存在相当的区别。即便是在我国现行法律制度框架下,公司法律人格要素的组成问题上也并未形成学界共识。但当我们考察不同学者之观点时可以发现,这一问题实际上仍有共性规律可循,主要体现在独立的财产和独立的意思两个维度。

其一,独立的财产是公司人格的信用基础。不论是公司资本还是公司资产,都是公司偿还债务的物质基础,是对公司债权人的信用保证。公司拥有独立的财产,就意味着其能够以自己的名义对外开展市场交易活动,能以自己的独立财产承担交易风险和损失。因此,独立财产是公司人格信用的重要物质保障,是公司商主体据以存在及其法律人格独立的物质基础。

其二,独立的意思是公司人格的本质要素。公司作为一种商主体形态,其独立的意思是借助一套特殊的表决机制而形成的共同意志,并不是股东意志的简单集合。此外,这一共同意志非但不是全体股东意志的简单集合,更不是某个股东意志的直接传递。否则,公司法人将丧失独立意思之可能,公司人格的独立也就不复存在。

(二) 商主体法律人格的外在表现:实体住所和组织机构

实体的住所及组织架构作为商主体法律人格的外在表现形式同样仅适用于以公司为代表的商事组织体。商法人的设立与治理要符合法律之基本规定,即财产、组织形式与治理结构这几个维度的要求。① 尽管以商组织体为代表的商主体人格由法律拟制产生,但为了商主体参与市场交易活动的便利,同时保障交易秩序和交易安全,法律规则往往要求商主体必须拥有实体的表现形式,这体现为较为固定的经营场所和符合法律规定的组织机构。

申言之,商主体法律人格之存在,尤其是商组织体独立人格之保有,不仅依赖于独立财产和独立意志,同时也需要有实体住所和组织机构作保障。

三、营利性目的和营业登记是商主体判定标准

(一) 商主体资格判定标准的理论模式

与前述商主体体系化传统理论存在广泛争议的情形相类似,在商主体资格的判定标准方面,学界也存有较大分歧。经过梳理发现,现有研究中确定的商主体资格判定标准基本上围绕以下两种模式展开:一是"实质要件+形式要件"模式,二是多重标准模式。

在"实质要件+形式要件"模式之下,又分为若干种不同的观点,以下选

---

① 施天涛:《商人概念的继受与商主体的二元结构》,载《政法论坛》2018 年第 3 期。

取部分有代表性的观点加以阐释。第一种观点认为,商主体资格之取得只要具备"从事营利性活动"之实质要件和"经过商事登记"之形式要件即可。① 第二种观点在前一种观点的基础之上,在实质要件中增加了"自己名义"之要求,即商主体资格判定的实质要件呈现为两个维度:一方面,商主体需实施特定的商行为并将之作为经常职业;另一方面,商主体应当以自己的名义开展前述商事活动;形式要件则是必须履行商事登记的公示程序。② 第三种观点则认为登记之形式要件并非商主体资格取得之必备要件,只要满足"实施商行为""以商行为作为经常职业"和"以自己名义实施商行为"这三个实质要件即可。③ 第四种观点则将商主体资格之取得标准进一步简化,认为只需具备"商事营业的经营"之实质要件即可具备商主体资格。④

在多重标准模式之下,也存在以下两种不同的观点。第一种观点提出,商主体的标准界定应从我国的实际情况出发,主要体现为两个层面,即客观的经营行为与合法的经营组织,前者是商主体存在的目的与本质特征,后者是商主体的外在表现形式及其从事营业活动的客观基础。⑤ 与第一种观点形成鲜明对照的是,第二种观点在商主体资格的判定上采取了四重标准,即目的上的营利性、行为特征上的经营性、主体存在形态上的字号和相对确定的经营场所,以及商主体的素质标准。⑥

综括而言,上述资格判定标准虽稍显繁杂且各有不同,但同时也不难发现,营利性目的和营业登记外观这两个标准大概率出现在上述观点之中,故本书选取营利性目的之实质要件和营业登记外观之形式要件作为商主体资格的判定标准进行阐述。

(二) 实质要件+形式要件模式的基本内涵

1. 实质要件:营利性目的

从上文的分析可以看到,商主体体系化之理论基础争鸣不断、观点不一,再加上我国商事基本法的长期缺位,这一理论研究态势的扭转就更显困难。

---

① 李后龙:《民法典应有商事主体制度一席之地》,载《扬州大学学报(人文社会科学版)》2016年第2期;郭晓霞:《关于商主体几个基本问题的研究》,载《山东社会科学》2007年第4期。
② 于新循:《现代商人特征的法理分析》,载《河北法学》2004年第9期。
③ 雷兴虎:《商事主体法基本问题研究》,中国检察出版社2007年版,第6页;施天涛:《商人概念的继受与商主体的二元结构》,载《政法论坛》2018年第3期。
④ 胡晓静:《构建我国商主体制度的基础性问题——以〈德国商法典〉为借鉴》,载《商事法论集》(第22卷),法律出版社2012年版。
⑤ 汤小夫:《民办非企业单位的商事主体属性研究——以民办医院、学校为主要研究对象》,载王保树主编:《中国商法年刊(2015年)》,法律出版社2015年版。
⑥ 吕来明:《论我国商事主体范围的界定》,载《北方法学》2008年第4期。

不过,可以基本确定的是,在商主体内涵界定上仍存在共识基础,这便是商主体资格的本质要素——营利性。① 这一实质要件主要体现为商主体所实施商行为的营利性目的,这是商品交换价值规律的集中反映。因此,一般而言,商主体开展的商事交易活动极为注重交易成本的计算并以营利为终极目标,否则难以将这类活动归类为商行为,而相应的行为主体也不属于商主体。

2. 形式要件:营业登记外观

商事登记对不同商主体的意义不尽相同,具体可以分为两类,即主体登记和营业登记。二者的性质和效力也各不相同,前者针对商法人,是一种实质审查;后者针对商个人,是一种形式审查。之所以将营业登记外观作为商主体资格判定的形式要件,原因在于以下两个方面:其一,在人类社会早期,商主体的主要形态为自然人,法律并不强制要求商主体进行注册登记。但随着商事活动发展到现代,除了流动摊贩类的小微商人外,各国立法基本对商主体营业登记采取了法定主义,实施商主体强制登记制度。② 其二,在现行商事制度框架下,商主体开展营业活动的正当性来源于公权力部分统辖的营业登记,即便已经有观点认为登记只是商人得以为商人的外观确认,而非实质要素。③

一言以蔽之,在传统商法理论体系中,商主体资格的判定标准大体可以确定为实质上的营利性目的和形式上的营业登记外观这两个方面。

四、商主体法定原则是商主体设立的逻辑总纲

"非经商事法确定不得成为商事主体"④,此为商主体法定原则之内涵。在商主体制度层面,当前诸法域基本通过大量强行法对商主体的市场准入与退出条件作了严格的程序性及实体性的规定,形成了商主体法定原则。⑤ 商主体法定原则出现在我国绝大多数商法学论著中,尽管已经有学者开始有意反思商主体法定原则存在的理论基础和现实妥当性⑥,但其仍可谓我国商法学界之通说。

作为商主体制度之基本原则,法定原则有其特有功能。它旨在合理地界定商主体、消费者与宏观调控者三方的范围,明确他们不同的市场定位,防止

---

① 李建伟:《民法典编纂背景下商个人制度结构的立法表达》,载《政法论坛》2018 年第 6 期。
② 姜莉:《关于商法学中商主体概念的探讨》,载《河北法学》2007 年第 8 期。
③ 施天涛:《商人概念的继受与商主体的二元结构》,载《政法论坛》2018 年第 3 期。
④ 赵万一、叶艳:《论商主体的存在价值及其法律规制》,载《河南省政法管理干部学院学报》2004 年第 6 期。
⑤ 于新循:《论商法之商主体强化原则》,载《重庆工商大学学报(社会科学版)》2004 年第 3 期。
⑥ 陈彦晶:《商事司法对商主体法定原则的突破》,载《法学论坛》2017 年第 6 期。

除商主体以外的其他两类主体从事商行为。① 与此目标相适应,商主体法定化的衡量标准也并非一成不变,而是根据商事实践的具体情况调整其适用限度。例如,在当前新的社会经济条件下,商主体法定化原则的适用应当根据以下三个标准来确定:第一是市场效率标准,即商主体法定化能否有效提升市场交易活动的效率、防范化解市场交易风险并促进市场经济的繁荣发展;第二是鼓励创新标准,即商主体的法定设计是否有利于商主体制度的创新和发展;第三是鼓励创业标准,即商主体的法定设计能否促进更多的商主体参与市场交易,鼓励万众创业。

在商主体法定原则的内容方面,现有研究呈现出三种涵盖范围不同的观点。第一种观点认为,商主体法定原则主要包括商主体类型法定和商事登记法定这两方面内容。② 具体而言,商主体类型法定要求除了法律规定的商主体类型外,市场主体不得随意创设商主体类型或对法定类型进行随意变更,从而形成非典型或所谓"过渡型"的商主体形态,也不允许存在违反法律要求的商主体形态;商事登记法定,一方面能够实现国家对商事组织的宏观调控及管理,另一方面也能很好地保障商事组织的良善发展。③ 第二种观点则认为,商主体法定原则并不限于上述两方面的内容,其还应涵盖商主体内容法定。法律对于不同商主体的独特要求构成了不同种类商主体之间的本质差异,产生了它们各自的特殊性。④ 第三种观点之下的商主体法定原则内容最为丰富,划分标准也与前两种不尽相同。该种观点认为,商主体法定原则不仅应当包含商主体类型法定,还应涵盖设立标准法定、维持标准法定以及破产标准法定,甚至还包括以设立程序法定、变更程序法定和破产清算程序法定为内容的商主体程序法定。⑤

从上述分析可以发现,传统的商主体理论下的商主体法定原则始终坚持将商主体类型的法定为中心,对商主体的具体外延予以了严格的控制,使商主体理论制度形成了一个相对封闭的体系。

五、三分法是商主体逻辑自洽的主要分类方法

在传统商法理论中,依据商主体的责任承担形式与组织经营模式二维标

---

① 郑在义:《论我国商主体的法定化》,载《国家检察官学院学报》2006年第3期。
② 于新循:《现代商人特征的法理分析》,载《河北法学》2004年第9期。
③ 覃有土主编:《商法学》,中国政法大学出版社2002年版,第7页。
④ 范健:《商法》(第二版),高等教育出版社、北京大学出版社2002年版,第8页。
⑤ 郑在义:《论我国商主体的法定化》,载《国家检察官学院学报》2006年第3期。

准,通常将商主体划分为商个人、商法人以及商合伙三类。① 尽管在学理上还存在其他划分方法,但在传统大陆法系商法理论的影响下,这一划分方式已经得到了国内商法学界的普遍接受。从分类的内在逻辑标准来看,三分法是基于传统的"法律人格"观念,认为商个人具有其作为民事主体即已存在的自然人人格,商法人具有从自然人人格拟制而成的法人人格,商合伙不具有独立法律人格。

但同时,也有观点指出此种划分方法虽有传统理论的路径依赖,但也存在明显的逻辑漏洞。首先,将民法上民事主体的分类简单对应到商主体的分类上,无益于商主体独立性的塑造。其次,在商个人的类型框架之下,个体工商户、一人公司与个人独资企业这三者之间存在明显的逻辑不自洽。简单举例,虽然个体工商户以及个人独资企业均被纳入商个人的范畴中,但不同之处在于,个体工商户隶属于自然人商主体,而个人独资企业却属于组织商主体。② 此外,个人独资企业也有着显著的特征,作为一种企业组织形态,它往往具备了相当规范的经营管理模式,因而在商个人这一类型中,其不论是组织性还是规范性,均有别于其他商个人形态,为商个人形态中的最高层次形态。③ 最后,不论是商法人还是商合伙,其本质上都属于组织体,并无截然区分之必要。

第三节 域外商主体体系化的发展演进趋势

一、商主体的界定方式由差异走向趋同

商主体作为各大陆法系国家商事法律制度的展开基础,自然成为各国商事立法关注的重点之一。作为商事部门法理论和制度构建中一以贯之的焦点,各大陆法系国家对商主体的理论研究和制度设计也会随着社会经济发展和商法理论研究的深入而呈现出不同的演进趋势。在传统的大陆法系商法理论体系下,商主体的界分标准主要存在着以下三种,即客观主义原则、主观主义原则与主客观相统一原则。

首先,客观主义原则是从行为的本质入手,强调商主体身份对商行为的

---

① 施天涛:《商法学》(第四版),法律出版社 2010 年版,第 44—48 页;王保树主编:《商法》,法律出版社 2005 年版,第 42—48 页;赵旭东:《商法学》(第二版),高等教育出版社 2011 年版,第 19 页;顾功耘主编:《商法教程》,上海人民出版社 2006 年版,第 37—46 页。
② 李建伟:《个人独资企业法律制度的完善与商个人体系的重构》,载《政法论坛》2012 年第 5 期。
③ 李建伟:《对我国商个人立法的分析与反思》,载《政法论坛》2009 年第 5 期。

依存性,认为凡是所从事的行为具有商的性质且是日常经营行为,那么其行为主体便可被认为是商主体。① 在客观主义原则的指导之下,客观主义的立法模式也首次出现在 1807 年《法国商法典》的第 1 条中:"商人者,以商行为为业者。"除此之外,旧的《德国商法典》也采取了这一立法模式,在第 4 条作了如下规定——"以商行为为业者是商人"。虽然最早采取此种立法模式的是法国和德国的商法典,但至今仍较为彻底地沿用此种立法模式的则是 1885 年颁布的《西班牙商法典》。② 综括而言,客观主义原则所具备的两方面基本特征已经相当明显:一是客观主义立法模式强调商行为概念的基础作用,并依此概念来确定商主体的范围、商法的适用范围和商法规则的体系;二是这一立法体系强调的是商主体资格对商行为本身的依存性。③

其次,与客观主义原则强调商行为实质上的营利属性不同的是,主观主义原则着眼于商事行为的形式,因而又称为形式主义原则。以 1900 年《德国商法典》为代表的立法在商主体的界定上采取了主观主义模式,更为注重商主体的行为方式,从其规定来看,该法典更加关注的是商人概念在法律适用中的核心地位,而不是从商行为的客观性质这一视角来界定商主体。④ 此后,瑞士和意大利等国也采取了主观主义立法模式来界定商主体。

最后,主客观相统一原则也称折中主义原则,它是在客观主义原则的基础之上,结合商主体和商行为这二者的概念,在界定商主体时,既关注商行为的形式又关注其实质。采取此种立法例的典型代表是 1899 年《日本商法典》,1962 年《韩国商法典》也采取此种立法模式。新近采取主客观相一致模式界定商主体的域外立法例还包括《法国商法典》和《德国商法典》。在《法国商法典》中,商行为概念是商主体概念的基础,而商主体的概念又在一定程度上决定了商行为的具体范围,故二者共同构成了商法理论和制度体系的基础。⑤ 在德国,由于经过了 1998 年《商事改革法》和《运输改革法》的修法变革,德国的商法理论制度呈现出了客观主义原则的特征,故而在 1900 年商法典采主观主义立法模式的基础之上逐渐演变为主客观相统一的立法格局体系。⑥

---

① 赵万一、叶艳:《论商主体的存在价值及其法律规制》,载《河南省政法管理干部学院学报》2004 年第 6 期。
② 王保树:《商事法的理念与理念上的商事法》,载《商事法论集》(第 1 卷),法律出版社 1997 年版。
③ 王瑞:《商法总论》,法律出版社 2010 年版,第 56—57 页。
④ 赵万一、叶艳:《论商主体的存在价值及其法律规制》,载《河南省政法管理干部学院学报》2004 年第 6 期。
⑤ 王瑞:《商法总论》,法律出版社 2010 年版,第 63—65 页。
⑥ 卢谌:《〈德国商法典〉:解构抑或重构》,载《德国研究》2014 年第 2 期。

从上述三种立法模式的更迭中可以看出，各国立法在商主体的界定方式上经历了从客观主义原则和主观主义原则相互独立向主客观相统一原则的立法模式演进。对这一趋势的发现和把握对于商主体再体系化的有益启示是：在廓清商主体内涵和外延的问题上，商主体的形式特征也好，商行为的实质属性也罢，都只是达至最终目标的单一面向；更为理性的做法是，聚焦于形式与实质要素之用，统一于主观与客观视角之下，以此实现商主体体系化的理论和制度重塑。

二、商主体重心由商个人向商组织转向

在传统商法中，尤其是大陆法系的商事立法中，商主体通常被称为商人。商人在整个商法体系中处于极为重要的地位。"商法是商人的特别私法"，卡纳里斯在其著述中从商法的源流和法律构成两方面，揭示了商人在传统商法理论中的核心地位。① 但随着社会经济的不断发展，商事组织日渐勃兴，成为商主体的主要形态。

（一）商主体体系化的法典化阶段——以"商人"为重心

诞生于工业化早期的商法典在理论上被视为民法典的特别法，营利性目的和商人形态法定被解读为"商人"资格的判定标准；尽管法、德、日等国家的商法典关于"商人"的界定与分类体系不尽相同，但沿袭民法中以自然人为原型的"人格"观念而形成的商个人、商合伙和商法人的"三分法"是最为重要和普遍的分类方式。即便是在将商行为作为商法体系核心概念的1807年《法国商法典》中，商人及其相关内容也是作为商法典的主体内容而存在。② 当我们沿着时间轴将目光移向20世纪的商法典时，上述规律同样显而易见。1900年《德国商法典》直接以商人概念作为商法体系的中心概念，并且恢复了商人中心主义，法定商人、注册商人和任意商人的划分便是来源于此。不过，随着商事实践的日益丰富，商法法典化早期对于"商人"概念的体系化建构很快就面临了包容性不足的困境，一个突出的表现便是商法的去法典化，法国1867年《商事公司法》和德国1937年《股份公司法》的单独立法便是例证。

（二）商主体体系化的后法典化阶段——以"企业"为重心

尽管商法典基于"商人"概念而得以建构，但学界关于商法区别于民法

---

① 此系德国商法理论通说，参见：〔德〕C. W. 卡纳里斯：《德国商法》，杨继译，法律出版社2006年版，第2页及其脚注。
② 刘诚、刘沂江：《商法总论》，贵州大学出版社2013年版，第202页。

的特征归纳却并不十分成功。据此,面对企业逐渐成为主流营业性构造的市场状况,以施密特为代表的一批德国学者最先开始尝试将商法由商人特别法转而定义为企业的对外私法。卡纳里斯也从应然法的角度对上述观点予以承认,认为商法应当向"企业特别对外私法"的方向发展。① 从传统意义上的"商人"看,可以很明显地发现其为自然人所派生出的法律人格,不论是其表现形式抑或权利属性等方面,均存在着显著的自然人特征,反而忽略了企业的法律主体地位。随着现代社会经济体量和经济规模的不断扩大,以自然人人格为原型的商人制度已经无法涵盖诸如公司和合伙企业等"多个权利人的集合体"组织形式。②

实际上,在《德国商法典》制定之时,社会经济状况较之于以前已经发生了显著的变化,社会本位思想逐渐开始取代个人本位思想成为基本制度理念,以自然人为载体的商个人虽然还大量存在,但企业已经成为最主要的市场交易主体。同时,由于以股份公司为代表的大型企业在经济建设和第一次世界大战中发挥着重要作用,所以从 19 世纪 20 年代以来企业已经逐渐成为各国商事立法的主要调整对象。在德国商主体理论变迁史上具有里程碑意义的 1998 年《德国商法典》,逐渐发展为一部现代企业法。③ 在此之前,《德国商法典》第 1 条第 2 款采取列举的方式规定了九类特定商行为的主体具备商人身份,包括保险、银行、货物和有价证券等的经营性交易。此外,除非依据彼时的商法典第 2 条进行了商事登记,否则任何主体都无从取得商人资格。④ 而在 1998 年的商事立法改革之后,《德国商法典》第 1 条第 2 款直接规定"营业指任何营利事业,但企业依种类或范围不要求以商人方式进行经营的,不在此限"⑤。至此,企业概念逐步取代商人概念成为德国商事立法中的基础性概念。这一规律在日本商事规范去法典化的立法实践中也同样显现。最直观的一个例证是,日本于 2005 年制定了《公司法典》,这不仅凸显了现代商主体立法对企业的偏重,更成为将现代商法发展史锁定为商法典"解构"史的有力佐证。⑥ 对此,有学者曾精辟地指出,日本商法的发展就是朝主

---

① 〔德〕C. W. 卡纳里斯:《德国商法》,杨继译,法律出版社 2006 年版,第 13—14 页。
② 范健、王建文:《商法的价值、源流及本体》,中国人民大学出版社 2007 年版,第 209 页。
③ 〔德〕福尔克·博伊廷:《论德国商法的修订》,载范健等主编:《中德商法研究》,法律出版社 1999 年版,第 43 页。
④ 〔德〕C. W. 卡纳里斯:《德国商法》,杨继译,法律出版社 2006 年版,第 40 页。
⑤ 《德国商法典》,杜景林、卢谌译,中国政法大学出版社 2000 年版,第 3 页。
⑥ 〔日〕尾崎安央、张杨:《日本商法典的"解构"与日本民法的"商法化"现象》,载《中国政法大学学报》2018 年第 1 期。

观主义,甚至是"新商人法主义"中的"企业法主义"方向演进的。① 如果说德国和日本在商主体制度上由"商人"向"企业"的演进,因循的是企业单独立法的迂回轨迹;那么,我国澳门地区以"企业"为重心的商主体体系化演进脉络则显得更为直观。《澳门商法典》第一编就被直接命名为"商业企业主、商业企业及商行为",紧接着就在第 1 条和第 2 条分别对商业企业主和商业企业进行了规定。

再将目光转向英美法系商主体体系化的制度建构。虽然英美法系以判例法著称,商主体领域当然也不例外。但自 19 世纪中叶时起,英美法系各法域便产生了大量的商事成文法,且涉及商主体的立法也以单行法的形式呈现。譬如英国涉及商主体的立法就有 1720 年《泡沫法案》、1837 年《特许公司法》、1844 年《合作股份公司法》、1855 年《有限责任法》、1862 年《公司法》和 1929 年《公司法》等法律。

由此可以得出一个有说服力的结论:在商事法律制度的后法典化时期,商主体体系化构建的重心开始逐渐转向"企业",这既体现在世界各法域在企业单行立法上的乐此不疲,也体现在商法典对企业商主体地位的肯认和重视上。

三、商主体制度具体涵摄范围不断扩展

在早期地中海沿岸商事交易逐步繁荣的影响下,实践中的商主体从原先的单个个体商自然人发展出"索赛特"(Societas)、"康孟达"(Commenda)等商事合伙,甚至发展出现代的公司形态。商主体在商事实践中呈现出逐步扩大的趋势,不仅仅体现在商事交易的实践层面,也折射出法律制度的滞后与调整力不足。19 世纪以前,商人属于具有特殊身份的阶层,商法也拥有浓厚的"商人法"外部特征。传统商法将商人作为调整对象,而囿于商人之法律人格派生于自然人人格,因而该种情形下的商人自然承继着大量自然人人格的特性。然而,这一拟制性的商主体人格创制却很快就表现出难以满足经营主体多样化的客观需求。直到 19 世纪之后,伴随商事交易的逐渐普及,以 1807 年《法国商法典》为代表的商事立法开始向现代商行为法转变。这种转变打破了中世纪特权商人对营业的独占,使商主体从特定的身份限制中被解放出来,商人主体资格的确定不再以其"身份"为核心,转而将其是否开展了

---

① 于新循:《现代商人法纵论——基本理论体系的探寻与构建》,人民法院出版社 2007 年版,第 101 页。

商行为作为判断标准。① 同样地,在 1998 年以前,《德国商法典》通过在第 1 条第 2 款列举包括运输代理、行纪、保险和银行等在内的九种特定行为的方式,确定从事特定行为的主体才能取得商人资格。但该种立法因列举范围不合时宜且过于狭隘而早已不敷适用。② 因此,为了能够尽可能地适应时代发展的需要,《德国商法典》进行了相应的修订。在最新的《德国商法典》中,旧商法典第 1 条第 2 款的列举式立法已经被废除,取而代之的是对商事营利事业的规定。现行《德国商法典》第 1 条第 2 款规定明确给予了企业以区别于商人的商主体地位。③ 从《德国商法典》对商主体制度规定的不断完善来看,其呈现出商主体概念逐渐简化的趋势。这种简化明晰了法律关系,并使大部分依之前立法无法被涵盖的商主体得到法律保护,提高了人们从事商事交易行为的可预见性,同时也减少了逃避商法适用的情形出现。

四、民商主体界分的制度模式仍存差异

综观世界范围内的民商事立法,关于民商主体的界分似乎是各个法域普遍面临的共性难题,各个国家或地区的具体制度模式不尽相同,也缺乏一种具有普适意义的做法。本部分将对主要的制度模式进行简单的分类和评价,以便为我国的制度变革与完善提供参考和借鉴。

(一) 民法典与商法典协同区分模式

对于传统的采取民商分立的国家和地区而言,其民事主体与商主体的区分是由民法典和商法典共同完成的。以德国为例,其民法典第一章"人"分别对"自然人、消费者、经营者"和"法人"作了专节规定。该法典在法人的分类体系上首先将其分为"社团"与"财团";关于"社团"的分类,《德国民法典》也采取了"营利社团"与"非营利社团"的分类模式,不过,该法典关于"营利社团"仅仅进行了概念界定,即"营利社团"是"以营利为目的的社团""因国家的授予而取得权利能力",除此之外都是关于能够适用于所有法人的共性规定,至于营利社团的进一步类型化和具体规则的供给则是交给商法典来完成的。《韩国民法典》的制度设计也与《德国民法典》大致相同,其第 39 条规定"以营利为目的的社团,符合商事公司设立条件的,可以成为法人""对

---

① 于新循:《现代商人法纵论——基本理论体系的探寻与构建》,人民法院出版社 2007 年版,第 19—21 页。
② [德] C. W. 卡纳里斯:《德国商法》,杨继译,法律出版社 2006 年版,第 40 页。
③ 《德国商法典》第 1 条第 2 款规定:"商事营利事业指任何营利事业经营,但企业依照性质或规模不需要以商人方式所设置的营业经营的,不在此限。"参见《德国商法典》,杜景林、卢谌译,法律出版社 2010 年版,第 3 页。

于前款社团法人,全部准用有关商事公司的规定"。《韩国民法典》的一个重要特色在于其间接地确定了自然人的营业权,如其第8条关于"营业的许可"规定"未成年人经法定代理人的许可从事特定营业的,视为成年人"。在相当长的历史时期,这种协同区分模式较好地实现了对民事主体与商主体的立法界分。不过,随着商业活动广泛而深入地发展以及各种新型商事组织的不断涌现,法典模式的僵化滞后弊端日益显现。为了应对现实需要,许多同时存在民法典和商法典的国家或地区,又对一些商主体进行了单独立法,如日本在其传统的商法典之外制定了内容更为详细、体量更为庞大的公司法典,由此导致所谓商法典的空心化问题。

(二)民法典中对商主体独立规定模式

在一些民商合一的国家或地区,为了实现对民商事主体的有效区分,采取了在民法典之下对商主体用单独的编或章加以规定的做法。典型的如《意大利民法典》在"法人"一章仅作了社团与财团的简单规定,随后在第五编"劳动"编中对各类商主体,如一般企业、农业企业、商业企业、自由职业者、合作社等进行了具体的制度设计。再比如,《巴西民法典》中单独设立了"企业法编",具有相当的独立性,实质上类似于自成体系的商法典。《俄罗斯联邦民法典》中虽然未对商主体作单编或单章规定,但其在"法人"一章中,也对"商合伙与商业公司""生产合作社""国有和自治地方所有的单一制企业"分节进行单独规定。这种模式虽然有助于对民事主体与商主体进行直观区分,但也会导致民法典主体体系缺乏内在的逻辑性。另外,有的民法典中也未能体现出民商主体界分的内在标准,例如,《意大利民法典》关于法人的分类仅采取了公法人与私法人、社团法人与财团法人的分类,关于商主体,该法典仅规定了"公司与合伙受本法第五编的调整",而没有体现诸如"营利性目的"之类的区分标准。

(三)民法典中引入消费者—经营者主体分类模式

"消费者"与"经营者"传统上是消费者权益保护法与竞争法中使用的概念。不过,由欧盟成员国众多法学家通力合作而成的《欧洲示范民法典草案》第1-1-105条从主体的消费、生产等经济功能出发,把主体划分为"消费者"与"经营者"两大对应类别。[①]《德国民法典》于2000年也引入了"消费者"与"经营者"概念,其第一章"人"的部分首先将"人"区分为"自然人、消

[①] 欧洲民法典研究组、欧洲现行私法研究组:《欧洲示范民法典草案:欧洲私法的原则、定义和示范规则》,高圣平译,中国人民大学出版社2012年版,第149页。

费者"和"经营者"。该法第 14 条进一步规定"经营者是指在缔结法律行为时,在从事其营利活动或独立的职业活动中实施行为的自然人或法人或有权利能力的合伙"。我国也有学者主张应当对商主体制度进行反思与重构,在总纲性商法规范中采用经营者概念,将其界定为经营行为的实施人。① 从形式上看,在民法典中采用"消费者"与"经营者"的主体分类模式有助于实现私法主体制度的统一,体现了与时俱进和创新性,但该种分类模式在很大程度上颠覆了传统民商法的主体概念体系,会在相当长的时期内引发认知上的混乱;同时,该种分类模式也无法展现民事主体与商主体的应然差异,无法适应商主体不断发展的现实需求。另外,如果处理得不好,也会导致法条安排在逻辑上出现混乱,例如,《德国民法典》中的第一章"人"的第一节"自然人、消费者和经营者"与第二节"法人"就无法实现逻辑上的和谐,因为其所规定的"经营者"也包括"法人"。

第四节 中国商主体体系化理论与制度现状

一、商主体的概念与法律特征依然众说纷纭

(一) 商主体相关概念的区分

较之于以规范交易活动为己任的商事行为法所体现出的次生性而言,以商主体为关键指向的商事组织法是商法中最基本的内容。② 但囿于商事基本法的缺失,我国学界依然并未就商主体的内涵形成一致意见。③ 从学界现有的研究来看,包括商主体、商人和商事法律关系主体在内的相关概念存在被混用的情况。譬如就商主体与商人之间的关系而言,就存在不同认知:一则为包含论,认为商主体与商人之间是包含关系;二则为等同论,认为商主体与商人的概念无异。包含论认为,商人是从事商事经营行为的人,而商事主体则是受商法调整,参加商事法律关系的任何人,其本质在于营利性而非营业性。④ 再如,还有观点将商人视为商主体之子集,他们提出,商主体是商人概念外延扩大与商法调整功能扩展的结果。⑤ 等同论从传统的大陆法系国家立法视角出发,提出传统上的大陆法系国家往往在立法中将商主体称之为

---

① 王建文:《我国商法引入经营者概念的理论构造》,载《法学家》2014 年第 3 期。
② 赵万一主编:《商法》(第四版),中国人民大学出版社 2013 年版,第 4 页。
③ 李建伟:《民法典编纂背景下商个人制度结构的立法表达》,载《政法论坛》2018 年第 6 期。
④ 华德波:《对商人与商事主体关系等同论的反思与重塑》,载《河北法学》2011 年第 2 期。
⑤ 姜莉:《关于商法学中商主体概念的探讨》,载《河北法学》2007 年第 8 期。

"商人",因此商主体与商人概念亦无区分之必要。① 在此基础上,甚至还有观点将商人、商主体与商事法律关系主体这三者相等同。如有学者认为,"商主体是依照法律规定以自己的名义从事商行为,参与商事法律关系,享有权利和承担义务的人"②;"商主体又称商事法律关系的主体,是指依照法律规定参与商事法律关系,能够以自己的名义从事商行为,享受权利和承担义务的人,包括个人和组织。"③

当前学界有关商主体基础理论的研究之所以会出现难以达成共识的局面,很大一部分原因就在于对基础概念的使用和取舍并未建立在同一话语体系之上。从商主体营利性的本质特征出发进行判断,难言商事法律关系中的私法主体都具有营利目的,故商事法律关系主体的范围要比商主体的范围宽泛得多。至于商人与商主体之间的概念区分,则纯粹涉及对商人概念的解释问题。若将商人理解为商个人,则商主体与商人之间为包含与被包含关系;若将商人外延作广义理解,不限于以自然人为基点的商个人,则完全可以等同于商主体概念。

(二) 商主体相关概念的选用

在商主体相关概念的选用上,也存在两类颇具代表性的争议。第一类争议围绕"商人"概念的使用展开。主张论者认为,我国在制定形式意义上的商法时应使用"商人"之概念④,理由具体包括以下两个方面:其一,商人概念不仅有私法上的意义,还具有宪法结构上的意义,可以"柔性地推动宪政民主"⑤;其二,综观域外立法,但凡有商法典的国家,都在其商法典里将商主体称之为商人,因此我国也应使用"商人"这一称谓。与此形成鲜明对照的是,反对论者则认为应当弃用"商人"这一概念。⑥ 在反对论者看来,虽然传统商法中的商人居于核心地位,但社会经济生活的不断发展使得传统模式愈发成为商法的弱点,甚至成了致命的弱点。⑦

第二类争议围绕"企业"概念的使用展开。一些学者借鉴德国商法学研

---

① 于新循:《现代商人特征的法理分析》,载《河北法学》2004年第9期。
② 郭晓霞:《关于商主体几个基本问题的研究》,载《山东社会科学》2007年第4期。
③ 范健:《商法》(第二版),高等教育出版社、北京大学出版社2002年版,第29页。
④ 蒋大兴:《商人,抑或企业?——制定〈商法通则〉的前提性疑问》,载《清华法学》2008年第4期;陈运雄、蔡梅娥:《论我国商人概念的法律界定》,载《求索》2005年第12期;施天涛:《商人概念的继受与商主体的二元结构》,载《政法论坛》2018年第3期。
⑤ 蒋大兴:《商人,抑或企业?——制定〈商法通则〉的前提性疑问》,载《清华法学》2008年第4期。
⑥ 之所以称为"弃用",是因为尽管我国法律层面尚未有使用"商人"概念之先例,但是《深圳经济特区商事条例》中已经使用了"商人"这一概念。
⑦ 范健、王建文:《商法基础理论专题研究》,高等教育出版社2005年版,第156页。

究成果主张"商主体区别于一般民事主体的最本质特征,在于商主体只能是企业"①。而反对的声音则认为,"企业"概念本身存在历史和现实的局限性:第一,商主体与企业两个概念是交叉关系,二者的交集为私益企业,而非交叉部分则为公益企业②;第二,企业概念在各法域的立法与法学理论中并非一个法律概念,而且实际上立法也难以对它的内涵和外延予以界定;第三,商法兼具国际性与地域性特征,其易受到地区或民族的商事习惯的影响,如我国的个体工商户、农村承包经营户等法定商主体便为适例,这些概念在国外是不存在的。③

上述概念选用的观点分歧,共同的局限性在于都过分强调了域外传统理论概念的使用和域外理论研究成果的引入,而忽视了本土商事实践的表达习惯和市场主体的可接受度。一方面,"商人"概念的选用将会在客观上产生商事主体仅限于商自然人的表达效果;另一方面,"企业"概念的使用除存在前述障碍外,还与现行立法中规定的个体工商户、农村承包经营户和商事实践中的流动商贩等商个人范畴显得格格不入。相较而言,基于学理上的广泛接受度和外延范围的妥当性涵盖,"商主体"概念则不存在上述困惑。因此,本书主张以"商主体"概念作为商事主体体系化构建的核心概念。

(三) 商主体的法律特征

既然商主体较之于一般民事主体具有独立性,那么商主体的法律特征也就可以由此推出。然而,由于侧重点的不同,学界对商主体法律特征的概括也不尽相同,大体上形成了三种代表性观点。第一种观点认为,商主体的法律特征主要表现为三个方面:第一,商主体为法律拟制之主体,其权利能力与行为能力的存在主要源于国家的授权;第二,商主体是旨在开展以营利为目的的营业活动的主体;第三,商主体为商事法律关系之一方当事人,其在商法上享有一定的权利并承担相应的义务。④ 第二种观点主张商主体相对于一般民事主体的特殊性包括主体地位的取得、丧失必须经过登记注册,并且商主体与一般民事主体的法律人格存在客观差异。同时,这些特殊性也使得商主体可向民事主体进行单向无条件的转换,而民事主体向商主体的转换则需

---

① 范健、王建文:《商法的价值、源流及本体》,中国人民大学出版社 2007 年版,第 198 页。
② 姜莉:《关于商法学中商主体概念的探讨》,载《河北法学》2007 年第 8 期。
③ 李建伟:《对我国商个人立法的分析与反思》,载《政法论坛》2009 年第 5 期。
④ 王璟:《商法特性论》,知识产权出版社 2007 年版,第 101 页;范健:《商法》(第二版),高等教育出版社、北京大学出版社 2002 年版,第 29 页。

要附条件的变更。① 第三种观点主要围绕商主体的商事能力展开,认为商主体的法律特征主要表现在以下四个方面:其一,商主体应当具备商事能力;其二,商主体的营业内容应当是营利性的活动;其三,商主体基于商事登记才取得其特殊的权利能力以及行为能力;其四,商主体应当是商事关系的当事人,为商法上的权利享有者及义务承担者。②

概括而言,不论上述观点的切入点如何,一些共识性的法律特征已经较为明显。主要包括:商主体是法律拟制的主体,国家通过登记授权商主体拥有权利能力和行为能力;商主体是以营利为目的的主体,其通过持续性的营利活动获得收益;商主体是商事法律关系的当事方,是商事权利义务的承担者。

二、民商主体制度界分的主要标准因循传统

"民商合一"虽然在形式上维持了私法体系的统一,但并不能消弭民事活动与商事活动在法律调整需求上的实然差异。由此,民商主体的界分成为私法主体制度构建中的一大难题。在形式上采取"民商分立"立法模式的法域,上述理论分类在实在法上的体现可以通过专门的商法典来完成;但在"民商合一"的立法模式下,民商主体的界分就没有那么一目了然。我国迄今为止并没有制定独立的商事基本法,因此,对于民事主体与商主体的区分标准,主要是依靠民事基本法来体现。在我国转向商品经济和市场经济的相当长的时期里,《民法通则》建构的"自然人+法人"的二元主体制度并不能包容诸多新生的、由商事专门法确定的商主体。为了解决这一问题,《民法典》中的主体制度采取了"自然人+法人+非法人组织"的分类结构,较好地实现了对原本游离在《民法通则》主体体系之外的非法人组织的纳入,维持和丰富了民商合一的私法主体体系。同时,《民法典》也致力于利用"营利性目的"来最大程度地实现对民商主体的界分,并不惜重墨地对以营利法人为代表的商主体进行非常详细的制度供给。但从《民法典》主体制度的规范设计,特别是关于民商主体界分的整体制度设计来看,其对于自然人与组织体的民商界分所遵循的逻辑标准显著不同。依然存在一些不容忽视的缺陷和不足,也因此可能会面临一些难以破解的现实难题。

---

① 范健、丁凤玲:《中国商人制度与民事主体立法——写在〈民法总则〉创立时的思考》,载《南京大学学报(哲学·人文科学·社会科学)》2017年第3期。
② 赵万一:《商法基本问题研究》,法律出版社2002年版,第289—290页。

（一）个人的民商主体界分标准

在近现代民法中,自然人作为民事主体的资格是与生俱来的,在识别判断上一般不存在什么困难。但是,自然人在什么情况下会从一般的民事主体转化为商主体的识别认定却并非一目了然。从我国相关立法的具体做法来看,也一直采用了一种较为简单的判断标准,即要求所有从事经营活动的主体都要进行登记。《民法通则》和《民法典》都遵循了这一标准,如《民法通则》第26条规定"公民在法律允许的范围内,依法经核准登记,从事工商业经营的,为个体工商户";《民法典》第54条规定:"自然人从事工商业经营,经依法登记,为个体工商户。个体工商户可以起字号。"根据该规定,"个体工商户"应当被理解为我国民事基本法确立的最为典型的"商自然人",而自然人商主体资格的取得必须经过登记。商法理论中一般也采此种观点,如有学者指出的,自然人要成为商人必须符合两个条件:实质意义上的条件是必须具有权利能力和行为能力;形式意义上的条件是原则上必须依法经核准登记。[1] 除此之外,实践中还大量存在着所谓的"流动摊贩",从各地方的相关管理规定看,一般也是以登记为原则,如2013年4月1日起施行的《北京市食品摊贩监督管理办法》第3条规定:"食品摊贩是指依据《北京市食品安全条例》经向乡镇人民政府或者街道办事处申请登记取得食品摊贩经营证,从事食品经营活动的经营者。"[2]《江苏省食品小作坊和食品摊贩管理条例》第10条规定,食品小作坊实行登记管理,依法取得营业执照并向所在地县级市场监督管理部门申请食品小作坊登记证。[3] 该《条例》第41条进一步规定了未经市场监督管理部门登记从事食品生产加工活动的法律责任,包括没收违法所得以及违法生产加工的食品,还可没收违法行为主体用于违法生产加工的相关工具、设备、原料等物品及处以罚款。从主体能力的角度看,自然人经由登记成为商自然人,就意味着拥有了商事能力。不过,正如有学者指出的那样,受民商合一立法体制的制约,我国立法及学理均否认商事能力制度[4],

---

[1] 施天涛:《商法学》(第四版),法律出版社2010年版,第73—74页。
[2] 2018年9月26日北京市第十五届人大常委会第七次会议审议的《北京市小型食品业生产经营规定(草案二次审议稿)》拟对本市小型食品业实行行政许可和备案制度,要求开办小作坊、小餐饮店应当向所在地的区食品安全监督管理部门申请许可;小食杂店应当向所在地的区食品安全监督管理部门办理备案;食品摊贩应当向所在地的乡镇人民政府或者街道办事处办理备案。就其核心精神而言,仍体现了对自然人的民商主体界分持一种登记标准。
[3] 《江苏省食品小作坊和食品摊贩管理条例》第10条:"食品小作坊实行登记管理。食品小作坊从事食品生产加工活动,应当依法取得营业执照,并向所在地县级市场监督管理部门申请食品小作坊登记证。"
[4] 樊涛:《商事能力制度初探》,载《法学杂志》2010年第4期。

《民法典》中的民事能力制度并没有将商事能力作为一个特别能力加以特殊规定。

(二) 组织的民商主体界分标准

为了克服《民法通则》主体制度所采取的"自然人+法人"二分法的诸多缺陷,《民法典》的主体制度实际上采取了"自然人+法人+非法人组织"的分类体系,由此可以将原本游离在《民法通则》主体分类体系之外的许多非法人组织有效地纳入进来。不过,关于组织体作为民商主体的界分,《民法典》并没有采取一个统一的划分标准,为此就需要分别进行考察。

1. 法人的民商主体界分标准——营利性目的

法人是现代社会除自然人之外最为典型和普遍的主体类型,因而也成为《民法典》关于组织体的主体制度建构的重心。在我国经济实践中,以公司为代表的商法人也是最为重要的商主体形态。鉴于法人普遍存在于政治、经济、社会等各个领域,在公法、私法、国际法语境中都有广泛使用,因此,法人的分类对于法人制度功能的发挥以及具体规则的续造具有重要的基础意义。就私法领域而言,如何区分一个法人是属于一般民事主体还是商主体,是确定后续法律调整的前提。虽然法人主体资格的构造可以借助于人格或权利能力来实现对自然人的拟制,但自然人作为民商主体的区分标准似乎并无益于解决法人民商主体的界分,因为登记几乎是绝大多数法人获得主体资格的必要条件。针对这一问题,《民法典》采取了"营利性"作为法人民商主体资格的区分标准,在其第三章中将"营利法人"与"非营利法人"作为最基本的法人分类标准,其中的"营利法人"即对应的是商法理论中的"商法人"。关于"营利"的法律内涵,《民法典》第76条第1款所作出的表述是"以取得利润并分配给股东等出资人为目的";关于"营利法人"的范围,《民法典》将其大致等同于《民法通则》中的"企业法人",如《民法典》第76条对于营利法人的列举式规定是"营利法人包括有限责任公司、股份有限公司和其他企业法人等"。在我国目前的法律制度下,有限责任公司和股份有限公司主要是由公司法加以规定;"其他企业法人"主要包括由《全民所有制工业企业法》规定的"全民所有制工业企业",以及由三资企业法规定的具有法人资格的外资企业、中外合资企业和中外合作企业,其中的不少三资企业在实践中也是采取公司制形态。

2. 非法人组织民商主体界分标准的缺失

从分类体系的逻辑层次上理解,自然人与组织是《民法典》确立的第一层级的主体类型;法人与非法人组织则是《民法典》针对组织确立的第二层级的主体类型。与法人存在民商主体界分的必要性一样,非法人组织也同样需要进行民商主体界分,并在此界分的基础上针对各自需求进行差异化的制度设计。从商事实践中看,有大量的商主体采取了由商事单行法确立的非法人形态,特别是合伙企业。如多数私募股权基金习惯于采取有限合伙形式,不少有限合伙型私募股权基金甚至能够在美国的证券市场上市。① 但是,《民法典》并没有将用来区分法人民商主体的营利性标准继续适用于非法人组织的制度规定中,而是不加区分地对非法人组织作出了统一的规定。如该法第102条第2款规定"非法人组织包括个人独资企业、合伙企业、不具有法人资格的专业服务机构等",随后用极其简单的条文规定了"非法人组织"的登记、债务清偿、代表人、解散与清算等制度,同时又规定了对法人制度的参照适用。

三、民法典中民商主体界分制度的逻辑缺陷

从《民法典》关于"法人"的上述规定来看,其基本上体现了学理上关于商主体特征的通行认知,即将"营利性"目的的有无作为对法人组织进行民商主体界分的基本标准。如果从更深层次探析,自然人由民事主体成为商主体的登记环节也隐含着一种类似营利性目的的内涵,即《民法典》所表述的为了"从事工商业经营"而登记。但是,正如前文关于"非法人组织"的论述已经有所展现的那样,《民法典》对于民商主体的界分模式却绝非完美无缺,其在概念使用和标准贯彻上都存在逻辑缺陷。

首先,"自然人"与"个体工商户"概念在逻辑上不对等。"个体工商户"是我国特有的一种商主体形态,商法理论上一般将其作为"商自然人"或"商个人"的一种现实形态或具体表现,权威的商法教材在论及"商自然人"时也大多将其列举为主要形式。如有教材认为"商个人是一个法律拟制的主体,按照现代商法的观念,它可以表现为一个自然人,也可以表现为一个户,还可以表现为自然人投资者设立的独资企业"②。相关立法也持同样的理念,如《民法典》第54条规定"自然人"经依法登记可成为"个体工商户",《个体工商户条例》(已失效)第2条和国家工商行政管理总局(现国家市场监督管理总局)公布的《个体工商户登记管理办法》(已失效)第2条均规定:有经营能力的"公民",经工商行政管理部门登记,从事工商业经营的,为"个体工商户"。据此不难发现,不论是理论上还是立法上均是将"个体工商户"对应于"自然人"。不过,我国现行立法虽然将"户"作为一个法律概念加以使用,但

---

① 邢会强:《有限合伙制私募股权基金上市的法律问题》,载《中外法学》2010年第1期。
② 范健、王建文:《商法学》(第三版),法律出版社2012年版,第39页。

对其缺乏严格的法学界定,一般理解为与"家庭"相对应。如《民法典》中对于"家庭承包经营户"的规定就是"从事家庭承包经营的"。"户"作为法律概念使用也缺乏应有的严谨性,据此,有学者提出:"未来中国民事法中应保留家庭但废止户,在保留户的情况下,则应通过目的性解释作与家庭等同化处理;保留家庭制,但原则上不承认家庭民事主体地位。"①从概念的逻辑内涵上看,"自然人"与"个体工商户"两个概念也不能够直接对等,"自然人"是一个个体概念,具有确定性;而"户"则是一个集合体的概念,具有变动性。

其次,《民法典》对于组织的民商主体界分缺乏统一的分类标准。在现代市场经济中,组织体样态的商主体要远远多于自然人样态的商主体。因此,如何对组织体进行民商主体区分就显得更为必要。按照以法国为代表的、基于客观主义原则而制定的商法的相关规定,从事营业性商行为是构成商主体的实质性法律特征。易言之,"营利性营业行为"被视为将商主体从民事主体区分出来的核心标准。但从我国《民法典》的现有规定来看,并不能归纳出统一的、一以贯之的民商主体分类标准,甚至还呈现出某种程度的混乱。具体表现在:一方面,营利性标准并没有实现对法人分类的周延和统一。从关于法人的第一层次分类上看,《民法典》既没有采取大陆法系通常的社团法人与财团法人模式,也没有沿用《民法通则》中的企业法人与非企业法人的分类模式,而是直接使用了营利性作为分类标准。不过,除了"营利法人"与"非营利法人"之外,《民法典》还另行规定了一类"特别法人",使得过去无处安放的法人类型得到了处理。② 但是,从对"特别法人"的列举式规定来看,既包括了理论上的公法人或者准公法人,如"机关法人""基层群众性自治组织法人",也包括了可能归属于商主体范畴的"农村集体经济组织法人"和"城镇农村的合作经济组织法人",如《农民专业合作社法》第2条将"农民专业合作社"界定为"互助性经济组织",第8条规定农民专业合作社"从事生产经营活动",第15条规定其章程应当规定盈余分配等。另一方面,非法人组织缺乏民商界分的基本标准。在《民法典》明确列举的非法人组织中,个人独资企业和合伙企业均是理论上公认的商主体,而专业服务机构是否具有营利性就比较复杂,如《合伙企业法》第107条规定了所谓"非企业专业服务机构",理论上一般也认为律师事务所、会计师事务所等都属于非营利机构。

最后,《民法典》采取的营利—非营利分类法过于僵化和封闭。营利性

---

① 鲁晓明:《从家户并立到家户统摄——我国民事法上家户制度的问题与出路》,载《法商研究》2018年第5期。
② 江平:《〈民法总则〉评议》,载《浙江工商大学学报》2017年第3期。

一般被理解为是一种主观的目的,《民法典》第 76 条关于营利法人的界定也表述为"以取得利润并分配给股东等出资人为目的法人",尽管有学者认为此做法是一个独具特色的超越其他国家立法的法人分类的创举,彰显出强势的商法营利性思维的倾向。① 但是,由于营利性标准并非基于客观行为表现,因而其本身也缺乏客观明确的判断依据。实际上,就在《民法典》通过后不久,就有学者指出其营利法人与非营利法人的分类模式在未来不可避免地会面临如下挑战:其一是各国都没有对营利性法人与非营利性法人的划分给出一个可清晰界定的标准;其二是营利法人与非营利法人的分类本身就有不确定性,很难予以类型划分;其三是现代"公益"理论将"公益"寓于营利的趋势将导致营利法人与非营利法人的区分边界模糊;其四是会引发我国民法典体例与未来《商事通则》之间衔接的挑战。② 除此之外,营利—非营利分类法的弊端还在两个方面有明显的体现:一方面,营利法人与非营利法人的分类法容易形成一种封闭的类型化体系,无法为未来可能出现的具有多元化目的的法人组织预留制度空间;另一方面,营利法人与非营利法人的分类法采取了一种绝对化的做法,容易造成营利性与非营利性不可兼容的印象。

四、民法典中民商主体界分制度的实践难题

前述的《民法典》在处理民商主体界分方面所存在的制度缺陷并非仅仅体现在概念意义上或者逻辑层面上,也会直接影响到法律制度在适用于社会实践时的包容性与实际效果,进而产生某些难题。主要表现在:

第一,《民法典》的规定无法涵盖实践中的所有"商自然人"。最典型的是现实生活中大量存在的所谓"流动摊贩",绝大多数都具有鲜明的商主体的营利性和营业性,各地方性规定一般也是将其作为一种商自然人对待,并要求进行登记或备案,但"流动摊贩"却难以被纳入《民法典》所确定的商主体体系中。从条文表述上看,《民法典》明确规定的商自然人的法定形态仅有"个体工商户",而按照《市场主体登记管理条例》第 8 条的规定,"个体工商户"需要具有"住所"和"主要经营场所",根据第 11 条的规定,"市场主体只能登记一个住所或者主要经营场所。"因此,"流动摊贩"并不能被"个体工商户"所涵盖,从而也无法借助"个体工商户"而进入《民法典》的商主体体系中。另外,对于实践中极为普遍的未进行工商登记而事实上从事经营活动的自然人,如借助互联网的社交平台等进行零星小额交易活动的"微商"等,按

---

① 赵旭东:《民法典的编纂与商事立法》,载《中国法学》2016 年第 4 期。
② 傅穹:《商法营利性思维与民事主体制度》,载《南京大学学报(哲学·人文科学·社会科学)》2017 年第 3 期。

照《民法典》关于自然人民商主体界分所采用的登记标准,似乎就无法被归入到商主体之中,由此导致法律判断与客观事实的背离。①

第二,《民法典》的规定未能有效助力商主体社会责任实现难题的破解。商主体的社会责任曾在美国引起长达数十年的伯利—米恩斯之争,即使是在社会责任被普遍认可的今天,如何在立法中加以具体化也一直是一个未能得到有效解决的难题。纵观我国《民法典》,仅有"营利法人"一节之下的第86条提到了营利法人从事经营活动应当"承担社会责任",凸显出社会责任制度化发展面临着严峻的挑战。② 2019 年 1 月 1 日起施行的《电子商务法》被视为一部积极回应互联网时代发展需求的、调整电子商务整个流程的综合性法律,对于"电子商务平台经营者"和"平台内经营者"两大类商主体的登记许可、经营活动、权利义务、法律责任等方面进行了较为详尽的规定,其总则部分的第 5 条所强调的"自愿、平等、公平、诚信"以及"遵守法律和商业道德"等要求体现了对《民法典》基本原则与规定的贯彻,但与此同时,却没有出现"社会责任"一词,这也从一个侧面反映了社会责任制度化的困难。因此,社会责任并未能在实在法层面上升为可以与营利性相提并论的商主体经营目标的应有之义,《民法典》关于商主体的制度设计对其营利性过分强调,在一定程度上表明了立法层面的价值失衡,这反过来或许又会进一步加剧社会责任制度化的既有难题。

第三,《民法典》难以解决不断发展的经济组织的归类问题。其中特别有代表性的就是社会企业,其在欧美等地区存在已久,在解决社会问题方面具有独到的制度优势。由上海财经大学社会企业研究中心、北京大学公民社会研究中心、21 世纪社会创新研究中心、美国宾夕法尼亚大学社会政策与实践学院共同撰写完成并于 2013 年发布的首份《中国社会企业与社会影响力投资发展报告》指出,近些年我国公民社会力量逐步增强,跨界合作更加深入,非营利组织、公司、合作社等各类社会组织纷纷进驻社会企业阵营,形成了多种形态的"类社会企业"组织。但由于缺乏相应的法律体系进行引导规范,因而不利于社会企业的发展。国内外学术界一般认为,社会企业是受混合动机驱动的,是商业企业和非营利组织的混合体③,是社会使命和商业活

---

① 2018 年 8 月 31 日通过的《电子商务法》在这方面似乎前进了一步。其第 10 条规定:"电子商务经营者应当依法办理市场主体登记。但是,个人销售自产农副产品、家庭手工业产品,个人利用自己的技能从事依法无须取得许可的便民劳务活动和零星小额交易活动,以及依照法律、行政法规不需要进行登记的除外。"
② 杨力:《企业社会责任的制度化》,载《法学研究》2014 年第 5 期。
③ 刘振、崔连广、杨俊等:《制度逻辑、合法性机制与社会企业成长》,载《管理学报》2015 年第 4 期。

动的结合,具有经济性和公益性的双重特性①,可以回应对于纯商业企业承担社会责任的过多苛求,同时还让创业者多了一种可选择的途径。② 简言之,社会企业兼有营利性目的与社会性目的,营利性目的一般围绕着社会性目的的实现而展开。在 2018 年 8 月 8 日由北京社会企业发展促进会发布的《北京市社会企业认证办法(试行)》第 2 条规定中,社会企业被界定为旨在优先实现社会效益,以持续性的商业手段供给相关的产品或服务,从而助力解决相应的社会问题或供给新型公共服务模式的企业或社会组织③,这一界定也充分体现了社会企业目的的二元性。但这种新型主体形态却难以被准确归入《民法典》的主体类型体系之中。

第四,《民法典》未能充分关注某些组织所存在的非营利目的与营利性事实之间的背离问题。营利性标准是从组织体设立人或投资人的角度来进行判断的,即"企业营利性的标志是投资者暨股东依法得获取资本的收益"④;《民法典》也明确将营利法人界定为"以取得利润并分配给股东等出资人为目的"。在实践中,有许多组织在设立时是作为非营利组织而登记的,但其在实际运作过程中所采取的具体方式可能与营利性组织并无区别。比如,《民办教育促进法》一方面在第 3 条强调了"民办教育事业属于公益性事业",另一方面又在第 19 条规定了"民办学校的举办者可以自主选择设立非营利性或者营利性民办学校"。而二者除了可能的政策待遇不一样之外,在具体运作包括收费水平上可能并不会存在显著区别,监管部门也很难防范非营利性民办学校变相地将收益进行分配从而实现营利性目的。

---

① 樊云慧:《论我国社会企业法律形态的改革》,载《法学评论》2016 年第 5 期。
② 金锦萍:《社会企业的兴起及其法律规制》,载《经济社会体制比较》2009 年第 4 期。
③ 《北京市社会企业认证办法(试行)》第 2 条:"本办法所称的社会企业是指以优先追求社会效益为根本目标,持续用商业手段提供产品或服务,解决社会问题、创新公共服务供给,并取得可测量的社会成果的企业或社会组织。"
④ 史际春:《论营利性》,载《法学家》2013 年第 3 期。

第二章 数字经济时代的营业性构造演进

在数字经济背景下,规模经济、零工经济、共享经济、众创经济、平台经济等理念不断推动着商业模式呈现出各种"颠覆性创新",为相关学科研究提供了丰富的实践资源。仅就商主体体系化的理论研究而言,商业模式创新中的"营业性构造"的演进趋势尤其值得探究。本部分将对数字经济时代涌现出的典型"营业性构造"的实践样态进行分析,在此基础上致力于从个人与组织两个维度证成和揭示以下演进趋势:一是个人维度出现的众创化,信息技术发展和商业模式创新使得私法主体"由民化商"在实践操作层面变得极为便捷,加之"大众创业、万众创新"理念的推动,在传统的个体工商户、流动摊贩之外出现大量的社交电商(如"贝店"借助社交网络分享传播实现"店主"规模的快速扩张)、网约车车主(如滴滴快车)等;二是组织维度出现的网络化,表现之一是由来已久的企业集团化、联盟化发展(中国沪深两市数千家上市公司几乎都是公司集团的成员),表现之二是近年来由信息技术和数字经济理念助推下出现的企业组织的平台化、生态化(典型的如电商平台、出行平台),表现之三是基于区块链技术而出现的去中心化、虚拟化(典型如基于以太坊的"去中心化自治组织")。

第一节 数字经济的蓬勃兴起与发展的基本状况

一、数字经济内涵的基本概括

信息通信技术自20世纪初诞生以来,获得了迅猛的发展,改变了传统的人类生活方式,形成了新的产业、行业和职业。全球化背景下,经济力量的提升与角力是在不同国家和制造商相互竞争的环境下展开。因此,不断降低商品和服务成本的必要性也日趋增强,使用新技术不断提高国家经济实力的需求也不断彰显,由此创造了大量新的经济现象。技术越发展,其对社会经济的影响就越剧烈。信息技术的变革程度不断加深,一步步引领着世界进入了数字时代,数字革命也由此开始。一般认为,数字经济(Digital Economy)这一概念最早由加拿大学者唐·泰普斯科特(Don Tapscott)于 1995 年所提出。① 他将"数字经济"定义为一种"基于信息计算机技术的经济"。因为这种新经济中的信息是以存储于电脑中的二进制代码呈现的,所以被称为数字经济。在前述基础之上,泰普斯科特还描述了高度发达国家的演变,并指出了"新社会"的主要特征包括关注知识、对象表示的数字形式、生产的虚拟化、创新特征、集成、融合、活力、全球化、制造商与消费者关系的转变和中介排除等。尤其值得提及的是,排除那些在前数字经济中发挥重要作用的"中介"是一种必然趋势。因为在数字社会中,制造商能够与潜在客户进行直接的互动,在他们自己的网站上宣传他们生产的产品。

此后,"数字经济"越来越受到世界各国的广泛关注。1997 年,"数字经济"一词便开始在日本通产省得到使用。1998 年,美国商务部发布了名为《浮现中的数字经济》(The Emerging Digital Economy)的文件,并于随后几年连续推出了关于数字经济的系列报告,对数字经济的发展趋势予以了细致的解读,引起世界多个国家的强烈关注。2008 年金融海啸爆发以来,在全球经济普遍发生衰退的背景之下,数字经济被世界各国视为未来产业的发展方向。2015 年 2 月,英国政府颁布了《数字经济战略(2015—2018)》(Digital Economy Strategy 2015 - 2018),其目的相当明确,即通过对数字技术的使用帮助英国企业发展创新、驱动社会经济发展。该文件指出,数字平台、产品和服务的影响将远远超出信息和通信技术领域。

数字经济在我国的受关注度也毫不逊色。2016 年召开的 G20 杭州峰会发布了《二十国集团数字经济发展与合作倡议》,该倡议对数字经济给予了定义,即"以使用数字化的知识和信息作为关键生产要素、以现代信息网络作为重要载体、以信息通信技术的有效使用作为效率提升和经济结构优化的重要推动力的一系列经济活动"②。该合作倡议旨在创造有利的环境来促进数字经济发展并缩小数字经济鸿沟,这些条件涵盖放宽网络准入条件、降低网络使用成本、推动信息的流动以促进经济的增长并提升信任度。同时,文件还强调要有效保护及尊重个人的隐私与数据、推动信息通信技术层面的投资、支持创业及数字化转型、强化电子商务层面的合作、增强数字包容性并采取措施积极支持小微企业的发展。除了合作倡议的定义外,2017 年 7 月由中国信息通信研究院所发布的《中国数字经济发展白皮书(2017)》也对其予

---

① Don Tapscott, *The Digital Economy: Promise and Peril in the Age of Networked Intelligence*, McGraw-Hill, 1995.
② 《二十国集团数字经济发展与合作倡议》, http://www.cac.gov.cn/2016-09/29/c_1119648520.htm,最后访问时间:2019 年 6 月 28 日。

以了界定,该文件将数字经济定义为:"以数字化的知识和信息为关键生产要素,以数字技术创新为核心驱动力,以现代信息网络为重要载体,通过数字技术与实体经济深度融合,不断提高传统产业数字化、智能化水平,加速重构经济发展与政府治理模式的新兴经济形态。"①

在理论和实践中,"数字经济"也被以各种各样的称谓展现出来,如"共享经济"(Sharing Economy)、"分散化经济"(Disaggregated Economy)、"点对点经济"(Peer-to-Peer Economy)、"人对人经济"(Human-to-Human Economy)、"社区市场"(Community Marketplace)、"按需经济"(On-demand Economy)、"应用经济"(App Economy)、"接入经济"(Access Economy)、"网状经济"(Mesh Economy)、"零工经济"(Gig Economy),以及"万物优步化"(Uberization of Everything)。每个称谓都代表了数字经济变革的某一方面,但都无法全面把握生产、消费、工作、金融和学习方式的范式转变的完整状况。②

"数字经济"的出现是对现代世界发生的大规模技术变革的自然反应。"数字经济"一词较好地强调了互联网和移动通信对经济关系领域的决定性影响。易言之,对它们在经济关系领域优势地位的认可才导致了"数字经济"现象的产生。作为一个历史范畴,数字经济形态是经济系统中技术、组织和制度相互作用的结果。在这一过程中,依托信息技术展开的资源优化配置是人类经济生活高度协调的结果,是人类社会成员互动的结果,数字经济这一新的生产组织方式由此产生。③

二、数字经济发展的基本进程

"数字经济"推动下的商业化产品种类繁多,无法准确描述其范围。有一些方法可以对其进行分类,如服务的提供、资产的共享和商品的流通,但它们的共同特性都在于与互联网技术发展紧密相连,因而可以借此来展现"数字经济"发展的总体进程。第一代互联网公司推出了谷歌和雅虎等搜索引擎,将我们与信息和知识联系起来。著名的万维网发明者 Tim Berners-Lee 将万维网的原始本质描述为一个协作、交流和共享信息的空间。第二代互联网扩展了搜索和通信,形成了在线市场,诞生了如 Craigslist、eBay 和 Amazon 等在线销售平台,以及 Napster 和 iTunes 等数字文件共享服务提供商,这些

---

① 中国信息通信研究院:《中国数字经济发展白皮书(2017)》,http://www.cac.gov.cn/files/pdf/baipishu/shuzijingjifazhan.pdf,最后访问时间:2019年6月28日。
② Orly Lobelt, "The Law of the Platform", 101 *Minnesota Law Review*, 87-166(2016).
③ 张鹏:《数字经济的本质及其发展逻辑》,载《经济学家》2019年第2期。

在线公司扰乱了出版业、传统新闻媒体、音乐业以及最广泛的零售业。亚马逊改造和压缩了钢筋混凝土书店,文件共享服务再加上数字音乐和电影基本上扼杀了唱片和视频商店。第三代互联网的出现以零售业平台的崛起为标志。在这一代互联网中,技术正在改变服务经济,允许以更低的价格获得更多的线下交易。反过来,离线市场的物理基础设施本身也被技术基础设施所改变。Airbnb 于 2008 年在旧金山成立,允许私人业主出租自己的住宅或个人房间。在短短几年内,Airbnb 用户急剧增长,估值超过 300 亿美元,有两百多万个房源在 190 个国家上线。

第三代互联网的发展目标并非只是简单地促进更好的供需平衡匹配,而是在于深刻地改变着经济活动的组织模式和普罗大众的生活方式。形形色色的平台正在生成不同的偏好集,从而重新配置市场。选择和偏好似乎不再单单由消费者自己把握,而是通过将平台嵌入我们的日常生活而不断被塑造更新。Airbnb 委托的一项研究发现,Airbnb 的租金比酒店便宜,使用 Airbnb 的消费者度假的时间比入住酒店的时间长,而且有些客人在没有住宿平台的情况下根本不会去度假。换句话说,这个全新的平台不仅仅是为现有酒店市场提供了替代性产品,而且起到了刺激消费的作用。从更广泛的领域看,平台不仅因降低费用而提高了负担能力,也在较大程度上催生和扩展了人们的消费需求,例如,有越来越多的人可以借助平台方便地雇用一个私人助理、遛狗者、司机、导师或私人厨师。

三、中国数字经济的发展状况

(一)中国领先于全球数字经济发展

数字信息技术红利大规模释放的运行特征和新时代经济全新发展理念的重大战略转变,形成了技术与时代发展的历史交汇。① 2017 年至今,数字经济概念已经在我国的政府工作报告中连续多次被提及。这表明,以数字化信息为关键生产要素、以科技创新为核心驱动力、以互联网技术为主要发展载体的"数字经济",不仅是当前世界各国争相发展的新兴经济形态,也是我国不断推进新时代经济结构优化的着力点。中国信息通信研究院所发布的相关研究数据同样证成了上述观点:从具体数据看,2018 年我国的数字经济总量已达到 31.3 万亿元,占我国国内生产总值的比例超过三分之一,达到 34.8%,且这一数据正呈现出不断上升的趋势。《中国数字经济发展白皮书(2022 年)》进一步表明,自 2012 年起我国的数字经济年均增速高达 15.9%,显著高于同期 GDP 平均增速。在宽带中国、5G 及工业互联网的推动下,

---

① 参见中国信息通信研究院:《中国数字经济发展与就业白皮书(2019 年)》,第 1 页。

2021年,数字经济规模达到了45.5万亿元,同比名义增长了16.2%。①

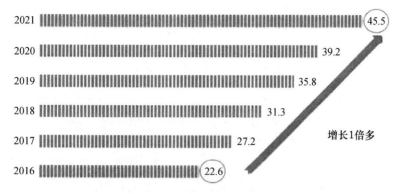

图 2.1 我国数字经济发展规模年度增长情况
资料来源:中国信息通信研究院:《中国数字经济发展白皮书(2022年)》,第5页。

麦肯锡在2017年发布的一份研究报告就指出,中国的数字化程度已经超过了许多观察家的预期。中国已经是电子商务和数字支付领域的全球领导者,是世界上最大的数字技术投资者和采用者之一,拥有全球三分之一的独角兽企业,在过去十年里,中国已经成为几个数字经济领域的全球领先力量。中国拥有推动数字商业模式快速商业化的规模,并拥有非常大的国内市场优势,这些国内市场的消费者都是年轻人,渴望接受各种形式的数字化。三家具有全球影响力的互联网巨头,百度、阿里巴巴和腾讯,即大家所熟知的BAT,正在创造一个涉及消费者生活各个方面的多层面、多行业的数字生态系统。在Fintech类别中,全世界23家私人独角兽企业中有9家位于中国,占世界Fintech总估值的70%以上。全世界共有262家独角兽企业,其中中国独角兽企业便占据了三分之一,它们的价值占这些公司全球价值总量的43%。② 再从2022年8月由胡润研究院发布的《2022年中全球独角兽榜》来看,截至2022年6月,仅这半年时间内全世界的独角兽企业数量便增加了254家或24%,达到了1312家。其中,美国独角兽企业的数量几乎占据世界独角兽企业总数的一半,为625家。中国则以312家的独角兽企业数量位居第二,增加了11家。③

---

① 参见中国信息通信研究院:《中国数字经济发展与就业白皮书(2019年)》,第1页;《中国数字经济发展白皮书(2022年)》,第5页。
② McKinsey Global Institute, "China's Digital Economy: A Leading Global Force"(2017), https://www.mckinsey.com/featured-insights/china/chinas-digital-economy-a-leading-global-force,最后访问时间:2024年6月21日。
③ 资料来源:https://m.askci.com/news/20220831/1837501973667.shtml,最后访问时间:2022年12月21日。

中国是动态数字创新者的大本营,也是最新技术的全球领先投资者。在中国,数字创新和创业正成为中国政府积极推进的领域,不断地为相关公司提供实验的空间,并采取措施极力支持着新技术的投资者、开发者与消费者。中国发展和采用数字技术的常规措施表明,迄今为止,只有中国处于全球领先地位。在世界银行公布的 2016 年数字采纳指数中,中国在 131 个国家中排名第 50 位,在世界经济论坛网络整备度(Networked Readiness Index)指数的 139 个国家中排名第 59 位。安永发布的《2019 全球金融科技采纳率指数》表明,中国以 87%的金融科技采纳率指数居于全球首位。① 消费行为正迅速推动中国成为世界领先的数字经济大国。例如,在电子商务领域,在 2012 年,中国在全球交易中所占的份额还不到 1%,但根据 eMarketer 的调查数据,中国电商销售额在 2021 年达到 2.779 万亿美元,在整个零售市场的占比为 52.1%。② 经过十多年的发展,中国的电子商务交易的价值已经超过了法国、德国、日本、英国和美国等其他国家的总和。与此同时,一些领先的中国电子商务参与者的早期投资者获得的回报是其最初投资的数千倍。在移动支付领域,中国网民的普及率从 2013 年的 25%快速增长到 2016 年的 68%。从 2022 年 8 月 31 日中国互联网络信息中心推出的第五十次《中国互

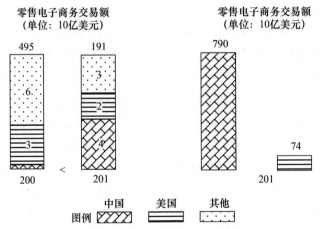

图 2.2　中国数字经济发展状况关键指标比较

资料来源:PitchBook; Dealogic; eMarketer; iResearch; McKinsey Global Institute analysis, 2017. https://www.mckinsey.com/featured-insights/china/chinas-digital-economy-a-leading-global-force.

---

① 资料来源:https://www.ey.com/cn/zh/industries/financial-services/ey-global-fintech-adoption-index-2019,最后访问时间:2019 年 12 月 21 日。

② 资料来源:https://www.egainnews.com/article/11144,最后访问时间:2022 年 6 月 21 日。

联网络发展状况统计报告》来看,截至 2022 年 6 月,我国互联网用户规模已达到 10.51 亿,互联网普及率达 74.4%。根据报告显示,移动支付这种新形态的消费模式已经展现出了极佳的增长态势,仅 2016 年,我国用于个人消费领域的移动支付价值就已达到了 7900 亿美元,是美国的 11 倍。中国银联通过对全国 16 万人进行的调查显示,2019 年个人消费金额中 64% 为移动支付,占比首次突破一半,已成为最常用的支付方式。中国的数字转型已经对其自身经济产生了深远的影响,对全球数字景观的影响也越来越大。中国的数字全球化才刚刚起步,而且正在积聚势头。在商业领域,借助公司并购、投资、新型商业模式输出以及技术伙伴关系等渠道,中国可以在未来几十年建立世界数字的前沿地位。

(二) 中国数字经济发展的重要因素

首先,中国巨大而年轻的市场正在实现大规模数字商业模式的快速商业化。中国互联网用户基础的巨大规模能够激励和支持不断地开展创新试验,并使数字创业者快速实现规模经济。此外,中国数字消费者的实力远远超越了通常认知的规模优势,这表明中国消费者对于数字技术极为热情。正是广大消费者们的积极支持促进了当前市场的发展,而且这也将成为未来数字经济持续增长的不竭动力,它们在不断促进各类新型技术和营业模式使用的同时,也将极大提升中国数字领域创业者及其营业模式的竞争力。中国这种新型经济模式的优势为中国当下数字经济的规模所彰显。据统计,中国电子商务层面的移动销售份额及移动数字支付比例分别达到了 70% 及 68% 左右,而美国则仅分别占 30% 与 15% 左右。此外,相比美国,在消费者使用社交应用的时间上,中国网络用户每个月用于社交应用的时间要长 10 个小时。根据 2017 年麦肯锡中国 iConsumer 研究,有 31% 的微信用户在平台上购物,而 2015 年仅为 13%。同样的调查表明,83% 的中国网民使用在线到离线(O2O)服务。[①] 城市也有助于规模优势的扩大,中国有 22 个城市的人口超过 500 万,而美国只有一个,欧盟只有四个。中国城市规模庞大、人口密集,吸引了投资者和企业家,并进行了大量的数字实验。

其次,资金充裕的 BAT 创业者正在构建一个丰富的数字生态系统,而现在这一生态系统正在超越他们。中国传统部门存在着效率低下的问题,这些部门往往是分散的,且可能会提供低质量的服务。但这为数字化竞争者提供了创新的机会,为市场创造了新的切入点,并为客户提供了新的价值。客户

---

① 王玮等:《重新定义新零售时代的客户体验——麦肯锡 2017 中国数字消费者研究》,载《科技中国》2017 年第 9 期。

的问题是创新者的机遇,客户使用的规模和强度使中国成为尖端能力的试验场。百度、阿里巴巴和腾讯一直在数字世界中占据主导地位,它们通过剔除低效、分散和低质量的线下市场,同时推动技术性能建立新的世界级标准。在这个过程中,他们开发了强大的新功能,一个最初以三家为中心的丰富数字生态系统现在正在扩展,独角兽和创业公司正在激增。传统企业正在扩展其平台,而中国在制造业的实力使得物理和虚拟创新的独特性和快速结合成为可能。

最后,中国政府在制定规制规则之前,不仅给数字创业者以实验的空间,而且也成为积极的支持者。中国政府在数字化的过程中既不作为又有所行动,只是在一段时间后才开始对蓬勃发展的数字行业进行监管,这一做法给了创新者足够的实验空间。虽然监管机构采取的措施要晚于市场的发展,但不容否认的是,正是这种滞后给予了中国互联网企业相对自由的空间,使其能够灵活地对其产品和服务进行测试和商业化,并获得关键数量。例如,监管机构在 2005 年支付宝推出网上转账后花了 11 年时间对转账的数额设定上限。直到支付宝采用条形码技术提供支付解决方案的 5 年后,监管机构才推出了管理要求的官方标准。与此同时,政府的行动主要体现为在建设世界一流的基础设施方面发挥了积极作用,以支持作为投资者、开发商和消费者的数字化。

(三)中国数字经济发展的重点行业

在零售业,除了中国的主要城市地区,城市郊区乃至农村也存在着大量的电子商务。电子商务的早期影响在中国不发达的中小城市更为明显,即使这些地区的消费者的收入低于大城市的消费者。这反映了一个事实,即线下传统零售商并不能对这些消费者提供满意的服务,在线零售商较好地提供了令其满意的产品和品牌。

再来看金融领域,在过去利率受到严格监管的情况下,储户必须接受低利率,有时实际利率甚至为负。为了应对这种情况,阿里巴巴推出了"余额宝",其利率高出银行 2—4 个百分点,消费者蜂拥而至,"余额宝"仅用了 9 个月的时间就成为世界第四大货币市场基金。如今,阿里巴巴管理着 1650 亿美元的资金,是世界上最大的货币市场基金。① 另一个例子是阿里巴巴的芝麻信用服务,这种数字信用评级服务利用了在线存在的大量消费者数据,根据个人信息、支付能力、信用历史、社交网络和行为计算"社会信用"分数,

---

① Louise Lucas, "Chinese Money Market Fund Becomes World's Biggest", *Financial Times*(April 26, 2017).

图 2.3　2011—2020 中国电子商务交易总额
资料来源:国家统计局:《中国电子商务报告(2020)》。

解决了只有四分之一的中国人有信用评分这一问题(美国有近 90%)。此项服务已经涵盖 381 个城市和 8 个行业,为社会信用评分高的人提供了一些便捷功能,包括酒店预订和汽车设备租赁的押金免除等。芝麻信用服务的推出及广泛使用使大量中国消费者意识到了社会信用评分的重要性,这些信用评分很快成为用户们用于个人推销的"卖点",例如,有 15% 左右的"百合网"(在线交友网站)用户选择在他们的个人资料上显示其蚂蚁信用分数。

在交通方面,大城市的远距离通勤是众所周知的难题。在数字技术运用于出租车领域前,有研究表明,在高峰时段的上海只有 48% 左右的乘客能乘坐出租车,而北京的交通堵塞问题更是使其每年遭受 110 亿美元左右的生产力损失。[①] 有时乘客被迫乘坐安全性缺乏保障的私人非法营运车辆。消费者面临的这些挑战促成了共享自行车行业和驾乘共享商业模式的迅速崛起。"滴滴出行"是中国最大的驾乘共享公司,是在竞争对手"滴滴打车"和"快滴打车"合并后成立的,三家 BAT 互联网巨头现在都持有"滴滴出行"的股份。

在医疗保健领域,中国既有医疗保健系统的结构性效率低下,包括城乡资源的巨大失衡、治疗质量的不一致、医生和护士的短缺以及长时间的等待诸问题。百度希望利用其人工智能解决方案"百度医疗大脑"(Baidu Medical Brain)来帮助解决中国医疗保健系统所面临的一些挑战。此外,在 2016 年,百度推出了 Melody,一款基于人工智能的聊天机器人,旨在通过提供相关信息(包括建议和治疗选项)帮助患者和医生。

---

① Men Jing, "Traffic Jams Cost Average Beijinger $1,126 Annually", *China Daily* (January 20, 2016).

(四) 中国数字经济推动的创业热潮

伴随着互联网技术、风险投资和资本市场的发展,以互联网新经济为代表的新一轮创新创业热潮正在中国上演着。正如国家发展和改革委员会组织编写的《2015 年中国大众创业万众创新发展报告》中所提出的,正兴起的新一轮创新创业浪潮得益于四方面的动力推动:首先,借助简政放权及上市制度的改革,市场主体的创业门槛与成本得以降低,使得市场主体如雨后春笋般出现;其次,在新型互联网技术及互联网金融大力发展的推动下,大量创新型产品服务、商业模式及管理机制层出不穷,引领着新一轮互联网创新创业浪潮;再次,高新区及科技园区作为汇集人才、技术以及资金等创新要素的关键平台,带动了新一轮聚合创新创业的浪潮;最后,IPO 暂停导致的并购热潮刺激"职业创业人"崛起。[1]

第二节 数字经济对于商业模式的重大深远影响

一、数字经济扩展了商业活动的时空界域

在数字经济飞速发展的背景下,产生了诸多新的商业模式和"营业性构造",并逐步渗透到传统经济领域,数字经济已然成为全球技术创新、产业变革和经济体系现代化的新引擎,推动着传统经济模式的转型升级,拓展着商业的固有领域。

首先,"数字经济"极大地扩展了可交易资源的范畴。不断涌现的数字化平台企业几乎正在把所有东西都变成一种可以交易的资源,从传统的有形产品到服务、空间、连接和知识,特别是其中的许多东西原本都是处于闲置无用的状态,如私人住宅中长期空置的客房、私家车辆中空余的座位。借助于互联网技术日新月异的高速发展,以前不适合投放市场的私人物品或剩余库存,现在可以通过接入一个平台大大降低进入壁垒,平台可以无限制地列出各种资源供给并瞬间获得全球覆盖的效果,而其所产生的成本通常仅为收入的固定比例。

其次,"数字经济"从根本上打破了传统的供需平衡。有别于传统经济模式下经营者不断对商品和服务推陈出新以刺激更多的购买欲,在数字经济时代,那些以前被归为个人或者私有财产范畴的资源正在向接入领域转移。

---

[1] 国家发展和改革委员会:《2015 年中国大众创业万众创新发展报告》,人民出版社 2016 年版。

许多人并不需要在心仪的地方自行购买度假屋,而是可以在假期选择寄宿在别人家中;购买私家车的必要性也不断降低,越来越多的人选择依赖公交、网约车和共享出行;许多城市的民众不用再购买自行车,而是可以在各个停车点随时租用。

最后,"数字经济"消除了传统的市场身份界限。"数字经济"超越了个人和专家、企业和家庭、市场和闲置、朋友和客户、熟人和陌生人、公众和公共利益相关者的空间划分,模糊了生产者和消费者、业主和用户、工人和承包商之间的界限。例如,在行业实践中,"电商"作为一种新兴业态,通过虚化门店来规避实体空间的种种约束,而"新零售模式"的出现,又相较于电商在"权衡竞食效应与密度经济"和"降低消费者空间阻力"方面展示出更大的优势。①

二、数字经济推动了商业领域颠覆式创新

从整体上看,"数字经济"带来的变革是通过改变产品、服务的供给,及其用来连接买卖双方、服务提供者与需求者的革命性方法来实现的。例如,数字经济时代最富代表性的"平台经济"很容易通过其所发挥的功能来解释:平台公司是商品和服务买卖双方的在线中介,通过云计算、算法匹配、普及无线互联网接入、规模化网络用户、扩展智能手机和平板电脑用户的所有权作用范围,极大地强化了"中间人"的传统功能。

具体而言,数字经济对商业领域"颠覆式创新"的推动作用集中表现在其对传统商业创新模式提出了新的要求。价值共创理念是共享经济时代商业模式创新的重要方向,以顾客为核心导向的价值共创能够更好地满足商业主体的盈利需求。譬如,Uber 和 Airbnb 均是发达国家共享经济下的商业模式创新范例,其核心基础是"闲置资源+平台+价值+盈利",这一基础呼应了价值共同创造、获取和传递的理念。② 依靠数字平台技术的新一波初创企业正在将人们联系起来,改变数字世界以外的行为和关系,利用未被充分开发的人力、社会和实际资本。这种新经济极大地延长了产品的生命周期,缩短了使用时间,并以指数方式扩大了连接和访问。这些新的商业模式每年产生数额巨大的交易额,并显示出压倒性的增长率。有学者在针对中国的研究中指出,数字经济之所以能够在中国实现快速发展并完成"弯道超车",原因在

---

① 刘向东、刘雨诗、陈成漳:《数字经济时代连锁零售商的空间扩张与竞争机制创新》,载《中国工业经济》2019 年第 5 期。
② 孙楚、曾剑秋:《共享经济时代商业模式创新的动因与路径——价值共创的视角》,载《江海学刊》2019 年第 2 期。

于数字经济依托于中国人口众多的消费红利,并全面且彻底地改变着传统经济模式:在微观层面,聚合了"规模经济"与"范围经济"优势的数字经济颠覆性地革新了传统公司的盈利模式;在中观层面,数字经济通过机制创新改变了原有的市场结构,使得供求双方在近乎完全竞争的市场中完成交易;在宏观层面,数字经济运用大数据拓展经济计划配置资源的边界,促进政府和市场的深度融合。①

三、数字经济促进了数字生态系统的生长

BAT公司正在朝着开发多方面、多行业的数字生态系统发展。BAT公司和其他类似公司最初是在锚定产品(百度的互联网搜索、阿里巴巴的电子商务以及腾讯的社交媒体)领域开始崛起,但目前均已扩展到多个行业的产品和服务。

其一,百度是从它的搜索引擎开始,现在其在中国市场占有率超过80%。随后,在每月超过6.6亿名手机搜索用户的支持下,该公司逐渐转向移动服务。近年来,百度在O2O服务上投入了数十亿美元,包括食品配送、团购和金融产品。目前,该公司正将战略重点转向人工智能及其在各个领域的商业应用。百度也正在向其他公司开放其自动驾驶车辆技术,试图开发更广泛的生态系统。2017年4月,在上海车展上,百度公布了其阿波罗项目,将其描述为向其汽车和自动驾驶行业合作伙伴提供的"开放、完整和可靠的软件平台"。观察人士认为,百度此举是中国成为人工智能领先中心的更大抱负的一部分。阿波罗计划旨在帮助合作伙伴通过向其提供数据、API、一些开源代码,甚至参考硬件,加快自主驱动产品上市的步伐。

其二,阿里巴巴最初仅是在杭州成立的一家小型网络技术有限公司。阿里巴巴最初的核心业务是于2003年成立的网上购物网站——淘宝网,但后来又增加了支付宝数字支付业务,通过余额宝等进行数字财富管理,并在2016年收购了主流视频流和互联网电视播放器优酷土豆。现如今,阿里巴巴集团已经由最初的网上购物网站,发展成为一家业务多元化的企业。另外,阿里巴巴也从关联公司的业务和服务中取得了商业生态系统的支持。目前,阿里巴巴已经构筑起包括淘宝、天猫、聚划算、全球速卖通、国际交易市场、1688、阿里妈妈、阿里云、蚂蚁金服和菜鸟网络等平台在内的商业生态系统。

其三,腾讯在创立之初也同样只是一家计算机系统公司,由五位创始人

---

① 杨新铭:《数字经济:传统经济深度转型的经济学逻辑》,载《深圳大学学报(人文社会科学版)》2017年第4期。

于 1998 年 11 月共同创立。腾讯最初的主要业务是社交媒体,最为成功的是 QQ 即时通信服务。微信(WeChat)是 2011 年首次发布的一款信息应用程序,截至 2017 年,其活跃用户已超过 9 亿。社交媒体服务已经成为向其他领域扩展的有力跳板,如支付(Tenpay)、网上银行(WeBank)和点播餐饮服务(美团点评)。如今,腾讯的商业生态系统已经涵盖了社交和通信服务 QQ 及微信、社交网络平台 QQ 空间、腾讯游戏旗下 QQ 游戏平台、门户网站腾讯网、腾讯新闻客户端和网络视频服务腾讯视频等。需要特别关注的是,微信和支付宝提供的"超级应用"是这种多样化自然演变的代表,其着力为消费者提供一站式服务,涵盖教育(如学费支付)、健康(如体育活动跟踪和医疗预约)、信息服务(新闻和搜索)、娱乐(游戏和视频)、电子商务和社会互动。微信的超级应用已经扩展到 40 个功能,生活方式和金融相关服务比以前更多,而支付宝有 90 个功能,大约是 2011 年该公司提供功能的 7 倍。超级应用程序的兴起使中国互联网巨头在收集消费者数据的速度和多样性方面具有优势。随着公司不断扩大生态系统,建立了庞大的用户基础,他们已经能够显著加快新产品和服务的商业化和性能。例如,阿里巴巴的淘宝网用了 8 年时间才获得 1.1 亿用户,而支付宝仅用 5 年时间达到了同样的用户规模,网络直播则只用了 6 个月。同样,腾讯的即时通信软件 QQ 也花了 12 年时间才获得 1.1 亿用户,但微信只用了 18 个月,Tenpay 用了还不到一年。这些巨大的互联网公司现在几乎接触到了消费者生活的方方面面,有能力全面了解消费者,进而可以通过向客户提供分析服务来实现数据货币化。①

四、数字经济提出了多方位制度变革需求

根据阿里研究院发布的研究报告《2018 全球数字经济发展指数——迎接全球数字经济新浪潮》的显示,我国数字经济发展指数已经位居全球第二位。② 数字经济在我国的快速发展在为我国的经济业态发展创造了新的机遇的同时,也提出了诸多新的挑战。

一方面,由商务部等部门联合发布的《电子商务"十三五"发展规划》明确指出,"新经济快速发展对政府治理提出新挑战。电子商务经济区域发展

---

① 例如,腾讯为公司客户提供分析解决方案。2017 年 3 月,电影《金刚:骷髅岛》在中国上映时,腾讯利用其庞大的数据网向潜在的影迷投放了 4600 万个广告。作为电影联合品牌和营销的一部分,用户可以下载 Kong emojis。腾讯最受欢迎的手机游戏中有 12 款都是通过赠票方式进行营销活动的。《金刚:骷髅岛》在中国的票房收入为 1.69 亿美元,占全球总票房 5.65 亿美元中的最大份额,超过了加拿大和美国的总和。
② 《2018 全球数字经济发展指数——迎接全球数字经济新浪潮》,https://i.aliresearch.com/img/20180918/20180918153226.pdf,最后访问时间:2019 年 6 月 13 日。

不平衡的问题日渐显现,迫切需要探索协调、共享发展途径。电子商务新市场主体之间及新旧市场主体间资源争夺日趋激烈,电子商务市场创新和现行法规之间碰撞日趋频繁,跨平台、跨区域违法违规行为日趋隐蔽,电子商务国际贸易规则、诚信体系建设、网络交易安全及隐私保护工作日趋艰巨"。由此,仅就电子商务领域而言,数字经济时代的全面来临已经对既有的电子商务市场提出了新的挑战,制度层面的变革已经迫在眉睫。

另一方面,科技发展在渗透并推动传统行业发展的过程中,新型商业形态和经济业态不断产生并对传统的监管和规制模式形成挑战,并引发全方位制度变革的需求。如何在新的经济形势与传统经济深度嵌入与融合的时代背景下,既实现数字经济推动我国传统经济的转型升级和引领现代化经济体系,又使各方主体的利益和新的商业范式得到合理的保护与规制,是摆在我们面前的重要而紧迫的课题。

第三节 数字经济背景下的营业性构造演进趋势

数字经济背景下,商业模式的创新不断推动着市场实践中"营业性构造"具体样态的演进。为了形象直观地展示具体的演进趋势,本部分致力于从个人与组织两个维度证成和揭示这种演进趋势。

一、个人维度的众创化

(一) 时代背景:大众创业、万众创新

2014年9月,夏季达沃斯论坛于中国天津召开,在本次论坛上时任总理李克强首次提出"双创"(大众创业,万众创新)强音,即要在我国掀起一股"大众创业""草根创业"的新浪潮,形成"万众创新""人人创新"的新势态。随后,"双创"再度频繁出现于首届世界互联网大会、国务院常务会议和2015年《政府工作报告》等场合,使"双创"的具体含义得以不断明晰。

2015年6月11日,国务院印发了《国务院关于大力推进大众创业万众创新若干政策措施的意见》(国发〔2015〕32号),文件提出转变政府职能、建设服务型政府是推动大众创业、万众创新的重要途径,通过这一途径创造出有利于创业的公平竞争环境,使有志向并有能力开展创业活动的主体如科技人员、高校毕业生及农民工等能够顺利地借助创业活动来增加收入,助力更多的社会主体富裕起来,推动收入分配结构的调整,从而形成创新支持创业、创业带动就业的良性发展格局。① 不仅如此,文件还详细提出了支持个体创业的重点措施:首先,在大学生创业层面,应当深度施行大学生创业引领计划,采取有效措施整合并发展高校毕业生就业创业基金。支持高校统筹相关资源,积极落实大学生创业指导服务机构、人员及经费等。其次,鼓励电商交易平台渠道下沉,使其成为城乡基层创业人员创业的重要渠道,借助平台及其经营网络实施创业活动。不断完善促进中小电子商务发展的相关措施,在保障风险控制、商业活动可持续的基础上支持发展针对中小电商的融资贷款业务。最后,深入施行农村青年创业富民行动,采取措施促进返乡创业人员因地制宜开展如休闲农业、农产品深加工及乡村服务业等类型的创业活动,为家庭农场这类新型农业经营主体的发展建构有利的环境。

其后,2018年9月26日,国务院发布了《国务院关于推动创新创业高质量发展打造"双创"升级版的意见》,进一步明确了推动"双创"的相关措施,文件的主要内容为:(1)引导并规范共享经济,使其实现良性健康发展,推动共享经济平台企业主体责任的切实履行。(2)发挥众创、众筹、众包以及虚拟创新创业社区等多元创新创业模式的功能,引导中小企业等创新主体参与重大技术装备研发,强化众创成果与市场的有效对接。(3)推动更多群体投身创新创业。(4)深入推进工业互联网创新发展。更好地发挥市场力量,加快发展工业互联网,与智能制造、电子商务等有机结合、互促共进。

(二)众创有力地推动了个人维度的"由民化商"

无论是大众创业,还是万众创新,都少不了一个"众"字。中国作为一个相当庞大的经济体,如果仅有有限的市场主体参与"双创",显然不足以满足全国统一市场的需求。大量新型技术特别是"互联网+"的迅猛发展,已经使更多的市场主体拥有了多元的创新创业机会。近年来互联网宽带技术的不断升级,极大地提升了网络速度、广泛普及了移动通信终端并使生产管理的自动化水平大幅提升,众筹等新型商业模式的出现也更加有利于形成风险共担、利益分享的机制。创新2.0时代的"大众创业、万众创新",本质上是知识社会条件下创新民主化的展现。随着新一代信息技术所带来的知识获取、知识交互的便易性,众创空间的主体也由原来的企业、科学家变为普通大众。

国家发改委组织编写的《2015年中国大众创业万众创新发展报告》对新

---

① 文件指出:"推进大众创业、万众创新,就是要通过转变政府职能、建设服务型政府,营造公平竞争的创业环境,使有梦想、有意愿、有能力的科技人员、高校毕业生、农民工、退役军人、失业人员等各类市场创业主体'如鱼得水',通过创业增加收入,让更多的人富起来,促进收入分配结构调整,实现创新支持创业、创业带动就业的良性互动发展。"参见《国务院关于大力推进大众创业万众创新若干政策措施的意见》(国发〔2015〕32号)。

一轮创新创业浪潮的主要特征进行了总结,如"双创"主体多元化,"精英"创业联动创新,"草根"创业带动就业;大数据、云计算和移动互联网的快速发展,使众创、众包、众筹等一批集众人之智、汇众人之财、齐众人之力的创意、创业、创造与投资的空间应运而生。① 微信公众号的口号是"再小的个体也有自己的品牌"。互联网背景下,个体往往具有更强的创造力,使得他们的价值被平台重视和发掘,当大量的个体相连,他们将可能具备超越个体本身的能力——不仅可以形成自己的个体品牌,更可能通过平台的连接形成大规模的社会化协作,产生各种形态的创新产品,因为作为最贴近市场和用户的毛细血管,平台上的个体创业者比平台更能敏锐地感知用户的需求变化并快速作出调整。

根据人力资源和社会保障部劳动科学研究所课题组的调查,中国青年创业中在注册项目时选择"个体工商户"的比例高达43.4%。② 除此之外,个体微商的进入门槛较低,其轻资产特点吸引了大批创业者,特别是工资较低的打工者、大学生、全职妈妈为微商的主要代理人群。从微商销售的产品来源看,C2C微商主要涵盖经销商代理人、海外代购、私人店铺销售者和自制商品销售者等,他们依靠已有的人脉优势,通过微信推销商品、推广品牌、招募代理,运用熟人经济和口碑营销,有效地消除商品与消费者之间的隔阂,实现精准销售。③ 2019年,中国微信业务市场从业人数达6000万。

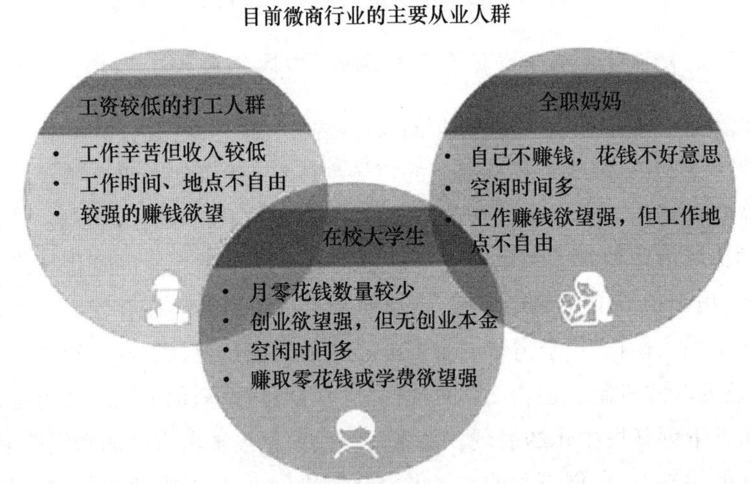

目前微商行业的主要从业人群

- 工资较低的打工人群
  - 工作辛苦但收入较低
  - 工作时间、地点不自由
  - 较强的赚钱欲望

- 在校大学生
  - 月零花钱数量较少
  - 创业欲望强,但无创业本金
  - 空闲时间多
  - 赚取零花钱或学费欲望强

- 全职妈妈
  - 自己不赚钱,花钱不好意思
  - 空闲时间多
  - 工作赚钱欲望强,但工作地点不自由

图2.4 微商行业的主要从业人群

资料来源:艾瑞咨询:《2017年中国微商行业研究报告》,http://report.iresearch.cn/report_pdf.aspx?id=2985。

① 国家发展和改革委员会:《2015年中国大众创业万众创新发展报告》,人民出版社2016年版。
② 人力资源和社会保障部劳动科学研究所课题组、鲍春雷:《中国青年创业现状报告——青年创业行为的调查与分析》,载《中国劳动》2017年第4期。
③ 杨谨瑜:《C2C:一种新型电商模式的困境及突围路径》,载《社会科学家》2017年第8期。

二、组织维度的网络化

互联网技术的不断发展让更高级的、跨越企业边界的大规模协作成为可能。一方面,大型企业中的很多商业流程正在大量地向市场外移;另一方面,各种自发、自主、快速聚散的创业型联盟和社群大量出现,诸多创新者凭爱好、技能,在某一平台或系统上快速聚散,展开分享、合作乃至集体行动,这种协作关系之下,往往能产生出更复杂的用户价值。据此,从组织维度上看,数字经济时代的"营业性构造"正在呈现出有别于传统独立实体形态的网络化。本书将这种网络化归纳为三个并行发展、彼此交织的具体表现。

(一) 网络化表现之一:公司集团化

传统的公司法把公司看作一个孤立的经济实体。中国现行公司法是以"独立法人"作为整个制度展开的前提,即认为公司是一个独立于其他公司的、自治的法人实体。但显然,这种观点并不完全适应拥有众多子公司的企业。公司集团化趋势由来已久,集团化的具体表现就是实现母公司对子公司的控制。母公司对于子公司的控制可以是基于股权,或者是通过具体的合同达到实际控制。从成本经济学角度看,公司集团是协调生产计划中资源分配的中间形式。从企业理论的角度来看,公司集团代表了一种介于市场和层级制度之间的资源分配的中间形式,或者短期契约与紧密结合体之间的形式。

实际上,公司集团化发展充分契合了有学者所称的"网络化层级组织"的发展趋向。"网络化层级组织"是旨在实现管理集权与分权相结合的一种新组织、跨组织形态。简单来说,该种层级组织在保持组织管理中枢的战略选择权威的同时,也使底层员工能够有机会加入战略参数范围中处理部分紧急情况。"网络化层级组织"能够充分利用组织内部成员的多元优势,最大效率地发挥这些成员思想中的技术、观点、知识和散落在组织内部的洞察力的作用,避免知识资本和人力资本的极大浪费。与此同时,网络化层级组织的存在并不妨碍其内部各工作单元的自主运行。[①] 当然,集团化所构建的企业网络属于一种有形网络,所以这种网络形态在数字经济到来之前也可以大量存在。不过,信息技术的飞速发展会使得公司集团的信息传递与协调变得更加便捷。因此,在数字经济时代,公司集团化演进的趋势会进一步加快。

(二) 网络化表现之二:企业平台化

数字经济催生的企业网络化的典型表现是大量的平台型公司的出现,据

---

① 马文彬:《知识经济时代企业层级结构的变革》,载《现代管理科学》2007 年第 11 期。

此将其表述为企业平台化。平台型企业通常也被称为"共享经济企业"（sharing economy firm）。作为数字经济具体表现形式的共享经济是一种新的产业结构，它是通过即时的网络通信与个体企业家和消费者的生活、工作和购买习惯的变化而实现的。共享经济市场的核心特征是其将原子供应商和围绕相对同质的商品和服务进行交易的消费者聚集成网络的能力。共享经济市场有三个参与者：消费者、供应商和平台。在共享经济中，实现共享的关键机构是技术平台，其提供了拥有稳定的客户供应的个人网络链接。在人们所熟知的各类共享网络中，技术平台提供商与服务提供商（如司机、房主和任务人员）相比具有更大的影响力。

(三) 网络化表现之三：组织虚拟化

"虚拟企业"产生于20世纪80年代，是信息技术革命的产物。《商业周刊》杂志在1986年发表了一篇关于"空心公司"的文章，将其描述为一个没有任何实质内容的实体。虚拟企业代表了达尔文式进化中的一个自然的步骤，在一个由远程通信、计算机和互联网等新技术重塑的世界中，它将成为最佳组织。虚拟企业是一个临时的公司网络，它们共享各自的资源，以达到既定目标（创建新产品或进入新市场），是商界掌握的一个强大工具。[1] 网络社会突破了传统的社会生活，改变了传统企业的组织结构，多重因素创造的虚拟化企业流动空间导致企业组织逐渐向虚拟化方向变迁，具体包括信息技术、知识资本和网络社会结构等。其中，信息技术是组织虚拟化的关键要素，知识资本是企业的生产主导要素，网络社会结构则是企业组织虚拟化的制度因素。企业流动空间既包含了影响企业组织虚拟化的微观因素，同时也是企业组织结构趋同的强制性力量与规范性压力的源泉。[2] 虚拟化是创新爱好者追求的目标。它是一种商业模式，在封闭的、过时的、严格管制的环境中是不可能被找到的。

具体而言，在数字经济背景下，区块链技术对经济社会正在产生深远影响，区块链组织的兴起也进一步推动了组织虚拟化、去中心化发展趋势。数字经济下的企业组织愈加依赖数据、互联网技术，并不断追求创新，力图突破传统，提升经济效率。区块链技术令全新的组织结构和组织交易模式成为可能，这将为人类经济社会和商业文明带来颠覆性的巨大变革。从商主体的历

---

[1] Andreea Davidescu, "The Virtual Enterprise Citizen of the European Union", 13 *Romanian Journal of European Affairs*, 39-48 (2013).

[2] 于英香：《企业组织虚拟化现象的社会学阐释》，载《上海大学学报（社会科学版）》2006年第5期。

史源流考察,商业组织创新是一个动态的、系统的变革过程,商业组织形式的演化经历了小商店、集团贸易、大型百货商店、邮购店、连锁经营到互联网型商业组织的过程。① 工业革命以降,公司制度成为现代社会可以媲美蒸汽机的最伟大的发明,公司帝国的崛起,使得股份公司资本的股份化、股份的证券化、证券的大众化成为可能,也造就了繁荣发达的资本市场。公司作为市场经济中最璀璨的王冠明珠,无疑是最受到财富女神的青睐的。当公司制度方兴未艾之际,区块链组织的勃兴也正在为市场经济的时空界域增添一抹神奇又神秘的色彩。

---

① Clayton M. Christehsen & Richard S. Tedlow, "Patterns of Disruption in Retailing", 78 *Harvard Business Review*, 42-45(2000).

第三章 个人众创化及其对商主体体系的挑战

数字经济时代的商业实践创新不仅体现在交易模式和交易行为上的流程简化，更体现为有别于传统商事主体存在的大量新型"营业性构造"的不断涌现。就个人层面而言，个人众创化趋势不断催生出个体网店、个体社交电商和共享模式下的私有业主。这类"营业性构造"往往因难以纳入既有立法明确规定的商主体形态以及未履行商主体资格取得所必需的程序，因而在客观上沦为一种法律之外的事实存在。本部分将主要针对数字经济时代下，基于商事交易新业态的出现而产生的大量个体性"营业性构造"的现实样态、主体特征及其对商主体体系的挑战进行探讨。

第一节 个人众创化营业样态的发展状况

一、个人众创化营业样态的发展基础

新一阶段的经济全球化不仅推动着传统经济模式与数字经济的融合，也不断催生出新的经济形态。数字经济背景下的互联网技术与移动信息技术飞速发展，使得传统经济形态下的营业准入门槛高和创业成本高等问题不断得到缓解，由此推动着一种新的经济形态——电商经济应运而生。在电商经济背景下，个人不再仅仅被动地从属于企业竞争之下，而是借助网络嵌入逐步成为与企业深度互动的、相对独立的市场主体。同时，在具备功能相当的工具以及自由环境的前提下，个人价值和个人力量被充分放大，在这一新的时代背景下，人人都是自企业和自媒体，去中心化、去权威化和人人都是中心成为这一时代的特征。① 各类主体参与商事活动的机会和现象呈爆发式增长，整个社会近乎步入"泛商化"时代。② 至此，解除了竞争和工具束缚的个

---

① 李海舰、田跃新、李文杰：《互联网思维与传统企业再造》，载《中国工业经济》2014年第10期。

② 关于"泛商化"之讨论，参见郑曙光、胡新建：《现代商法：理论基点与规范体系》，中国人民大学出版社2013年版，第106页。作者认为，此处"泛商化"并非商人的泛化，而是指在现代市场经济条件下，人们获得了越来越多的参与交易活动的机会与条件。

人在数字经济背景下推动了新型个体营业性构造的出现和发展。个人众创化现象以及由此产生的营业样态勃然兴起。

（一）经济基础

改革开放以后,经济的发展不断推动我国社会各方面的变革,蓬勃发展的经济获得了技术赋能,在不断满足人们需求的同时,也加速了数字经济的到来并促进数字经济的不断发展。根据国家统计局的数据显示,2023年我国国民总收入达到125万亿,人均国内生产总值达到8.9万元,全国居民人均消费支出2.68万元。2023年全国居民人均可支配收入3.92万元,同比名义增长6.3%,扣除价格因素后,实际增长6.1%。[①] 经济的发展提高了人民的生活水平,居民可支配性收入进一步增加,消费者的消费需求愈发旺盛。居民可支配性收入和消费需求的增加使得大小企业纷纷抢占商机,在这一背景下,基于微信、微博和贴吧等社交软件以及贝店和云集微商等社交电商平台而产生的新型营业形态——微商、代购和贝店店主等逐步萌生并发展壮大,成为当前立法与政策制定过程中不可忽视的群体。当然,社交电商的勃兴也并非仅限于我国,经济全球化的深度发展推动了世界范围内社交经济的发展。2019年以来,世界经济受新冠疫情影响严重,2020年全球零售额下滑3.0%,但全球电商行业迎来重大逆袭,表现好于大流行前的预期。2023年全球零售电子商务销售额达到3.6万亿美元以上。社会经济的发展不仅为个人众创化营业样态赖以产生的信息技术提供了经济基础,而且也通过带动居民收入的方式为这一类营业样态的出现提供了巨大的发展空间。

（二）技术基础

经济的增长不仅催生了消费者的消费需求,也促进了科技的发展以及投资需求的增加。科技发展最显著的特征是数字技术应用范围的不断扩大,而投资需求增加的表现则是诸多新型个体营业样态的出现。近年来,不仅京东、淘宝、苏宁易购等大型电商平台在互联网信息技术以及人民经济水平提高的双重助力下得到迅猛发展,微信、微博及贴吧等新兴移动社交软件的出现和功能的不断完善更是催生了微商、直播电商、代购以及贝店店主等不同以往类型的营业性构造。

从1946年美国宾夕法尼亚大学的第一台通用电子计算机的出现到当前数字经济的兴起,信息技术从当初的PC端互联网信息技术发展到了当前的

---

① 中华人民共和国国家统计局数据。

移动信息技术,人们的即时通信和移动支付需求得到了极大的满足。社交媒体技术的推陈出新带来了个体营业的新途径,营业范式更加移动化、快捷化与社会化,新型营业样态不断产生。近年来,云计算、大数据和新型移动信息技术的发展不断渗透到社会经济领域,商业、产业和企业的活动边界在这一发展和渗透过程中不断地延展,新型商业模式和经营方式如雨后春笋般破土而出,原有经济体系得以不断完善与融合,并重塑全球经济图景。①

智能手机、微信、微博和贴吧等移动通信设施和应用的诞生,微信支付、支付宝和银联支付等新型支付手段的出现和发展为数字经济时代个体营业样态的产生奠定了主体与技术基础。在2022年中国互联网络信息中心发布的《第50次中国互联网络发展状况统计报告》中,我国互联网用户的规模截至2022年6月已经达到了10.51亿,互联网普及率达74.4%,其中手机上网比例以绝对的优势领先,达到99.6%。②

根据微信、中国信通院和数字中国研究中心共同发布的《微信就业影响力报告》显示,在微信推出微信朋友圈和微信支付之后,微信月活跃用户一路猛增,截至2018年第三季度,微信的月活跃账户数达到10.82亿,2018年微信拉动信息消费规模达到2402亿元。③ 腾讯2022年Q1财报显示,截至2022年3月31日,微信的月活跃账户达到了12.9亿。④ 智能手机制造技术的提高和成本的不断降低使得智能手机得以高度普及,加上社交软件的大量出现,使各类主体的社交通信不断便捷化。同时,Apple pay、微信和支付宝的出现和发展使得交易方式不断便捷化,加之其他支付技术的不断推陈出新,移动端商业模式得以加速成型。⑤ 经济全球化和社交网络技术的发展使得跨国购物而产生的代购成为可能,大量具有更高消费需求和消费能力的群体能够得其所需。借此,微商等社交电商和代购等大量新兴营业样态得以"井喷式"出现,整合了移动网络、社交网络和电子商务三方优势的新兴移动社交电商为网络经济的发展开辟了新空间。⑥

---

① 阿里研究院:《迎接全球数字经济新浪潮——2018全球数字经济发展指数》,https://i.aliresearch.com/img/20180918/20180918153226.pdf,最后访问时间:2019年6月12日。
② 中国互联网络信息中心:《第50次中国互联网络发展状况统计报告》,http://www.cnnic.net.cn/gywm/xwzx/rdxw/20172017_7086/202208/t20220831_71823.htm,最后访问时间:2022年9月11日。
③ 微信&中国信通院:《微信就业影响力报告》,http://www.199it.com/archives/841141.html,最后访问时间:2019年6月11日。
④ 资料来源:https://xw.qq.com/cmsid/20220519A002YC00,最后访问时间:2019年6月11日。
⑤ 邱琼、韩炜:《2016年中国移动消费分析》,载《中国流通经济》2017年第1期。
⑥ 刘湘蓉:《我国移动社交电商的商业模式——一个多案例的分析》,载《中国流通经济》2018年第8期。

(三) 政策环境

新型营业样态的出现除得益于经济的蓬勃发展和技术创新所带来的驱动力之外,亦得益于国家政策层面的大力推动。具体而言,"大众创业,万众创新"和"互联网+"及与此相关的一系列配套制度的出台为新营业样态的出现和发展提供了政策环境。

2005年1月,国务院办公厅发布了《国务院办公厅关于加快电子商务发展的若干意见》(国办发〔2005〕2号),该意见积极认可了发展电子商务的重要性,认为电子商务是加快我国国民经济发展及社会信息化进程的重要途径。发展电子商务对于实现我国全面建设小康社会的宏大目标具有深远的意义,发展电子商务可以有效实现信息化带动工业化、转变经济增长方式的目的,并提升我国国民经济的运行质量与效率,使我国迈向新型工业化的道路。2014年10月,国务院印发了《关于促进内贸流通健康发展的若干意见》(国办发〔2014〕51号),该意见提出,应当实现电子商务的规范化发展,持续扩大网络消费市场并采取"网订店取""网订店送"等新型营业模式来促进线上与线下的融合发展。2015年1月,国务院发布了《国务院关于促进云计算创新发展培育信息产业新业态的意见》(国发〔2015〕5号),该文件关注到作为一种全新业态的云计算的重要功能,提出应当采取有力措施推动云计算与移动互联网、互联网金融以及电子商务等技术与服务的融合发展及创新应用。在2015年3月的《国务院政府工作报告》中,促进电子商务发展再次被提及,报告提出应当制订"互联网+"行动计划,积极促进移动互联网、大数据及云计算等网络信息技术与现代制造业的不断融合,使电子商务、工业互联网及互联网金融实现健康发展。2015年3月国务院办公厅印发的《国务院办公厅关于发展众创空间推进大众创新创业的指导意见》(国办发〔2015〕9号)关注了电子商务基础的问题,提出应当强化其基础设施的建设,为创新创业建构一个高效便捷的服务平台,从而促进小微企业市场竞争力的提升。2015年6月,国务院发布了《国务院关于大力推进大众创业万众创新若干政策措施的意见》(国发〔2015〕32号),文件提出应当拓展城乡创业的渠道,实现就业带动创业,支持电子商务向基层延伸。为了实现促进电子商务发展的目的,2015年5月国务院以国发〔2015〕24号文件——《国务院关于大力发展电子商务加快培育经济新动力的意见》提出了相关的建议,要求应尽量破除限制电子商务发展的体制机制阻滞,助力电子商务发挥培育经济新动能、打造"双引擎"及"实现双目标"等方面的关键作用。除此之外,文件还从电子商务发展环境、电子商务带动就业创业、电子商务转型升级及物流基础设施的完善等诸个层面提出了相应意见。

为了加快"互联网+"行动计划的落实,国务院于 2015 年 7 月发布了《国务院关于积极推进"互联网+"行动的指导意见》(国发〔2015〕40 号),在该意见中提及了"互联网+"电子商务的概念,文件提出应当巩固、强化电子商务在我国发展的领先优势,采取有效措施促进农村电商、行业电商及跨境电商的发展,拓宽我国电子商务的发展空间。此外,文件还强调应当进一步实现电子商务与其他产业的融合,不断完善电子商务的发展所需的支撑环境。2015 年 9 月,国务院发布了《国务院关于加快构建大众创业万众创新支撑平台的指导意见》(国发〔2015〕53 号),该文件指出应鼓励各类电商平台发挥它们对小微企业及创业者的支撑作用,文件还从创业门槛、创新创业资源的共享与合作、创新成果的转化等方面提出了意见。此外,国务院于 2016 年和 2017 年分别同意在天津等 12 个城市设立跨境电商综合试验区并建立第二批大众创业万众创新示范基地,支持新兴业态的发展。

这一系列文件以及批复的出台为双创背景下的新业态发展提供了充足的政策支持以及动力,通过政策的引导,形成新型营业样态所需要的政策、法律法规配套机制。不仅如此,这一系列文件还从这些样态所需要的基础设施、技术支撑和行业互助等方面提出了意见,这一系列意见和政策的提出为新型商业模式和经营范式的出现和发展奠定了基础并提供了极其有利的环境,这些新型模式有望成为经济发展的新动能和强劲引擎。

(四) 法律基础

一般而言,新业态和新主体的出现都将对传统的规制机制和立法提出挑战,并要求现行立法对其作出回应。数字经济时代下,互联网信息技术和移动信息技术的发展催生出许多新型商事交易形态和商事交易主体,例如社交电商、分享经济和网络租赁等新业态新模式。而这些新业态在诞生之初便由于立法的滞后性或不完备性游离于法律规范之外,不仅出现了相关主体从事"打法律擦边球"的行为的情形,也出现了多数消费者因立法的缺失而在权益受到损害时得不到相应的救济的情形。

对于数字经济下个体营业样态的法律需求,国家和有关部门曾在多个文件中提出完善这类主体和营业模式规制措施的要求。2015 年 5 月,国务院在其发布的《国务院关于大力发展电子商务加快培育经济新动力的意见》(国发〔2015〕24 号)中提出要加快电子商务立法进程,研究制定或适时修订相关法律法规。2017 年 2 月,国务院在《国务院办公厅关于印发国务院 2017 年立法工作计划的通知》(国办发〔2017〕23 号)中提出要配合全国人大及其常委会继续审议《电子商务法》的计划。此外,商务部电子商务司也在2018年7月6日就《社交电商经营规范》《电子合同在线订立流程规范》和《轮胎电子商务交易服务经营规范》向社会公开征求意见,以期建立良好的社交电商发展环境并促进社交电商发展新秩序的形成。

2018年8月31日第十三届全国人大常委会第五次会议表决通过了《电子商务法》。其第1条即明确指出,"为了保障电子商务各方主体的合法权益,规范电子商务行为,维护市场秩序,促进电子商务持续健康发展,制定本法"。也就是说,《电子商务法》的出台目的在于为电子商务的规范发展和各方主体积极参与电子商务提供良好的法律环境。《电子商务法》的出台,将原先处于法律调整尴尬境地的从事互联网商品销售或服务提供的主体纳入调整范围,该法还要求电子商务经营者应当办理相关的登记并公示营业执照以及与相关的经营业务有关的行政许可信息。此外,该法作为电子商务交易的基本法,其对电子商务交易中的各方权利、义务和责任的分配进行了详细的规定,不论是对电子商务交易活动的调整,还是对交易纠纷的解决,都具有重要的价值。① 《电子商务法》的出台对数字经济时代下个体营业的发展起到进一步的推动和规范作用,加强了社交电商新业态下的经济秩序稳定和各方权益的保护。当然,除《电子商务法》之外,《民法典》《消费者权益保护法》和《电子签名法》等相关立法中也有电子商务的相关规定,或其中的相关规定可以在电子商务领域予以适用。这一系列法律文件的颁布和完善从立法层面推动了社交电商的稳定有序发展。

二、C2C 商业模式助推下的个体网店

B2C 模式及 C2C 模式是电子商务中两种最为基本的开展模式,前一种模式下的商品以及信息的流转是从企业直接连接到消费者,由企业径直向消费者提供产品及服务;后一种模式下的商品与信息的流转过程为消费者连接消费者,是个人与个人之间的电子商务,其中 C 指的是消费者,C2C 即 Customer to Customer。C2C 商业模式较早由易趣网呈现,其后便由阿里巴巴集团注资成立的淘宝网领衔,并成为中国 C2C 模式的典型代表。淘宝网通过一系列的战略政策在 C2C 行业取得了巨大的成功,直接刺激了 C2C 商业模式的兴起,如后续成立的拍拍网、"有啊"平台以及环球捕手平台等。C2C 商业模式还催生了二手商品交易平台,如孔夫子旧书网、转转二手交易网以及闲鱼二手物品交易平台等。大量 C2C 商业平台的出现使个体从事商业交

---

① 杨立新:《电子商务法规定的电子商务交易法律关系主体及类型》,载《山东大学学报(哲学社会科学版)》2019 年第 2 期。

易活动极为便捷,个体网店如雨后春笋般兴起。

《淘宝平台规则总则》

第二章　会员一般规定

第九条　【注册】会员应当根据淘宝平台的流程和要求完成注册,会员名注册后无法自行修改。

会员可将会员账户与其支付宝账户绑定,符合一定要求可更换绑定的支付宝账户。

会员账户如为不活跃账户等情形的,淘宝可进行回收。

第十条　【认证】会员应当根据淘宝平台的认证要求,提供会员本人(含自然人、法人及其负责人、非法人组织及其负责人等,下同)真实有效的信息。

(一)会员应当提供的信息包括但不限于:本人身份信息、有效联系方式、真实地址、支付宝相关信息等证明身份真实性、有效性、一致性的信息。会员提供的本人信息不完整、失效或可能不准确的,淘宝可不予通过认证。

(二)为保障会员认证信息的持续真实有效,淘宝可对已通过认证的会员信息进行复核。

第三章　卖家规定

第一节　淘宝网卖家规定

第十四条　【开店与退出】会员满足相关条件后,方可根据淘宝网设置的流程创建店铺或变更店铺经营主体。正常情况下,一个会员作为卖家仅能开设一个店铺,具备一定持续经营能力、满足一定经营条件的诚信卖家,可享有开设多店的权益。

店铺在一定期间内持续无出售中商品的,淘宝网可以释放该店铺。

卖家可通过淘宝网设置的流程注销店铺,店铺注销前须对已达成的交易履行发货、退换货、维权投诉处理等交易保障义务。

第十五条　【资质备案】卖家发布需要准入的商品或服务信息时,应当根据相关规则及系统设置要求提交资质材料,通过淘宝网备案或审查

三、个体社交电商的崛起与典型样态

(一)个体社交电商相关概念的界定

通信技术和商业模式的不断创新带来商业领域的深刻变革,借助移动社交客户端和通信技术迅猛发展的东风,新型交易形式和交易主体层出不穷。

个体营业样态不再如从前那样仅表现为个体工商户、个人独资企业或农村承包经营户等形式,而是通过寄居于淘宝、天猫、京东和苏宁易购等大型电商平台,开展在线经营活动。除借助平台兴起的营业主体之外,还有利用微信、微博和贴吧等社交客户端进行个体对个体的交易,或者通过移动社交客户端进行再交易。由此形成了别具一格的社交电商生态。

1. 社交电商

易观和云集微店联合发布的《中国社交电商大数据白皮书2017》认为,社交电商以社交网络为媒介,借助用户自造内容与社交联络等方式来辅助购买商品。在这类交易的过程中,大量存在着"关注""分享"与"互动"等社交化的元素,作为一种社交型交易模式,社交电商以信任为核心并很好地实现了电子商务与社交网络的融合,是一种重要的新型电子商务形式。[①] 鲸准研究院发布的《社交电商行业研究报告》认为,社交电商主要是借助社交媒介,通过社交互动和优质内容的方式获取用户,并对产品进行展示分享,以完成客户获取和商品交易的社交型电子商务模式,社交电商是电子商务借助社交媒介的发展,在此基础上形成的一种衍生模式。[②] 在商务部电子商务司2018年7月6日公布的《社交电商经营规范》(社会公开征求稿)中同样对社交电商进行了界定,该文件认为社交电商是建立在人际关系网络基础上的一种新型电子商务表现形式,市场主体通过互联网社交工具的使用向消费者供给商品或服务,其交易流程主要涵盖产品或服务的信息展示、支付结算及快递物流等。[③] 除了前述实务界的观点外,也有学者就电子商务提出了自己的看法,他们认为社交电商是在电子商务平台中融入社交功能的新型商业模式,通过社交平台,将富具社交元素的"关注""推荐"及"讨论"等形式运用到交易过程中,辅助交易主体获取更多的用户流量,从而促进电商交易量的提升。[④]

上述对社交电商的定义均以社交媒介为定义的焦点,认为通过社交媒介

[①] 2017中国社交电商大数据白皮书,http://www.199it.com/archives/609316.html,最后访问时间:2019年6月14日。

[②] 鲸准研究院:《社交电商行业研究报告》,http://www.sohu.com/a/228831089_99995182,最后访问时间:2019年6月14日。

[③] 《社交电商经营规范》(征求意见稿)第2.1条:"社交电商是基于人际关系网络,利用互联网社交工具,从事商品交易或服务提供的经营活动,涵盖信息展示、支付结算以及快递物流等电子商务全过程,是新型电子商务的重要表现形式之一。"参见关于《社交电商经营规范》《电子合同在线订立流程规范》《轮胎电子商务交易服务经营规范》行业标准公开征求意见的函,http://dzsws.mofcom.gov.cn/article/zcfb/201807/20180702763399.shtml,最后访问时间:2019年6月25日。

[④] 闫慧丽、彭正银:《嵌入视角下社交电商平台信任机制研究——基于扎根理论的探索》,载《科学决策》2019年第3期。

以及社交媒介的交互方式辅助从事电子商务的形态就是社交电商。但是,其中部分社交电商的定义过于倾向社交电商平台或社交电商平台内的电商,不免忽视了广泛存在的个体微商和代购等群体。易观和云集微店联合发布的《中国社交电商大数据白皮书 2017》中的定义相较于鲸准研究院及商务部电子商务司的定义而言,关注了社交电商的"信任"特点,更加凸显了社交电商的内在特质。社交电商的一大亮点是借助融合了转发分享度高、互动性强以及用户间的高信任度为特点的新型移动社交客户端,通过将社交客户端的分享链接置于平台,或者由微商、代购和直播电商等自然人个体直接利用社交客户端进行商事交易,社交电商的交易形式极大地改变了传统商事交易和传统电子商务的交易模式。

当然,社交电商仅仅是对衍生于传统电子商务的新型电商模式的总括性概念。正如商务部电子商务司发布的《社交电商经营规范》中对相关术语的界定,社交电商相关概念还应包括社交电商经营者、社交电商交易平台、社交电商服务商①,因此,为更为详细地阐明社交电商,下文还将对社交电商的其他相关概念进行界定。

2. 个体型社交电商

伴随互联网技术的迅猛发展及微信的迅速普及,借助二者产生的新型移动社交电商——微商模式已呈汹涌浪潮之势,逐步成为我国经济发展的新动能。② 2017 年艾瑞咨询发布的《2017 年中国微商行业研究报告》认为,微商是一种社会化分销模式,主要开展方式是由企业或个体借助微信、微博等网络社交平台对商品进行线上分销。该种模式主要可划分为 B2C 与 C2C 两种模式,前者由企业通过微信平台中的微信公众号来开设微商城,进而实施营业活动,而后者则是由个体在自身朋友圈中"开店"来销售产品。此外,根据主体参与环节的不同,还可以将微商的商业模式分为品牌微商、平台微商、个人微商三类。③

前述社交电商的定义表明,社交电商不仅包括个人通过微信、微博和贴

---

① 因本部分仅限于对社交电商交易范式中的个体性主体进行研究,因此本部分下文将仅对个体性主体相关概念以及与此有关联的必要概念进行探讨。关于社交电商平台的探讨,请参见后文关于平台部分的介绍,也可参见关于《社交电商经营规范》《电子合同在线订立流程规范》《轮胎电子商务交易服务经营规范》行业标准公开征求意见的函,http://dzsws.mofcom.gov.cn/article/zcfb/201807/20180702763399.shtml,最后访问时间:2019 年 6 月 25 日。

② 罗昆、高郦梅:《电子商务立法视野下的微商传销界定问题研究》,载《时代法学》2017 年第 4 期。

③ 艾瑞咨询:《2017 年中国微商行业研究报告》,http://report.iresearch.cn/report_pdf.aspx?id=2985,最后访问时间:2019 年 6 月 14 日。

吧等形式进行的 C2C 电子商务,还包括淘宝、天猫和京东等传统电商平台通过接入社交媒介的方式而间接形成的社交电商,以及传统组织形态的企业、个人独资企业等通过电商平台、微信公众号和微博认证号的形式加入电子商务模式。因此,个体型社交电商是指自然人个体、个体工商户和农村承包经营户等通过加入互联网电商平台,或通过微信、微博和贴吧等社交媒介,利用这些媒介的转发分享、展示功能以及其他交互功能进行商品信息展示、商品交易和服务提供等商事交易活动。

当然,个体社交电商下我们还可根据标准的不同进行进一步划分。从当前我国法律法规的相关规定来看,《电子商务法》第 10 条①、《社交电商经营规范》(征求意见稿)4.1.1②、《网络交易监督管理办法》第 8 条③均对电子商务经营者的登记作出了规定,与此同时,这几部法律法规也规定了豁免登记制度,规则表达的方式是规定满足条件的主体才需要进行登记或不需要进行登记。因此,个体型社交电商可以以是否登记为标准划分为登记型个体社交电商和未登记型个体社交电商。再以社交电商的经营方式划分,可将个体型社交电商划分为平台型个体社交电商和非平台型个体社交电商。所谓平台型个体社交电商,是指借助社交电商平台的方式从事社交电商活动的个体社交电商。所谓非平台型个体社交电商,是指非借助电商平台的方式,而是仅借助微信、QQ 和微博等社交媒介客户端从事社交电商活动的个体社交电商。

3. 组织型社交电商

社交电商行业除自然人个体、个体工商户和农村承包经营户等从事社交电商的个体经营者之外,许多组织型主体也从中觅得商机,纷纷从传统商事交易方式中转向,或者将传统商事交易与社交电商相结合而成为组织型社交电商。因此,此处所谓组织型社交电商,是指传统个人独资企业、公司以及合伙等组织形态通过加入社交电商平台或者自建平台(例如网站、公众号和微博认证号)的方式从事社交电商活动的社交电商类型。因组织型社交电商是由个人独资企业、有限责任公司以及合伙等类型的组织通过加入社交电商平台或者自建平台的方式形成,而这些社交电商的主体实质上按照我国当前《公司登记管理条例》《合伙企业法》和《个人独资企业法》等法律法规的规定

---

① 《电子商务法》第 10 条规定:"电子商务经营者应当依法办理市场主体登记。但是,个人销售自产农副产品、家庭手工业产品,个人利用自己的技能从事依法无须取得许可的便民劳务活动和零星小额交易活动,以及依照法律、行政法规不需要进行登记的除外。"
② 《社交电商经营规范》(征求意见稿)4.1.1 规定:"社交电商经营者中具备登记注册条件的经营者应当依法办理工商注册登记。"
③ 《网络交易监督管理办法》第 8 条第 1 款规定:"网络交易经营者不得违反法律、法规、国务院决定的规定,从事无证无照经营。除《中华人民共和国电子商务法》第十条规定的不需要进行登记的情形外,网络交易经营者应当依法办理市场主体登记。"

均应当办理登记,因此,这些主体纵然按照现行社交电商的一般经营方式,在线上为非实体,但是线下均应强制进行登记,且组织类主体欲加入电商平台也应当持有相关登记证明和营业执照向平台进行登记,才可以获得电商主体资格,这对现行商主体制度而言并不会产生太大冲击,故而本部分暂不对组织型社交电商进行探讨。

(二) 社交电商的发展脉络

任何事物都并非一成不变,而是处于不断的发展之中,社交电商亦是如此。随着通信技术手段的逐渐演变,社交电商也在不同阶段呈现出不同的特征。互联网的发展经历了三个时代,分别是以新浪、搜狐和网易为代表的资讯时代;以猫扑、天涯和人人为代表的社交时代以及以微信、微博等为代表的碎片化沟通互动时代。[1] 社交电商在发展过程中也经历了不同的阶段。[2]

1. 萌芽阶段——个体微商时期

个体微商,主要是指基于朋友圈开店的微商,其是基于微信生态而发展起来,并集移动与社交为一体的新型电商模式。[3] 处于社交电商萌芽阶段的个体微商主要以代购和个体分销为主。该阶段社交电商的主要形式是大量具有一定数量宣传对象的主体,通过在国外学习或旅游的机会,或者通过为相关产品提供分销服务从而获得相应报酬的方式,在自身朋友圈、QQ 空间或者微博等社交 APP 上发布相关产品信息,利用与被宣传对象的信任关系和熟人经济开展电子商务。

2. 探索发展阶段——粉丝经济时期

在探索发展阶段,社交电商表现为部分通过社交媒介积累一定数量粉丝的网红或关键意见领袖(Key Opinion Leader)基于粉丝对自身的认可和信任,从事社交电商,从而将粉丝经济变现。在这一阶段,社交电商从萌芽阶段基于熟人经济的形式逐步过渡到信任程度稍低的粉丝经济形式,当然这一阶段还是存在个体微商时期的社交电商形式。

3. 成长阶段——社交裂变时期

在这一阶段,随着智能终端和社交相关基础设施的成熟,微博、微信和QQ 空间等媒介蓬勃发展并使得社交门槛进一步降低,每个人都成为社交节点,社交用户呈现裂变状态。此阶段的社交电商形式百花齐放,除了前阶段

---

[1] 俞华:《我国微商新业态发展现状、趋势与对策》,载《中国流通经济》2016 年第 12 期。
[2] 鉴于本部分的讨论直接涉及商主体制度的变化在社交电商领域的体现,而鲸准研究院所作分析正好符合本书的研究需求,故而本部分的演进脉络参考了鲸准研究院发布的《社交电商行业研究报告》的区分方式。
[3] 杨谨瑜:《C2C:一种新型电商模式的困境及突围路径》,载《社会科学家》2017 年第 8 期。

出现的代购、个体微商、粉丝经济形式之外,传统电商,诸如京东、当当和苏宁易购等皆在其客户端加入社交软件链接,实现传统电商与社交媒介深度融合之势。当然,在这一阶段社交电商还从过去的碎片形式进入到社群模式,例如贝店、美丽说和全球捕手等专注于某一群体的新型社群型社交电商不断产生并蓬勃发展。

(三)个体社交电商的兴起

随着移动互联技术的更新迭代和不断成熟,我国个体社交电商也呈现出勃兴之势。微信、中国信通院、数字中国研究中心于2019年发布的《微信就业影响力报告》显示,微信的月活动用户数在2018年第三季度已经超过10.8亿,并且该报告表明微信带来的新模式、新业态注入市场经济中,增加了经济活力,提升了社会生产效率。据测算,从2014年开始,微信便在带动就业机会方面起到了很好的作用,平均每年新增加200万个就业机会,截至2018年,微信带动的总就业机会已经达到了2235万个。① 根据中国互联网络信息中心发布的《第43次中国互联网络发展统计报告》显示,我国使用手机进行网络购物的用户规模在2018年达到了5.9亿,从产业规模来看,2013年至2017年间,我国电子商务交易额从10.4万亿增长到29.16万亿,年均复合增长率为29.4%。② 从上述信息可以看出,社交电商的兴起在带动我国经济增长的同时也促进并改善了就业形势。在此背景下,我国正逐渐步入"人人参与型社交电商时代"。不仅如此,社交电商还进一步深入农村成为解决贫富差距的有效机制,据阿里研究院发布的《2018年中国淘宝村研究报告》显示,2018年我国淘宝村达到了3202个,相比2017年的2118个增长了1084个,增长率为33.8%。③ 2020年阿里研究院在全国共发现5425个淘宝村,1756个淘宝镇,这些淘宝村和淘宝镇的网店实现交易额1万亿元。④ 不仅如此,为促进农村电子商务高速发展,国家及各部委分别就农村电商的发展发布了不同的政策文件,旨在进一步促进农村电商的发展。⑤ 因此,个体社交电商

---

① 微信、中国信通院、数字中国研究中心:《微信就业影响力报告》,http://www.199it.com/archives/841141.html,最后访问时间:2019年6月14日。
② 中国互联网络信息中心:《第43次中国互联网络发展统计报告》,http://www.cnnic.net.cn/hlwfzyj/hlwxzbg/hlwtjbg/201902/P020190318523029756345.pdf,最后访问时间:2019年6月14日。
③ 高红冰:《每周新增20个淘宝村,引领乡村振兴作用凸显》,http://www.aliresearch.com/blog/article/detail/id/21580.html,最后访问时间:2019年6月26日。
④ 《1%的改变—2020中国淘宝村研究报告》,http://www.100ec.cn/home/detail--6573965.html,最后访问时间:2022年6月26日。
⑤ 钮钦:《中国农村电子商务政策文本计量研究——基于政策工具和商业生态系统的内容分析》,载《经济体制改革》2016年第4期。

在我国的发展已呈爆发式增长趋势,并且在政策的不断推动下得到持续发展,成为助推我国经济发展以及创新创业的有力新动能。

(四) 个体社交电商的典型样态

1. 微商

微商是基于微信生态的社会化分销模式,它是企业或者个人基于社会化媒体开店的新型电商。2013年前,处于萌芽期的微商大多数是由淘宝店家为拓展销售渠道转化而来。2014年微商行业进入高速成长期,呈爆发式增长的趋势。2015年微商大环境发生改变,从松散经营到系统运营。2016年,微商正式进入了品牌整合时期,谁将微商运作得更加品牌化、正规化、合法化、系统化,谁才能生存得长久,成为真正的赢家。微商作为一种新型营业模式尚未出现停滞的趋势,从其市场规模及从业规模看,微商依然在持续增长着,2017年微商行业市场总体规模达6835.8亿元,增长率为89.5%;2019年已超两万亿元;截至2020年年底,中国微商市场交易规模已经高达5.18万亿元。

作为一种新型的营业模式,微商的发展及其重要作用得到了政策制定者的重视,从2016年12月24日由商务部、中央网信办和发展改革委联合印发的《电子商务"十三五"发展规划》的内容中便可管窥一二。在该文件中,社交电商的重要作用受到了认可,文件内容表明政策制定者们对社交电商这种新型的营业模式持鼓励的态度,提出要支持社交网络发挥其在内容、创意及用户关系等层面的优势,而且应当建立链接电子商务的运营模式,使微商能够健康且规范化地发展。文件还提出,要支持社交网络营销方式的创新并采取有效措施使其规范化,要鼓励电子商务通过多元化的途径如视频、流媒体及直播等与粉丝开展互动,从而构建一个健康和谐的社交网络营销环境。

图3.1 微商发展历程

资料来源:艾瑞咨询:《2017年中国微商行业研究报告》,http://report.iresearch.cn/report_pdf.aspx? id=2985。

图 3.2　微商概念的发展与演变
资料来源:艾瑞咨询:《2021 年中国微商市场研究白皮书》,https://www.waitang.com/report/31592.htm。

(1) 微商与传统电商的联系与区别

脱胎于传统电子商务的微商借助微信等社交平台广泛而深入地渗透到社会大众的日常生活中,成为电商运营模式的时代新宠。[①] 新兴的移动社交电商整合了移动网络、社交网络和电子商务三方面的优势,开辟了网络经济发展的新空间。[②] 作为一种发源于微信的电商运作模式,微商商业模式较为依赖微信这类社交平台,经营者们需要借助这些平台来实现产品与服务的分享与销售。从以往我国所使用的社交平台来看,微信是使用最为广泛的一类移动应用,整体覆盖率接近 90%,如此庞大的用户群无疑为微商的发展供给了极佳的生存环境。

传统的电子商务与微商存在明显的区别,前者以商品为中心,缩短代理产业链;而后者以用户为中心,降低产业链代理进入门槛。展开来说,传统电子商务与微商至少存以下几点不同:第一,相对于传统电子商务而言,微商模式不受时空限制,无须依赖固定的电脑进行操作,体现出移动便捷的特征。第二,传统电子商务模式是通过缩短线下代理产业链的方式来尽可能地去除中间环节,从而使商品的最终销售价格得以降低;微商则是将整个成本高昂的线下销售产业链转换到线上,并借此降低前述传统电子商务模式中存在的代理环节进入门槛,通过社交平台实现社会化分销,体现为社交平台和移动社交应用的高度依赖性。第三,传统的电商以电商平台吸引流量,属于用户到"店"选购的模式;而微商与此不同,微商模式则是借助社交网络来分享与

[①] 董彪、李仁玉:《"互联网+"时代微商规制的逻辑基点与制度设计》,载《法学杂志》2016 年第 6 期。
[②] 刘湘蓉:《我国移动社交电商的商业模式——一个多案例的分析》,载《中国流通经济》2018 年第 8 期。

变现,主要注重社交平台在销售中的作用,通过平台中的内容来向用户推荐,主动获取流量。相比较而言,我们可将该种模式称为"商品寻找用户"的模式。第四,传统电商与微商之间的区别还在于人际关系层面,前者为陌生人之间的交易,而后者则更多的是基于熟人关系而产生的交易。对于个人卖家而言,出于交易成本的考虑,微商有着相对于淘宝等传统电商模式的显著优势。① 微商是微商主体基于其一定数量的宣传对象基础而兴起的一种商业模式,相对于传统电商而言,该种商业模式体现出用户粘性较高且运营具有封闭性的特征。当然,依托互联网和自媒体发展的微商虽然存在准入门槛低、信息传播迅速和沟通迅捷等诸多优势,但是在实践中还是存在微商层级代理的销售模式易变为传销,并产生"杀熟"现象的风险。②

(2) 微商的商业模式

微商的商业模式与传统电子商务相区别,是移动社交电商模式,其也与传统直销相区别而成为创新型直销模式,微商商业模式的运营具有封闭性的特征。③ 从商业逻辑上来说,微商可以划分为 B2C 及 C2C 两类,B2C 模式是基于公众号而运作,而 C2C 则是个体运用自身的朋友圈"开店"的模式。C2C 模式以自身朋友圈为营业平台,借助微信生态圈而发展,是融合移动与社交两个元素的新型电商模式。该种模式明显区别于 B2C 模式,在 B2C 模式下,经营的主体主要是供货商、厂商以及品牌商等,他们一般通过搭建微信移动商城的方式来运作,具体的营销模式如借助微信个人客户端来分享自身商品、在朋友圈展示产品或熟人推荐等,从而实现线上或线下销售。④

从销售模式上看,实践中的微商可具体分为以下形式:

第一,直销型微商。直销型微商是指经营者通过微信这一社交应用,直接向消费者推销商品的营销模式。⑤ 直销型微商主要包括代购和个体微商的形式。代购是指在海外留学、定居或者旅游的个体,通过在朋友圈发布代购广告,接受委托而从事代购活动并从中赚取差价的微商模式。该种形式下的个体微商,则是指通过微信朋友圈发布广告,将自己的产品在朋友圈进行展示,从而获取订单并成交的一种微商模式。此外,个人微商还在二手商品交易中有所体现,主要为:个体通过闲鱼、多抓鱼、转转二手交易平台和孔夫

---

① 艾瑞咨询:《2017 年中国微商行业研究报告》,http://report.iresearch.cn/report_pdf.aspx?id=2985,最后访问时间:2019 年 6 月 14 日。
② 郑秋凤、张佩国:《社会资本介入微商传播的运作边界与风险规制逻辑》,载《河南师范大学学报(哲学社会科学版)》2019 年第 1 期。
③ 茹莉:《微商商业模式解析及其规范化发展》,载《河南社会科学》2018 年第 10 期。
④ 杨谨瑜:《C2C:一种新型电商模式的困境及突围路径》,载《社会科学家》2017 年第 8 期。
⑤ 索志林、高鹏:《微信电子商务营销的衍生困境与市场规制探析》,载《学术交流》2018 年第 3 期。

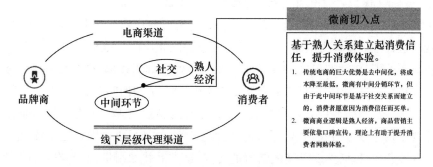

图 3.3　微商商业逻辑示意图
资料来源：艾瑞咨询：《2017 年中国微商行业研究报告》，http://report.iresearch.cn/report_pdf.aspx?id=2985。

子旧书网等类似的电商平台，将自己的二手物品进行出售并获得相应对价的形式。例如，多抓鱼销售二手书的流程为，卖家通过多抓鱼平台，扫描书的 ISBN 并由多抓鱼平台提供快递上门，二手书经过审核后，卖家获得书款。[①] 直销型微商主要体现为个体对个体直接性而非"转折性"进行销售的模式，一般而言，直销型个体微商主要体现为两方，而无须通过其他第三方渠道或者第三方营销主体对商品进行推广。

第二，分销型微商。分销型微商是通过分散产品销售渠道，采取大量分销链接进行分销的营销形式，该种类型的微商又包括一级分销代理、多级分销代理以及佣金返点三种分销模式。[②] 这种类型的微商的典型例子如贝店模式与云集模式，在该两种模式之下，店主无须亲自购货，或者说，店主的商店中并不存在属于自己的货物，而是由贝店与云集进行采购，由店主分享商品链接，在商品销售之后再由店主获取相应佣金。与直销型个体微商相对应，这类微商为"转折式"微商，商品交易过程中并非直接为点对点的个人卖家对个人买家，而是由第三方主体从中进行商品信息的转发，进而达到扩大用户和商品信息覆盖度的目的。

（3）微商经营群体分析

微商的商业模式可以依据主体参与环节的差异划分为四种，即品牌微商、个人微商、社群微商、平台微商。

第一，品牌微商。微商这种新型商业模式起初是通过品牌代购的方式在微信朋友圈中开展活动。不过，微商这一称谓并非一开始就存在，而是经历

[①] 《新手抓鱼指南》，载微信公众号"多抓鱼"，2023 年 2 月 23 日。
[②] 索志林、高鹏：《微信电子商务营销的衍生困境与市场规制探析》，载《学术交流》2018 年第 3 期。

了"微信电商"至"微电商",然后才使用了"微商"的称谓。美妆品牌主题在市场中最先发展起来,其运作的模式为结合传统的代理模式进行营业活动,随后这种模式被称为微商模式。但是由于缺乏相应的规范机制以及个人自控能力的不足,微商模式颇受争议。在中央电视台调查部分"违法违规"的面膜作坊的过程中,发现其中诸多品牌存在制假、造假的问题。①

根据品牌微商设立时间的不同可以划分为新创品牌与固有品牌。前者主要是通过成立分销团队,通过层层代理的模式,最后借助微信这类社交平台开展营销活动,然后再完成销售的任务,这类品牌如制阜、俏十岁等;固有品牌则是借助微商这一渠道开展营业活动,从而提升自身的知名度,这类品牌如韩束等。

第二,个人微商。个人微商所采取的营业模式是个人通过在自身朋友圈发布产品的相关信息,从而完成产品销售的商业模式。在个人微商模式下,代购以及朋友圈卖货等是其主要的形式,奶粉、美妆及奢侈品等是其代表性的产品。个人微商的经营模式是多样化的,其中有的微商会以品牌微商代理的模式来从事经营活动,但囿于规范措施的不足以及部分个人微商商业信誉的缺失,其中存在着不少以次充好、以假乱真及暴力刷屏等问题,使得市场秩序受到破坏。当然,个人微商中也不乏经营良善的情形存在,例如一些具备了丰富社交营销经验的时尚达人或行业意见领袖便为适例。

第三,社群微商。与个体性相对应,社群是一部分个体的集合。社群概念并非现代所创,从原始部落到封建宗族再到当前我们所熟知的社区,这些无不体现着社群的特征。伴随移动互联网技术的发展,社群的功能不断延伸,机制不断凸显,社群概念便不断渗透到经济领域,引发了我们对社群经济和社群商业模式的探讨。② 所谓社群经济,是指基于移动社交平台,遵循特定兴趣图谱为特定目标群体提供服务,促进群体交互和情感体验,通过激发群体的参与度、传播力和创造力,通过富有创意的社群运营,形成可持续性的商品价值和情感价值的生产和消费。③ 通过这一系列的生产和消费即形成了社群商业。社群电商作为社群经济变现的主要手段之一,通过销售商品实现变现。在这种模式中,产品的提供方为社群运营方,他们所提供的这些产品往往与社群属性或价值定位有着显著的关联,主要的营业模式则是在社群

---

① 《央视:微商面膜多出自黑作坊 加激素超标6000倍》,http://tech.163.com/15/0410/15/AMRPOCOP000915BF.html,最后访问时间:2019年6月26日。
② 程明、周亚齐:《社群经济视角下营销传播的变革与创新研究》,载《编辑之友》2018年第12期。
③ 孔剑平主编:《社群经济:移动互联网时代未来商业驱动力》,机械工业出版社2015年版,第21页。

互动中推荐、销售商品。① 在社交电商领域,目前比较注重向社群模式发展,一些平台为妈妈一族的微商提供美妆、母婴、健康食品等产品销售,并通过这一类店主的特殊身份和特殊的交友群体将产品进行推广并获取佣金的模式来进行经营。②

社群微商是由意见领袖这类在群体范围内有影响力的主体所发起的,这类群体主要聚焦于某个特定的兴趣点或存在着某种情感共鸣,在前述意见领袖的带领下形成在线社群。在形成稳定的社群后,主导者便通过主题化的运作,将粉丝转变为自身的消费者,借此获取相应的利益。根据社群领导者的不同,可以划分为明星式社群与小组织式社群。前者主要是由"大咖""牛人"这类具有很好的表达能力与影响力的人所领导,而后者则是采取的小组织、服务型模式,这类组织的运作主要依靠外部资源与内部资源的对接,从而实现成员间的分享与互助,传递价值、对接资源及互相学习与帮助是小组织型社群的显著特征。社群微商主要是借助培训的方式,通过专业性的辅导来培育新成员,在这一过程中通过将吸引与扶持的成员打造成明星案例,最终实现成员规模的扩大,提供高端服务从而获取利益。而会员之间也会存在商业合作、宣传推广与资源对接等现象。

第四,平台微商。平台微商主要由企业这类资源丰富的主体所设立,通过平台可以将上游厂商、品牌商与下游的小微商户、个人聚合在一起,小微商户与个人可以借助平台在其移动终端上开设店铺,并通过社交分享的方式来实现对上游产品的分销,当前发展势头迅猛的平台微商如微信小店、盟店及有赞微小店等。平台微商有着独特的优势,一方面,经营主体无须像传统经营者那般囤货,解决了货源上的担忧;另一方面,平台微商模式还有效解决了交易机制、信任机制以及消费者保障等核心交易问题,借助庞大的平台系统,其商品也更加多元化,可以说,它完全是一个去中心化和去流量化的交易平台。而且平台微商模式拥有着较为完善的交易机制,涵摄上游上架商品的择选、中游的代销分销与下游的商品购买与佣金返还等。通过平台微商,可以有效地缓解个人微商与社群微商模式下的朋友圈刷屏、销售假冒伪劣产品等问题。也正因此,品牌微商、个人微商及社群微商正逐渐转向平台微商,使得微商经济逐步迈向规范化与有序化的阶段。

---

① 程明、周亚齐:《从流量变现到关系变现:社群经济及其商业模式研究》,载《当代传播》2018年第2期。
② 《社交电商贝店模式解析,提升复购率是关键》,https://www.hishop.com.cn/ydsc/show_52736.html,最后访问时间:2019年6月14日。

2. 云集微店——会员电商模式

云集共享科技有限公司创立于 2015 年,总部位于中国浙江省杭州市,是一家全球领先的社交零售平台,也是一家上市时"年仅四岁"的独角兽,被称为"中国会员电商第一股"。云集公司于 2019 年 3 月 21 日向美国纳斯达克市场递交了 IPO 上市文件,于 2019 年 5 月 3 日 IPO 登陆纳斯达克,发行价 11.00 美元,发行 1000 万股,募资 1.1 亿美金,主承销商为摩根士丹利、瑞士信贷、摩根大通、中金。从云集公司发布的招股说明书来看,云集平台的买家数量增长较为迅猛,在 2016 年时为 250 万人,但到了 2017 年及 2018 年便分别激增至 1690 万人与 2320 万人;其中的付费会员增幅也较高,在 2016 年时为 90 万人,而到了 2017 年则增至 290 万人,到了 2019 年则跃增至 740 万人。云集之所以能快速增长,除了社交裂变之外,还抓住了社交电商里一条新的赛道:会员电商。所以在 2018 年,云集已经在原来的裂变模式上做了关键升级。

云集微店是由浙江集商优选电子商务有限公司开发的一款 APP 产品,用性价比+精选 SKU 的方式吸引用户,云集微店主要为微商卖家提供美妆、母婴、健康食品等货源,依靠微商来完成获客和交易。云集公司原创的 S2B2C 模式,抓住了社交红利,借助裂变分享和智能推荐,短短 3 年多,年度销售额已经接近 300 亿。S2B2C 为商业智能化时代背景下产生的首个突破性创新商业模式。S 为 supplier 之简写,指的是供应链端的架构(大供应商),B 为 business 的简写,他们是云集平台上的会员,S 与 B 的关系为 S 帮助平台销售商 B 将商品销售给顾客,C 为 customer 的简写,是使用云集平台的广大消费者用户(顾客)。① 在云集公司的这种模式中,云集承担着大供应商的作用,以其优秀的供应链端架构帮助云集平台会员(B),而这些会员的主要作用是联系平台终端用户,他们有着极强的社交属性并通过这种社交属性来赋能销售业务。在这种"社交型营销"过程中,"信任"与服务质量起到了基础性的作用,消费者可以获得高质量的产品与服务体验,由此实现品质+服务体验+效率的同步提升,成为一种自洽的商业模式,达到多赢的局面。

云集微店需要被邀请才可以注册开店,用户可寻找身边的云集店主,受邀请加入云集微店。注册时店主需要提供相关信息供后台录入。云集官网上自称为"精品会员电商",其关于"如何开店"的介绍主要包括四个方面:(1)邀请开店——联系您身边的店主,获取注册邀请码或登录 www.

---

① 《深度拆解:一文讲透云集商业模式的本质是什么(上)》,https://baijiahao.baidu.com/s?id=1669674441103425469&wfr=spider&for=pc,最后访问时间:2020 年 11 月 30 日。

yunjiglobal.com 云集官网,扫描官网首页底部的二维码注册;(2)专享礼包——点击邀请链接,填写个人信息,支付398元/年的平台服务费,即可获赠398元的专享礼包;(3)APP登入账号——注册成功后可获得更多免费培训和辅导专家手把手教你开店;(4)开店助手——开店有疑问？请扫描二维码,云集在线客服为您答疑解惑。①

3. 网易推手

2017年6月7日,网易社交零售平台"网易推手"宣布正式内测上线。"网易推手"网页上的应用描述是:"网易推手,是一个去中心化的社交零售平台。这里聚集了一批善于发现美好事物、具有品位且热爱分享的生活家,荟聚了数十万款全球精品。推手们通过购物掌握全世界的时尚潮流,通过好物分享获得奖励和成长,传递品质化的消费理念和精致的生活态度,成为更优秀、更nice的自己。""网易推手"平台秉持零门槛的原则,普通用户仅需在平台进行任意一次消费便可成为"网易推手"。在成为"推手"后,他们就可以通过社交渠道一键分享平台上的商品,同时还可通过分享自身的购物体验与生活态度等将自己打造为朋友圈中的生活达人。在这一过程中"推手"还可以收获一定数量的粉丝、产品推广奖励以及平台中的专属优惠。获得奖励的具体方式是:粉丝登录粉丝账号,在推手分享的商品或活动链接页面,或网易考拉海购APP下单,即可获得最高超50%的佣金奖励。

4. "淘小铺"

2019年4月,淘宝网规则中心新发布《淘小铺管理规范》,适用于为淘小铺平台供货商推广商品的会员("淘小铺"),旨在通过"一键创业"的形式,使普通大众能够更为便捷地加入到创业潮中。在具体的运作模式上,淘小铺采用的是S2B2C模式。在具体的流程上,市场主体需先注册成为"淘小铺"的会员,随后可以在淘宝平台开设"淘小铺",授权销售相应的产品。与传统的电子商务模式不同的是,"淘小铺"的经营者并不需要存储货物,而是直接由供应商发货,"淘小铺"经营者的获利方式是以分销形式获得佣金返还等奖励。可以看出,在交易过程中,"淘小铺"的经营者仅仅承担着推广者的身份,他们仅仅负责推广商品和售前服务,而具体的货物发送及售后工作则由供货商承担。不过,"淘小铺"未能持续运营下去。2021年9月13日,淘宝网宣布:由于业务调整策略,淘小铺将关停。

---

① 资料来源:http://www.yunjiglobal.com/help,最后访问时间:2024年6月28日。

四、共享经济理念促生下的私有业主

（一）个人房东

1. 途家网个人房东

《途家网个人房东服务协议》中对"个人房东"的定义是："通过途家网发布其享有所有权或使用权（含转租权）的房源信息，并对依据预订订单为承租用户提供房屋租赁（短租）服务的自然人注册用户。个人房东应提供并不断更新详尽及准确的个人资料，包括真实姓名和有效的联系方式。""个人房东承诺和保证其是所发布房源的产权人或经合法授权有权处分该房屋的人，并应向途家在线提供相关法律证明文件，包括但不限于个人房东的身份证明、房屋产权证、购房协议与发票、租赁协议、使用协议等，并保证所提供的法律证明文件真实、有效。""个人房东通过途家网商户后台管理系统在途家网上发布房源信息。"①

2. 爱彼迎（Airbnb）注册房主

成为爱彼迎房东的条件是需要有一个可与旅行者分享的空间。无论是整套房子、闲置房间还是舒适的沙发床，这些空间都可能满足某些房客的需要，成功的关键在于创建一个诚实准确地向旅行者展示房源状况的爱彼迎房源页面。

爱彼迎《服务条款》（节选）②

7. 仅适用于服务提供者的条款

7.1 适用于所有服务项目的条款

7.1.1 在爱彼迎平台创建服务项目时，您必须（i）提供关于您的服务提供者的服务的准确完整信息（例如服务项目描述、位置及可用日期），（ii）披露相关缺陷、限制（例如有关房屋的规则）和要求（例如是否有最低年龄限制，体验的技能或健康状况要求）及（iii）提供任何其他爱彼迎要求的信息。您负责您的服务项目信息（包括可用日期）随时保持最新状态。

7.1.2 您独立负责为您的服务项目定价（"服务项目费用"）（包含相关税费，或清洁费等收费项目）。一旦服务接受者要求预订您的服务项目，您不得要求该服务接受者支付高于预订价格的金额。

---

① 《途家网个人房东服务协议》，http://content.tujia.com/Clause/HostRule.htm，最后访问时间：2019年6月28日。
② 资料来源：https://www.airbnb.cn/terms#sec2。

3. 小猪"个人房东"

小猪短租成立于 2012 年,由北京快跑信息科技有限公司所开发,作为一个经营平台,其主要的功能为向用户提供特色民宿和短租房的预订,同时小猪短租还是一个主题为住宿的富具爱与人情味的社交社区。截至 2019 年 5 月,小猪共有超过 80 万间房源,分布在全球超过 700 座城市。小猪短租的房源极为多元,其中既有一般的民宿以及隐藏于城市中的四合院、花园洋房、百年老建筑,同时在该平台还可以发现绿皮火车房、森林木屋以及星空房等。通过小猪短租的租赁平台,拥有闲置房源的房主可以借此分享这些资源,向消费者们提供不同于传统酒店,更具人文情怀、家庭氛围及性价比的选择。小猪短租这种营业模式对于房主及消费者有着双赢的作用,房主可以借此获取一定的收益,同时消费者也可以在民宿体验过程中收获更多友谊并感受当地人文。

小猪短租《房东规则》规定的成为"个人房东"的主要流程是:(1)您需要在"小猪"页面注册"小猪"账号,在"用户中心发布房源信息"。(2)若您发布您拥有产权的房屋或自住房屋中的闲置房间,则可以申请个人房东认证,经过"小猪"审核认证后,您可以享有个人房东特权,如添加个人房东认证标识。

小猪短租《房东规则》(节选)

一、账号注册与房源发布

1. 您需要在"小猪"页面注册"小猪"账号,在"用户中心发布房源信息"。

……

二、个人房东认证

1. 若您发布您拥有产权的房屋或自住房屋中闲置房间,则可以申请个人房东认证,经过"小猪"审核认证后,您可以享有个人房东特权,如添加个人房东认证标识。

……

(二)网约车私家车主

长期以来,非法营运成为悬在从事经营活动的私家车车主头上的"达摩克利斯之剑"。随着信息技术的不断发展,滴滴等平台的出现为私家车进入营运领域提供了契机。2014 年 5 月,滴滴打车 CEO 程维宣布涉足在线拼车业务,"滴滴顺风车"由此成为继"滴滴打车""滴滴专车""滴滴企业出行"服务后在移动出行领域推出的第四款产品。在成功运行一段时间之后,由于出现了一系列安全事件,滴滴公司于2018年5月16日宣布对顺风车业务进行阶段性整改,在此期间的顺风车用户标签以及车主的评价功能等将全部下线,同时要求私家车车主们在每次接单前都进行人脸识别。除了这些措施外,滴滴公司对夜间顺风车驾驶员与乘客安全的保障问题进行了评估,同时也暂停了顺风车22点至次日6点期间的业务。2018年8月24日,温州乐清发生滴滴顺风车司机强奸杀人案件。此后,滴滴顺风车在全国下线。2019年4月15日,滴滴公司顺风车业务部门的负责人张瑞通过顺风车官方微博发布了"滴滴顺风车致大家的一封信"。信中不仅提及了公司在下线期间对顺风车业务的反思,同时也公布了相应的整改方向,如"回归顺风车本质,尽全力抵制非法营运""去掉个性化头像和性别等个人隐私信息显示"等,暂无上线时间表。① 2019年11月20日,停摆整顿一年多的滴滴顺风车正式回归。在"滴滴快车"等领域,滴滴公司也加强了风险防范工作,自2019年1月1日开始,对于无证不合格的车辆予以下架、停止派单,同时要求滴滴专车必须拥有两本网约车证,分别为"网络出租车经营许可证"和"网络出租车驾驶员证",只有同时拥有这两个证的司机才能接单。

国家统计局发布的2021年国民经济和社会发展统计公报显示,2021年年末全国私人汽车保有量为26246万辆,但持有机动车驾驶证的群体却高达4.81亿人,由此不难看出其中存在着的巨大缺口,超过2亿人拥有机动车驾驶证却没有可驾的汽车。再从中国汽车工业协会的预测来看,我国未来十年持有机动车驾驶证的人数可能将达10亿人,但当前中国的道路与机动车驾驶相关的基础设施却并不足以支撑如此庞大的需求,这些设施对汽车保有的最大容量仅为3亿辆,意味着将有7亿人出现有驾驶证却无汽车的问题,人车供需矛盾将更突出。与此同时,供需矛盾的另一面,是大量的汽车资源被闲置,运力没有被激活,且已成为常态。数据显示,我国每辆私家车每天的平均闲置时间超过22个小时,平均闲置率高达95%。在这样的大环境下,如果能采用一套有效的机制,撬动私家车主形成共享的习惯,或许可以解决这一巨大的供需缺口,人们的出行将发生根本性的改变,同时共享汽车的模式

---

① 《顺风车要回归?滴滴:暂无具体上线时间表》,http://news.sina.com.cn/s/2019-04-15/doc-ihvhiewr6128290.shtml,最后访问时间:2019年6月28日。

也可以有效疏解城市的交通拥堵问题,具有很强的现实意义。①

第二节 个人众创化的主体特性分析
——以"个体社交电商"为例

一、个体社交电商以信息资源为基础

信息资源的便捷获取和使用是个体社交电商迅速发展的前提所在。无论是微商模式下、平台模式下还是共享模式下的个体社交电商,均离不开对信息资源的使用。在数字经济时代,无论是买方获取商品的相关信息,还是卖方为销售商品所进行的广告发布、转发和商品展示的推销行为均离不开信息资源的获取与利用。近年来互联网普及率的提高、宽带速度的提升、费率的下降以及移动4G技术的普及和完善使信息资源的获取愈发便捷化。中国互联网络信息中心发布的《2015年中国网络购物市场研究报告》表明,互联网用户规模的持续扩大、移动终端网络用户数量的极速提升将为网络零售的发展提供坚实的基础,网络的提速以及上网资费的下降则为网络购物提供更加便利的购物环境。②

从互联网信息技术的发展历程和移动社交应用的出现来看,社交电商在移动信息技术迅猛发展的背景下萌生并得到跨越式的发展。在Web2.0时代,人们的信息或者交互主要依赖电脑端QQ、猫扑、天涯和人人等进行传播或者通过网页获取相关的信息,电子商务的使用也仅能通过淘宝、京东等电商的网页进行商品购买,且信息传递的便捷与丰富程度都存在较大的局限性。随后,微信的出现促进了大批量的即时通信应用的产生和功能完善,并开启了以移动客户端为基础的移动社交电商时代。

从社交电商的卖方角度来看,卖方产品的获取、推广、销售和对价信息的取得无不与信息资源相关。从社交电商买方的角度来看,通过信息资源的获取,其可以有效了解所购商品的详细信息,甚至还可以通过便捷的互联网和移动通信技术对商品进行检查,或者对商品相关信息进行对比,以获得合适的商品。因此,社交电商相较于传统商业模式而言,对于信息资源有较大的依赖性,信息资源获取的便捷化及海量化直接促进了社交电商的产生与

---

① 《PonyCar试水C2C共享租车业务,十一国庆正式上线运营》,https://www.autotimes.cn/news/201809/929507.html,最后访问时间:2019年6月28日。
② 中国互联网络信息中心:《2015年中国网络购物市场研究报告》,http://www.cnnic.cn/hlwfzyj/hlwxzbg/dzswbg/201606/P020160721526975632273.pdf,最后访问时间:2019年6月14日。

发展。

二、个体社交电商具有全时空营业性

在移动社交应用尚未出现之前,传统电子商务均需由买方通过电脑端访问电子商务平台的网页进行信息浏览、下单、支付后完成交易。从交易方式来看,交易必须借助电脑,而电脑的便携性较弱,一般需要依附于特定的场所进行使用,因此交易受到空间和时间的限制。此外,传统电子商务交易对价的支付只能通过买家开通网上银行的方式,并使用"网银盾"这一支付控件进行支付,这在很大程度上限制了电子商务的交易时间和效率。

智能手机的出现使得主体得以突破空间的限制随时随地进行所需的交易,而互联网信息技术的"移动化"和费用的进一步降低使得主体可以借助智能手机突破以往交易时空的限制自由交易。这一阶段的电子商务由传统的电子商务转变为具有跨时空性的社交电商,交易双方的需求得到极大的满足,同时,也促进了传统交易形式与新型交易模式的逐步融合发展。伴随互联网信息技术在移动终端中的不断使用与升级,能够使社交主体突破时空条件的约束,个体社交电商能够借此在互惠性的熟人网络中不断地传播、分享购物信息①,而不再局限于传统的网页式交易模式。随着微信支付、支付宝和百度钱包等一系列即时支付工具的出现以及智能手机功能的不断丰富升级,社交电商借此得以迅猛发展。

三、个体社交电商具有快速裂变特性

移动社交应用的发展使每一个用户都成为互联网络中的节点,通过用户在社交关系中的不断互动和信息传播,社交电商的用户呈现裂变式的发展。具体而言,社交电商的裂变式发展,主要借助市场倍增学原理、人际学原理以及传播学原理来实现。② 通过市场倍增学原理揭示的相关机制,社交电商交易形态和交易数量呈现几何级数增长,提高了社交电商的交易效率以及交易份额。社交电商也充分借助了人际学原理和传播学原理,因为不论是贝店、云集微店模式下的店主转发行为,还是微信用户自发在朋友圈销售商品和提供服务的行为,又或是社交电商在QQ空间、微博客户端或者贴吧等其他社

---

① 郑秋凤、张佩国:《社会资本介入微商传播的运作边界与风险规制逻辑》,载《河南师范大学学报(哲学社会科学版)》2019年第1期。
② 罗昆、高郦梅:《电子商务立法视野下的微商传销界定问题研究》,载《时代法学》2017年第4期。

交软件进行商品销售和推广的行为,其都是借助自身影响范围内的群体效应以及被宣传对象的信任来增加产品的销量。通过在自己影响效力范围内的传播,社交电商的交易信息和产品信息在被宣传对象这一范围内广泛传播,呈现出几何裂变式的趋势。社交电商在运作上的裂变式发展,可以表现为横向裂变和纵向裂变,且经营模式体现为个人对个人模式(C2C 模式)、企业对个人模式(B2C 模式)以及销售代理模式。① C2C 模式主要体现为个体形态下的微信用户、QQ 用户和微博用户分别通过朋友圈、QQ 空间和微博发布自身所售商品相关信息并进行交易的情形。B2C 模式则是指企业运营的微信、QQ 和微博用户借助自身极大的粉丝储量,通过微信公众号、QQ 空间认证以及微博认证的账号发布所售产品相关信息并完成交易的情形。销售代理模式则体现为贝店模式和云集微店式的销售模式,由特定群体将相关产品信息转发至自身社交圈内,实现产品销售并获得相关佣金的交易形态。因而,数字经济时代下的社交电商既体现为对数字经济、大数据等高新科技的依赖,更体现为科技为个体带来的社交裂变能力。

四、个体社交电商经营场所的虚拟性

传统实体性交易形态下,卖方需要完成交易,应当以实体性的交易场所进行产品展示和销售,通过实体性广告实现产品的宣传并通过产品的现实交付来完成整个交易链。与传统实体性交易显著不同的是,社交电商借助网络的方式完成交易所需的广告行为、交付行为和对价获取行为。社交电商的虚拟性可以使销售方无须具备实体性的交易场所,只需借助具有社交功能的移动通信工具和通信网络,便可实现与多个消费者的交易。② 而且其广告行为也可以借助朋友圈、QQ 空间和微博等网络社区的转发互动行为完成。相对于传统广告方式而言,社交裂变式的广告传播方式更具有传播速度、传播数量和传播质量上的优势。电子商务市场因其没有实地性的交易场所和实物性的交易设施,而被称为虚拟市场,通过虚拟的场所和经营设施改变了传统商事交易的规则和体系。③ 社交电商的经营场所虚拟性是其有别于传统商主体的重要特征之一。

---

① 罗昆、高郦梅:《电子商务立法视野下的微商传销界定问题研究》,载《时代法学》2017 年第 4 期。
② 王婷婷、侯欢:《大数据时代电子商务征纳税面临的挑战与应对》,载《当代经济管理》2015 年第 8 期。
③ 赵旭东:《电子商务主体注册登记之辩》,载《清华法学》2017 年第 4 期。

第三节 个体社交电商对商主体体系的挑战

一、对商主体资格判定标准的挑战

个人网店以及微商、贝店店主等新型社交电商的大量出现对传统商主体资格的判断标准提出了挑战。根据国家市场监督管理总局综合规划司的统计数据,2018年1月至9月,全国新增市场主体1561.6万户,同比增长10.4%,截至2018年9月底,全国实际存在的市场主体已达到1.06亿户,商事制度改革以来,新设立市场主体已占市场主体总数的73%,且新市场主体的涌现不断激发市场活力与创造力。① 截至2022年6月底,全国登记在册的市场主体共1.61亿户,较2021年年底增长4.4%。需要指出的是,该统计数据是针对已经登记的商主体,尚未包括新增加的各类未登记的个体社交电商。相关研究数据表明,个人层面的新型经营主体将会不断涌现,从而会对现行商主体资格的判断标准构成严峻挑战,重释或重构商主体制度判断标准成为亟待解决的课题。

(一) 商主体资格的现有判断标准

现有理论和制度总体上是采用"营利性目的(实质要件)+营业登记外观(形式要件)"的基本范式来构建商主体资格判断标准。这种实质要件+形式要件的立法模式使得商主体法定不仅成为学界通说②,而且也成为实际立法中坚持的原则。"营利性目的"尽管被视为民事主体与商主体界分的实质性标准,但由于对其的甄别判断缺乏可操作的客观标准,反而无法在制度设计和实施中充分发挥作用。由此,在实在法上,将商主体从民事主体中区分出来的手段实际上就全部落在了形式要件上,为了简便易行,我国现行民商事

---

① 《2018年前三季度市场环境形势分析报告》,http://www.saic.gov.cn/zhghs/schjxsfx/201902/t20190227_291491.html,最后访问时间:2019年6月14日。
② 这种商主体类型法定,立法上体现为我国《公司登记管理条例》《合伙企业法》《个人独资企业法》和国务院《无证无照经营查处办法》等法律法规规定的相关商主体必须进行登记,否则不得以相关商事主体的名义从事商事法律行为。学界通说则体现为大量学者对于商主体法定原则的坚持,参见赵学刚:《商法学》,西南师范大学出版社2011年版,第5页;徐强胜:《商法导论》,法律出版社2013年版,第115页;魏国君、林懿欣、朱莉:《商法学》,大连海事大学出版社2014年版,第23页;范健、王建文:《商法学》(第四版),法律出版社2015年版,第8页;王作全:《商法学》(第四版),北京大学出版社2018年版,第8页;覃有土主编:《商法学》(第七版),中国政法大学出版社2019年版,第7页;史正保主编:《商法学》(第二版),经济科学出版社2016年版,第9页。

立法中,从基本法到单行法均对商主体资格的取得采取了强制登记主义立场,不论其规模大小、形态如何。这种理念也在数字经济时代的管理思维上打下了深深的烙印并对相关规范的制定产生了较大的影响。例如,2017年1月由数个权威组织联合起草的《微商行业规范》(征求意见稿)便有所体现,该文件关于"主体登记及备案"的内容明确要求:"微商服务者应当依法办理工商登记。依法需要取得行政许可或备案的,应当取得有关行政许可或按规定履行备案程序。""从事微商服务的自然人,具备登记注册条件的,依法办理工商登记。"因此,现有的商主体资格判定标准使得立法难以为新的商事制度创新留下足够的制度创新空间,极大限制了商事立法的"活跃性"和制度包容性。

学理上对于商主体资格的认定主要存在三要件说、六要件说、七要件说。三要件说认为,商人识别依"实施商行为、以实施商行为作为职业、以自己的名义实施商行为"。① 六要件说认为商主体由行为和经营、职业、财产、组织、注册以及经营方式构成。② 七要件说认为,商主体资格的取得应具备职业、行为和经营活动、财产、组织、名义、经营方式以及登记这七个要件。③ 而立法上对于商主体资格的认定则因为我国商法典以及商事法律规范的欠缺,而并无统一的认定标准,这一结果就导致我国对于新生市场主体难以或者无法将其纳入现行立法,进而导致其法律地位处于模棱两可之状态。④ 当然,对于学理和立法的探讨和规定,其他各项要件均无太大争议,唯财产标准、登记标准以及职业标准在社交电商盛行的背景下仍有进一步探讨之余地。

(二)社交电商背景下商主体资格认定之挑战

1. 社交电商背景下财产标准之检视

商主体相较于民事主体而言,必须经过相应的程序或具备相应的条件方能拥有商主体资格,其中之一就是财产条件。例如,有学者认为,拥有一定数额的财产是成为商主体的前提之一,这些财产一可作为商主体运营之前提条件,二可作为交易相对人之保障。⑤ 拥有一定财产是市场合格主体的保证,只有获得相对应的营业财产,商人才能形成经营能力。⑥ 但是,在社交电商

---

① 施天涛:《商人概念的继受与商主体的二元结构》,载《政法论坛》2018年第3期。
② 任先行、周林彬:《比较商法导论》,北京大学出版社2000年版,第216—217页。
③ 范健、王建文:《商主体论纲》,载《南京大学法律评论》2003年第1期。
④ 王冬梅:《网络个体经营者的法律问题及其立法建议》,载《西南大学学报(社会科学版)》2017年第2期。
⑤ 范健、王建文:《商主体论纲》,载《南京大学法律评论》2003年第1期。
⑥ 童列春:《商法学基础理论建构:以商人身份化、行为制度化、财产功能化为基点》,法律出版社2008年版,第199页。

盛行的时代,以财产标准作为验证商主体资格的条件受到现实的冲击。贝店模式和云集微店模式之下的店主相较于传统店主,除经营场所上具备虚拟性之外,尚存一特殊性,即该两种模式下的营业场所内并不具有相应的实物商品,而是由经营主体利用移动社交客户端或者其他网络社区转发商品链接完成商品推销,而商品的前期准备、发货以及后期的客服等环节均由贝店进行,当商品销售之后,由店主获取相应的佣金(流程可参见图3.4)。也就是说,该种模式下的经营主体并未拥有自身的实体性商品,也无须承担商品销售之后的服务责任即可以实现营利之目的的交易活动。这类营业模式与传统理论和立法要求的经营主体应当具备相应的财产和投资之观念形成了鲜明反差,从而使现行理论与立法之规定陷入解释力不足的困境。

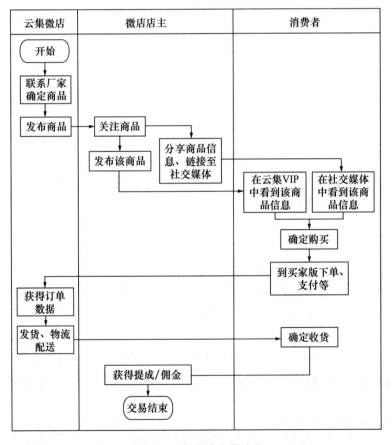

图 3.4　云集微店交易流程

资料来源:《从云集微店出发,"社交电商"是噱头还是模式创新?》:http://www.woshipm.com/operate/815498.html。

2. 社交电商背景下登记制度之检视

（1）理论层面上的商主体登记制度

商主体资格之取得不仅与财产密切相关，程序性要求的完成也是取得商主体资格之关键所在，而此程序性事项主要是指商主体的登记要求。在"营利性目的"+"登记外观"的范式下，进行商事登记成为商事主体获取商主体资格必不可少的条件和程序。理论界也普遍认为，商主体不同于一般民事主体的原因之一体现为：商主体作为法律拟制主体，遵循主体法定原则，只有经过登记核准并取得营业资格之后才能进行经营活动。[①] 不论是公司、合伙企业还是个人独资企业的设立，均应按照相关规定履行登记程序，否则不得以相应的名义从事商事活动。[②]

（2）立法层面上的商主体登记制度

从《民法典》的规定来看，与个体社交电商形式相匹配的商主体法定形态仅有个体工商户和农村承包经营户。根据《民法典》第 54 条之规定，"自然人从事工商业经营，经依法登记，为个体工商户。个体工商户可以起字号"。对于农村承包经营户则应依《民法典》第 55 条以及《农村土地承包法》第 24 条之规定，经国家有关机关统一登记并向承包方颁发土地承包经营权证或林地权证等证书，并经过登记造册，确认土地承包经营权之后方可成为农村土地承包经营户。在《民法典》的制定过程中，既有人赞同不再规定个体工商户制度，也有人认为个体工商户数量巨大，而当前的网络交易中，大量存在的网络店铺经营主体多为个体工商户，因此，《民法典》有必要对这一制度作出规定。由此可以看出，《民法典》继续规定个体工商户的原因之一是社交电商的大量存在。换个角度说，能够较好地容纳社交电商这一主体的个体工商户和农村承包经营户也要求社交电商应当进行登记，这一规定在《个体工商户条例》第 8 条中亦得到了体现。[③] 从社交电商层面的专门立法来看，《网络交易管理办法》第 7 条以及《电子商务法》第 10 条也规定从事电子

[①] 刘凯湘、赵心泽：《论商主体资格之取得要件及其表现形式》，载《广东社会科学》2014 年第 2 期。

[②] 肖海军：《我国商事登记豁免制度的构建》，载《法学》2018 年第 4 期。

[③] 《个体工商户条例》第 8 条规定："申请登记为个体工商户，应当向经营场所所在地登记机关申请注册登记。申请人应当提交登记申请书、身份证明和经营场所证明。个体工商户登记事项包括经营者姓名和住所、组成形式、经营范围、经营场所。个体工商户使用名称的，名称作为登记事项。"

商务经营活动的经营者应当依法办理市场主体登记。①

(3)强制登记主义的反思

承上而言,既有理论和制度采用"营利性目的(实质要件)+营业登记外观(形式要件)"作为商主体资格判断标准,但在数字经济时代,私法主体"由民化商"的途径和频率大大增加,"营利性目的"的判断与强制登记主义的实施都面临诸多实践难题,现有判断标准不能提供未登记的事实经营者的商主体资格的判断依据。根据中国互联网协会微商工作组发布的《2016年中国微商行业发展报告》显示,2014年至2016年微商从业人员分别达到1024.1万人、1257.4万人以及1535.2万人,其中2016年相较2015年新增加微商从业人员277.8万人,增长率为22.1%。② 截至2020年,微商行业的从业人员达到了1.3亿人之多。如此巨大的增速得益于移动社交应用和信息技术的不断推进,技术的飞速发展为自然人从事商事活动提供了极大的便利与机会,大量未经商事登记而以营利为目的的主体通过微信、QQ和微博等社交应用推销产品并获取利润而成为事实商主体。而这种事实商主体却因立法和理论之滞后而得不到相应的规制,特别是营业自由在当前得到广泛讨论和肯认的背景下③,登记制度是否仍应作为商主体判断之标准或获取商主体资格之前提,还是应根据实践所需进行调适成为当下亟待解决的课题。

3. 社交电商背景下职业标准之检视

持续性地从事以营利为目的的商行为是商主体判断的又一特征,这一特征被学界称之为以商行为为职业。并非所有实施商行为的主体皆为商主体,仅偶然开展商事活动的主体并非商事主体,只有经常实施商行为,并将之作为持续性职业的人才可称之为商事主体。④ 作为商主体类型之一的商个人,

---

① 《网络交易管理办法》第7条规定:"从事网络商品交易及有关服务的经营者,应当依法办理工商登记。从事网络商品交易的自然人,应当通过第三方交易平台开展经营活动,并向第三方交易平台提交其姓名、地址、有效身份证明、有效联系方式等真实身份信息。具备登记注册条件的,依法办理工商登记。从事网络商品交易及有关服务的经营者销售的商品或者提供的服务属于法律、行政法规或者国务院决定规定应当取得行政许可的,应当依法取得有关许可。"《电子商务法》第10条规定:"电子商务经营者应当依法办理市场主体登记。但是,个人销售自产农副产品、家庭手工业产品,个人利用自己的技能从事依法无须取得许可的便民劳务活动和零星小额交易活动,以及依照法律、行政法规不需要进行登记的除外。"

② 转引自艾瑞咨询:《2017年中国微商行业研究报告》,http://report.iresearch.cn/report_pdf.aspx?id=2985,最后访问时间:2019年6月13日。

③ 关于营业自由的讨论,参见肖海军:《营业权论》,法律出版社2007年版;周林彬、关欣荣:《论营业行为的商法安排》,载《学术论坛》2019年第1期;顾功耘、胡改蓉:《营业自由与国家干预交织下商主体营业资格之维度分析》,载《政治与法律》2011年第11期;徐喜荣:《营业:商法建构之脊梁——域外立法及学说对中国的启示》,载《政治与法律》2012年第11期等。

④ 施天涛:《商法学》(第五版),法律出版社2018年版,第39页。

其实质性特征包括实施营业、以营业为职业且以自己名义为自己的利益从事营业活动。① 简言之,要成为商事主体,营业行为应当具有持续性而非偶然性。在社交电商时代,这一标准的可适用性则颇值商榷。部分社交电商,如贝店店主、代购和微商等主体是利用自身空闲时间转发产品相关信息或者从事代购行为,而该类行为仅作为其副业,该类主体是否能够称之为商主体,还有待于对持续性和偶然性从事商行为进行判断。具体而言,在代购行业中固然存在大量以代购为职业的主体,但是也存在不少留学生群体,在自身课业之余从事代购行为,此为经常性或偶然性难以判断。再如,云集微商平台之店主,这类社群型社交电商平台多针对各类"宝妈一族",利用其较大的群体特性和时间上的空余特征不断扩大平台的客户群体,而在时间有余的情况下从事商品链接的转发并从中获利可否被定义为"经常性职业行为"?依照现行立法和理论不无疑问。因此,职业性标准的判断在社交电商盛行的当前亦需进行进一步探讨。

二、对既有商个人法定形态的挑战

传统商法理论将商个人作为和商合伙、商法人并列的一种商主体类型。也有学者将其称为商自然人、个人营业,是指具有商事权利能力和商事行为能力,独立从事商行为,依法承担商法上的权利和义务的自然人。② 主流的商法教科书上一般认为,在我国立法中,商个人的具体形态为个体工商户、农村承包经营户和个人独资企业。《民法典》在"自然人"一章继续保留了"个体工商户"和"农村承包经营户"两种类型,而将"个人独资企业"规定在了"非法人组织"项下。由此可见,暂时将是否属于商主体仍存争议的"农村承包经营户"搁置一边,由《民法典》明确列示的商个人的法定类型仅限于"个体工商户"一种,根据《民法典》的规定,由自然人转化为"个体工商户"的法律路径是"自然人从事工商业经营,经依法登记,为个体工商户"。2018年11月9日司法部公开征求意见的《个体工商户条例(修订送审稿)》第2条也采取了类似规定:"公民从事工商业经营,依照本条例规定,经市场监督管理部门登记的,为个体工商户"。

据此不难发现,在个人众创化趋势不断扩展的情况下,现有法律体系下的商个人类型至少面临以下困境:一是无法包容存在已久的"流动摊贩",诚如有学者所言,个体摊贩并非我国独有,他们是存在于各国或地区的一类特殊市场主体,在我国,由于未经登记的市场主体无法取得营业执照,因而这类

---

① 李建伟:《对我国商个人立法的分析与反思》,载《政法论坛》2009年第5期。
② 樊涛、王延川:《商法总论》,知识产权出版社2006年版,第222页。

个体摊贩长期处于"非法"地位,随时被查处、取缔,与城管执法人员的恶性冲突事件时有发生。① 二是无法包容数字经济时代兴起的各类电商,特别是社交电商。《电子商务法》第 9 条将"电子商务经营者"区分为电子商务平台经营者、平台内经营者和其他电子商务经营者,虽然在概念使用上似乎可以将"社交电商"涵盖其中,但其关于主体资格取得所沿用的强制登记主义和极为有限的豁免登记范围依然会将绝大多数事实经营者排除在外。

---

① 李建伟:《民法典编纂背景下商个人制度结构的立法表达》,载《政法论坛》2018 年第 6 期。

第四章　公司集团化及其对商主体体系的挑战

现代经济的特征是存在着大量的大规模企业网络,在这些企业网络中,整个商业活动被一部分、一部分地分配给了多个直接或间接从属于一个大的联合经济体的法律意义上的独立公司。易言之,小规模个体公司间的相互争夺、各自为政的原子化时代已经逐渐成为过去时,如今正逐步迈入的是由大型企业主导着金融和商业活动、拥有巨大经济能力的时代,不论是国内抑或是国际型大型企业,它们的典型组织结构都难以归类为法律概念中的"独立实体",而是由母公司以唯一股东或控股股东身份控制多个单独设立的子公司而形成的公司集团。本部分将对公司集团化发展的基本状况、主体特征及其对既有商主体体系理论与制度带来的挑战进行探析。

第一节　公司集团化发展的基本状况

一、公司集团已成现代市场主导力量

在传统的公司法理论中,"公司"通常被描述为一个"独立的"实体或法人,它们能够通过自身的组织机构设计实现有效"自治",董事和高管对公司负有信义义务,致力于在法律许可的范围内实现公司利益最大化。据此,"个体自治公司"成为公司法所确立的典型公司形态,无论有限责任公司或者股份有限公司概莫能外。即便是一家公司被另一家公司实际控制,公司法也依然严格恪守着独立法人的原则,将这种情形描绘为母公司与子公司的关系,并未放弃子公司的法人独立性,母公司仅仅能基于股东身份而对子公司行使权利。典型公司形态的"理想模型"是基于以下假设而展开:一是公司独立,即公司是一个独立的经济体和法律主体;二是股权分散,即公司的股权或股份分散于大量的个体股东,他们旨在获得最佳投资回报而缺乏独立影响力;三是专业管理,即公司由一群专业的代理人所管理(非所有权人管理者),他们致力于从事符合公司最佳利益的经营活动。理论上认为,在这种模式下,由每一位投资者所持有的小额投票权可以确保公司内部关系的和谐

和个体投资者利益的平衡,同样也可以保障诸如债权人和职工等其他相关者的正当利益。

　　然而,传统公司法理论中的这种原子态的公司"原型"却并未彰显真实的市场实践景象。现代经济的特征是存在着大量的大规模企业网络,在这些企业网络中,整个商业活动被一部分、一部分地分配给了多个直接或间接从属于一个大的联合经济体的法律意义上的独立公司。事实上,在欧美地区,早在20世纪二三十年代,独立公司就已不再是公司组织的最重要的样态,商业领域已经由国内以及跨国的复杂公司集团所主导。后期的亚洲地区也不例外,有研究指出,韩国公司治理的决定性特征是"财阀"主导性,所谓"财阀"即是由一组附属公司组成的集团,虽然它们在法律上独立,但又交叉持股紧密联系在一起。这种集团通常由控股股东或家族控制,交叉所有权的战略使用导致控股股东对关联公司行使的表决权大大超过了其在公司中的经济性利益。① 故而,在现代化的市场背景下,小规模个体公司间的相互争夺与各自为政的原子化时代早已逝去,现已迈入了大量大型企业主导着金融与商业活动、拥有巨大经济影响力的时代,不论是一国之内的企业还是跨越国界的大型企业,从它们的典型组织构造来看,均难以再将它们视为法律概念中的"独立实体",而应是由母公司以唯一股东或控股股东身份控制多个单独设立的子公司而形成的公司集团。② 这些企业网络中大量存在的公司间的控制现象昭示出公司法上典型公司形态的"理想模型"所面临的主要危机。诚如有学者所言,"我们谈论、讲授、适用和制定公司法,但如今的主要实体已不是公司,而是公司集团"③。"纸面的法"与市场现实的背离程度由此可见一斑。

二、不同法域公司集团制度差异显著

　　现代企业能够以不同的方式组织运营,从市场实践看,仅仅只使用自有劳动力开展工作的综合性公司较为罕见,更为常见的是通过商业代理或指定经销商的分销。随着公司规模的扩大,开始设立分支机构,尤其是在跨境贸易中,往往设立独立的公司作为公司的子公司,由此形成跨国公司集团。公

---

① A. C. Pritchard, "Monitoring of Corporate Groups by Independent Directors", 9 *Journal of Korean Law*, 1-25(2009).
② John H. Matheson, "The Modern Law of Corporate Groups: An Empirical Study of Piercing the Corporate Veil in the Parent-Subsidiary Context", 87 *North Carolina Law Review*, 1091-1156 (2008-2009).
③ Mervyn E. Bennun & Christopher Gardner-Thorpe, "Multinationals and the Antiquities of Company Law", 47 *Modern Law Review*, 87-98 (1983).

司集团是一种重要的企业组织形式,普遍存在于世界各国的商事实践中,它借助于控制关系、产权关系和商务合作等形式将原本各自独立的企业联结在一起,形成结构复杂的企业组织。公司集团在优化资源配置、缓解外部资本市场融资约束、分散风险、创造范围经济等方面都具有得天独厚的优势。长期以来,公司集团在世界各国,尤其是新兴经济体国家中,扮演着重要的角色。① 由分布于不同行业的、具备独立法人资格的公司企业所组成的公司集团在上述新兴市场比比皆是。即便在全球分布广泛的公司集团之间具有一定的相似性,但同时也在结构和所有权等方面呈现出较大差异。② 在美国,拥有全资子公司的集团很常见。在欧洲大陆,母公司对子公司的持股数量通常较少,仅足以维持控制权。一些集团拥有金字塔构造控股结构,即由层层控制的子公司和再下级公司等不同层次形成非常复杂的层级化集团网络,在欧洲非常常见。集团的运作方式非常不同:一些集团由母公司从顶层紧紧地控制,而另一些集团则松散地与大部分自主的利润中心结合在一起,有时集团内部竞争也非常激烈。

公司集团具有不同的法律形式,这取决于不同司法管辖区各异的公司法律形式,在法律上,集团的概念取决于母公司控制的法律界定。控制的法律概念因监管的目的而有所不同。基于会计和税务监管目的,一些国家也在一般公司法中规定至少持有51%的股权的正式控制作为法定标准。基于反垄断目的或者如德国等采取了特殊集团立法的国家,一般采用实质性控制概念,在这种情况下,考虑到股东结构、投票行为和其他经济事实,形式上的经济性控制程度可能低于50%。③

三、我国公司集团化发展的势头迅猛

我国政府在20世纪80年代中期便开始鼓励公司企业形成集团形式。最早出台的明确给出企业集团定义的国家政策性文件是1987年12月16日印发的《国家体改委、国家经委关于组建和发展企业集团的几点意见》,在该文件中,企业集团被明确定义为适应社会主义有计划商品经济和社会化大生产的客观需要而出现的一种具有多层次组织结构的经济组织。除此之外,该

---

① 刘笃池:《企业集团商业模式创新的经济绩效——基于管控模式的视角》,载《中南大学学报(社会科学版)》2017年第1期。
② Tarun Khanna、Yishay Yafeh、陈文婷:《新兴市场的企业集团:是典范还是寄生虫?(上)》,载《管理世界》2010年第5期。
③ Klaus J. Hopt, "Groups of Companies—A Comparative Study on the Economics, Law and Regulation of Corporate Groups" (January 21, 2015), in Jeffrey Gordon/Georg Ringe, eds., *Oxford Handbook of Corporate Law and Governance*, Oxford University Press, 2015.

文件还明确提出企业集团是具有法人资格的经济实体,它能够实现自主经营、独立核算、自负盈亏及承担经济责任等。① 1991年,国务院发布了《国务院批转国家计委、国家体改委、国务院生产办公室关于选择一批大型企业集团进行试点请示的通知》(国发〔1991〕71号),该文件再度出现了关于企业集团问题的内容,从该文件内容来看,企业集团的重要作用再次得到了认可,在该文件中企业集团被界定为一种新的经济组织。② 此后,国家工商总局又于1998年制定了《企业集团登记管理暂行规定》(工商企字〔1998〕第59号),该文件对企业集团予以了新的定义。与此前文件不同的是,企业集团在该文件中被定位为由母子公司、参股公司及其他成员企业、机构所构成的企业法人联合体,而且文件明确提出企业集团并不具有法人资格。③ 从实践中看,目前我国企业集团主要包括两种类型,即由政府主导组建的企业集团和民营经济扩张过程中形成的企业集团。④ 虽然两种企业集团的形成方式存在差异,但从形式层面来看,不论是国有企业还是私营企业,它们在企业集团中采取的组织架构均为"金字塔"型的组织架构。该种组织架构有其天然优势,对于国有企业来说,这种架构能使政府实现不出售所有权便可分散决策权的目的;对于私营企业来说,该种组织架构能够有效缓解外部融资的约束。⑤

我国公司法的自由取向变革和国家与地方层面的相关政策也有助于公司集团的产生,主要体现在:(1) 投资管制的放松。2005年《公司法》已经出台了一些自由取向的措施,例如,母公司对子公司的再投资不再限于母公司净资产的50%;公司被允许作为合伙人,虽然国有公司和上市公司只能担任有限合伙人,但可以作为一人公司成立,也可以反过来设立一人公司形态的子公司。(2) 设立制度的变革。例如,取消了最低注册资本的一般性要求;资本制度改为认缴制,发起人股东可以自由决定公司章程中的出资时间表。

---

① 《国家体改委、国家经委关于组建和发展企业集团的几点意见》(体改生字〔1987〕78号)第1条规定:"企业集团是适应社会主义有计划商品经济和社会化大生产的客观需要而出现的一种具有多层次组织结构的经济组织,它的核心层是自主经营、独立核算、自负盈亏、照章纳税、能够承担经济责任、具有法人资格的经济实体。"
② 文件明确提出:"企业集团是适应我国社会主义有计划商品经济和社会化大生产的客观需要而出现的一种新的经济组织。"参见《国务院批转国家计委、国家体改委、国务院生产办公室关于选择一批大型企业集团进行试点请示的通知》(国发〔1991〕71号)。
③ 《企业集团登记管理暂行规定》(工商企字〔1998〕第59号)第3条规定:"企业集团是指以资本为主要联结纽带的母子公司为主体,以集团章程为共同行为规范的母公司、子公司、参股公司及其他成员企业或机构共同组成的具有一定规模的企业法人联合体。企业集团不具有企业法人资格。"
④ 杨大可:《比较法视野下我国企业集团立法模式选择》,载《同济大学学报(社会科学版)》2016年第6期。
⑤ 董晓洁、陈欣、纳超洪:《企业集团、纵向关联与社会责任披露的关系研究》,载《管理学报》2017年第10期。

(3) 政策层面的鼓励。中央政府和地方政府都鼓励公司集团的发展。例如，四川省于 2010 年出台了《四川省人民政府关于推进大企业大集团加快发展的意见》，提出要"推动培育企业战略联合和兼并重组"。并于 2021 年出台了《四川省激励工业领域大企业大集团跨越发展暂行办法》，提出要加快做大做强工业领域企业（集团），发展一批"领航"企业、"头部"企业和"链主"企业。

从市场实践看，中国现代市场经济发展的历程虽然短暂，但形形色色的公司集团却迅速崛起，这在市场实践中早已司空见惯。诚如有学者所言，在恰逢经济全球化浪潮和经济转轨期相互交叉的我国，企业集团化正在迎来高峰期的浪潮。[①] 通过"企查查"，以"集团"作为关键词检索企业名，显示的查询结果为 889748 家符合条件的企业；以"集团公司"作为关键词检索企业名，显示的查询结果为 889748 家符合条件的企业；以"集团有限公司"作为关键词检索企业名，显示的查询结果为 705992 家符合条件的企业；以"集团有限责任公司"作为关键词检索企业名，显示的查询结果为 67464 家符合条件的企业；以"集团股份有限公司"作为关键词检索企业名，显示的查询结果为 46176 家符合条件的企业。[②]

公司集团的普遍存在也能够在上市公司中最直观地反映出来，基于年报披露信息可以发现，中国沪、深、北交易所数千家上市公司乃至新三板的挂牌公司几乎都是公司集团的成员。另外，也可以通过一些其他信息来反映集团存在的普遍性。比如，上市公司被母公司直接或间接掏空的现象屡见不鲜。以华泽钴镍为例，根据中国证监会查明的事实，陕西星王企业集团有限公司通过其旗下的陕西天慕灏锦商贸有限公司、陕西臻泰融佳工贸有限公司长期占用上市公司成都华泽钴镍材料股份有限公司的资金高达 15 亿元[③]，华泽钴镍连续四年巨亏，被媒体戏谑为"中国最穷上市公司"，沦落到被强制退市的边缘。再比如，2017 年以来，山东齐星集团、山东晨曦集团、山东瑞星集团、山东永泰集团、浙江金盾集团、渤海钢铁集团相继申请破产。以齐星集团为例，该集团于 2017 年 3 月出现了债务危机，资金链断裂、数额高至 71 亿余元的信贷风险敞口导致银行贷款难以偿还等负面信息不断出现。山东齐星铁塔科技股份有限公司是由齐星集团所控股的公司，该公司成功于 2010 年 2 月 10 日在深圳证券交易所挂牌上市（股票代码 002359）。不过，齐星集团债

---

① 孙晋、廉静韵：《企业集团在反垄断法中的主体地位之界定》，载《上海财经大学学报》2010 年第 1 期。

② 资料来源：https://www.qichacha.com/? utm_source = baidu&utm_medium = cpc&utm_term =%E4%BC%81%E4%B8%9A1，最后访问时间：2024 年 6 月 10 日。

③ 参见中国证券监督管理委员会 2018 年 1 月 23 日公布的〔2018〕8 号行政处罚决定书。

务危机的爆发使得该集团对齐星铁塔科技公司的控股权也被法院强制性转让,随后改名为北讯集团股份有限公司。受到齐星集团债务危机影响的不仅限于齐星铁塔科技公司,与该集团存在着担保关系的西王集团也很快受到影响,西王集团唯一于 A 股上市的公司——西王食品的股票价格也在齐星集团债务危机爆发后应声数次跌停。2017 年 10 月 20 日,山东省邹平县人民法院作出裁定:包括齐星集团有限公司在内的 27 家公司合并重整,并指定齐星集团有限公司管理人担任这 27 家公司合并重整的管理人。①

第二节 公司集团化引发的关系异变与治理需求

一、公司集团化引发的关系异变

(一)控制公司的权利:"股权"异变为"控制权"

在传统公司法理论与制度中,股权是整个公司法律体系展开的起点与核心。虽然对控制权有所关注,但其仍然是一个未予充分阐明的难题。仅就控制权的法律内涵来看,理论观点就莫衷一是,有学者认为公司控制权是一组权利或"权利束"②,有学者认为公司控制权是控制人对公司重大事务的决定权③,还有学者认为"股东控制权是私法上的权力,本质上属于不平等的纵向支配公司决策和经营活动的法律关系"④,"这种权力属于事实权力"⑤。立法上对于控制权的回应则是被动消极的⑥,所关注的侧重点主要在于解决控制人利用其支配地位肆意攫取"控制权私利"而引发新的代理问题⑦,因而致力于将控制权的行使限定在"股权"范畴内,一旦超出,就可能构成法律禁止的滥用情形。换言之,在传统公司法框架下,一家公司即使全资持有另一家公司的全部股权,其也只不过是所持股公司的股东而已,仅具有公司法上的股东地位,至于其在所持股公司的利益诉求,他们仅可通过行使股东权利的

---

① 参见 2018 年 7 月 16 日山东省邹平县人民法院(2017)鲁 1626 破 1 至 11 号、13 号、15 至 29 号民事裁定书。
② 林全玲、胡智强:《公司控制权的法律保障初论》,载《社会科学辑刊》2009 年第 4 期。
③ 钟瑞庆:《论公司控制权概念的法理基础》,载《社会科学》2010 年第 6 期。
④ 郭富青:《论控制股东控制权的性质及其合理配置》,载《南京大学学报(哲学·人文科学·社会科学版)》2011 年第 2 期。
⑤ 郭富青:《论公司实际控制权:性质·渊源·法律导向》,载《甘肃政法学院学报》2011 年第 1 期。
⑥ 在中国现行公司法中,"控制"并没有被明确表述为一种"权"。
⑦ 汪青松:《股份公司控制权集中及其对公司治理的影响》,载《东北大学学报(社会科学版)》2011 年第 2 期。

方式来实现。但在公司集团情境下,控制公司却拥有对从属公司的经营管理直接发号施令的"超股东权",因此,控制公司的地位已经显著不同于公司法上所描述的"股东",其所拥有和行使的权利也不再是单纯意义上的"股权",而是控制性的股东权和经营管理权结合而成的"控制权"。

(二) 控制公司管理层信义义务指向:从本公司扩展至从属公司

在大型公司集团中,永远不可能完全避免从属公司层面的不当行为,例如世界范围内曾经广泛发生并仍不断上演的各种公司丑闻。法律上所要考虑的一个重要问题是:如果从属公司层面发生了这样的不当行为,控制公司及其管理层是否需要承担管理责任? 如果需要,传统公司法上的信义义务的对象范围就应当进行扩展。这方面的一个典型案例是巴林银行的判决。巴林银行于 1995 年倒闭,原因是一家巴林子公司的总经理兼衍生品交易员从事未经授权的交易给该银行造成了巨大损失。这一交易显示出巴林银行内部控制和风险管理方面所存在的缺陷,随后针对巴林集团公司三名执行董事作为公司管理者"不适格"的诉讼获得成功。上诉法院在驳回其中一名董事上诉的意见中,援引了下级法院关于董事监督职责的观点,强调董事有"获取和保持对公司业务的充分知情和理解的持续职责",该案事实表明了这一职责包括对子公司或公司集团的管控。①

控制公司管理层信义义务扩展的依据更多的是源于控制公司行为本身。在能够实现集团内的任何其他成员公司的利益或者是能够实现公司集团的整体利益的情况下,集团内的控制公司可能会和某个从属公司签订利益输送协议,根据这一协议,从属公司可能被迫承担向控制公司或者集团内的其他成员公司转移部分甚至全部的利益。因此,为了保障这种行为的正当性,控制公司的管理层的信义义务的对象不仅应当指向控制公司自身,也应当扩展至每一个从属公司以及整个公司集团。

(三) 从属公司的地位:作为法律实体的独立性大大弱化

公司制度所构建的独立实体的理想公司模型是基于股东与公司利益相一致的假设,一旦出现那些在公司之外从事经营活动的股东获得公司主要的投票权份额的情况,这种理想模型所立足的假设就可能不复存在。从功能主义的视角看,公司归根结底只是一种旨在服务于隐身其后的主体之利益的"法律拟制",在实践中,企业形态正在发生着从工业时代的砖混型

---

① Secretary of State for Trade and Industry v Baker & Others (No 6), [2001] BCC 273, 283 (Morritt LJ).

公司向技术时代的网络化运作的重大变革①,因此,有必要对公司人格理论进行修正。② 尤为特殊的是,与通常情况下的单一股东或者是个体股东相反,公司集团形态下的控制股东有可能会以牺牲自己所控制公司的利益为代价来谋求实现自身的或集团整体的商业利益。因此,在公司集团中,从属公司在法律意义上的独立地位被大大弱化,客观上已不再是一个基于自身独立利益而进行决策和运营的独立主体。

(四)公司集团内的利益冲突:多元性和复杂性进一步加剧

在公司集团中,经营战略与措施通常会超越个体公司来贯彻实施,集团目标可能会与成员公司小股东及其他相关者的利益诉求发生冲突。因此,公司集团中一方面存在传统公司法所关注的股东与管理者之间、控制股东与中小股东之间的委托—代理关系与利益冲突,以及股东(特别是大股东)与债权人之间的利益冲突;另一方面,基于集团整体利益而产生的利益冲突又有别于一般意义上的公司利益冲突,主要体现为控制公司与从属公司之间的利益冲突(终极是集团控制者与中小投资者之间的利益冲突)、集团控制公司与集团各成员公司的债权人之间的利益冲突等。另外,各种利益冲突往往超越个体公司的边界,变得更加隐蔽和间接。由于成员公司自主性的消失,原本作为独立实体的成员公司本身及其小股东和债权人的权益都可能受到来自控制公司的损害。例如,公司集团构造使得关联交易变得极为便利。在代理理论看来,关联交易是作为代理人的控制股东采取多种隐蔽手段来侵夺作为委托人的少数股东之利益的主要方式。换句话说,关联交易是"公司控制者转移资产和利润"的一条康庄大道。③ 正如OECD的相关研究所指出的,许多司法管辖区保护少数股东不受隧道行为损害的力度是不够的。④

二、公司集团化的特殊治理需求

关于公司集团所引发的关系异变充分揭示出个体独立公司的治理框架与公司集团的现实是不一致的。公司集团实践中,控制公司经常对其从属公司实施各种控制措施,包括集团范围内有关经营战略与行动、劳动安全与保

---

① June Carbone & Nancy Levit,"The Death of the Firm",101 *Minnesota Law Review*,963-1030 (2017).

② Stefan J. Padfield,"A New Social Contract:Corporate Personality Theory and the Death of the Firm",101 *Minnesota Law Review Headnotes*,363-381(2017).

③ Bernard S. Black & Conrad S. Ciccotello,"Law and Tunneling",37 *Journal of Corporation Law*,1-49(2011).

④ OECD,*Related Party Transactions and Minority Shareholders Rights*,OECD Publishing,2012.

护以及其他方面的统一政策。公司集团还以多种方式相互协作和支持,例如"资金池"等财务安排。如果公司集团的法律地位不明确,整个集团所呈现的控制性和统一性就会成为公司法上的一个似是而非的问题,每个从属公司和它们的董事与高管将持续性地面对因集团整体利益与个体从属公司及其相关者利益之间的分歧而产生的冲突,并且会因缺乏法律上的明确指引而变得无所适从和陷入责任漩涡。因此,对集团内多元利益冲突加以有效的防范、化解和救济是公司集团特殊治理需求的重心所在。

尽管多数法域的民商事立法和理论研究对公司集团的特殊治理需求保持缄默,但公司集团治理问题在经济学、管理学等领域已经受到持续而广泛的关注。成本经济学的基本观点认为,公司集团代表了一种介于市场和层级制度之间的资源分配的中间形式,或者说是短期契约与紧密实体之间的形式。公司集团通过将更紧密的层级与独立法律实体的优势相结合,可以实现交易成本的最小化。在公司集团中,利润中枢与有限责任彼此分开①,同时依然享有一定程度的组织自主权。不过,鉴于在集团层面进行资产分割的积极福祉效应在实践中是受到质疑的,因此,通过有效的集团治理以便能够实际获得层级/市场结合的益处就变得尤为重要。学者们普遍认识到公司集团相较于以往单个企业的不同之处,它们通常有着更为复杂的产权结构,同时在具体的制度安排上也明显不同②,由此形成的多层次利益关系亟待协调,在契约经济学看来,这需要通过集团中多重契约关系的形成来实现。③ 总体来看,经济学、管理学等领域关于公司集团治理研究的问题指向大概可以概括为三个角度:首先,最受研究者关注的是母子公司利益关系角度,有研究指出,母子公司的利益博弈问题是公司集团治理系统优化问题中的典型代表④,而对母子公司关系的治理可以从内部信息治理的角度加以探究。⑤ 其次是从控制权角度,有研究指出,交叉持股结构下,终极控制人控制权私利水平随集团内控制的公司数量增加而增大,倾向于创建庞大的"企业帝国"⑥;

---

① Henry Hansmann, Reinier H. Kraakman & Richard D. Squire, "Law and the Rise of the Firm", 119 *Harvard Law Review*, 1335-1403 (2006).
② 潘爱玲、吴有红:《企业集团内部控制框架的构建及其应用》,载《中国工业经济》2005 年第 8 期。
③ 李慧、潘爱玲:《企业集团治理与内部控制互动关系的契约经济学分析》,载《社会科学家》2014 年第 5 期。
④ 马胜、周思伟:《企业集团治理中母子公司的利益博弈》,载《求索》2011 年第 4 期。
⑤ 徐元国、章新:《企业集团内部信息治理的成本及收益分析》,载《经济学家》2010 年第 9 期。
⑥ 刘星、付强、郝颖:《终极控制人代理、两权分离模式与控制权私利》,载《系统工程理论与实践》2015 年第 1 期。

中国家族上市公司的隧道效应与终极控制人拥有的控制权比例呈显著正相关。① 最后是从关联关系角度,有研究发现公司集团中纵向关联的存在会削减社会责任披露的意愿,并降低其质量②;另有学者研究表明集团内关联交易、担保、债务是集团内公司风险传染的重要途径③。

公司集团有传统的公司治理问题,特别是代理问题更为复杂和成本高昂。例如,股东的有限责任和公司独立法人人格可能会被公司集团系统地滥用,以反对债权人、中小股东、员工、消费者、税务机关等许多利益相关者。最常见的滥用行为包括不公平的关联交易、未披露和不合理的转让定价、欺诈中小股东、环境污染和劳动权益的侵犯。从利益冲突的角度来说,在传统的个体公司所普遍存在的因两权分离而引发的股东与管理者之间的纵向委托代理冲突之外,公司的集团化可能会导致更为复杂的利益冲突,比如集团整体与个别子公司之间的利益冲突、大股东与小股东之间的横向委托代理冲突、大股东与债权人之间的利益冲突等。尽管子公司在法律上是独立的,但组织法所面临的主要挑战已经转向了核心经济的集中化和企业集团的治理功能。法律所要面对的关键问题在于解决传统的或者是理想的自治公司法律模式与附属公司的现实模式之间的差异或者是分歧,这种差异和分歧是由公司间相互控制的客观事实所带来的。特别需要考虑的问题是公司的一体化、公司的相互控制以及公司集团现象所产生的关系异化与利益失衡问题,这些问题都被聚焦于个体公司的传统公司法所忽略。

现行法律体系下缺少对公司集团结构产生的问题之具体的和有效的调整措施,个别调整规则对于公司集团问题偶有涉及也只是一种附带性的调整。同时,系统性的缺失和个别调整规则的分散性也很显著。从个别调整规则的角度看,公司集团会受到不同法律部门的监管,包括公司法、证券法、反垄断法、税法、会计法和国际法等。尽管中国实践中有大量的公司集团存在,但是,迄今为止既没有针对公司集团的单独制度设计,也没有在公司法中设计针对公司集团治理的专门章节。

鉴于公司集团在全球经济中的主导地位及其对传统法律制度和治理结构所带来的挑战,法律领域对其治理问题少有关注的状况是令人费解的。不过,我们或多或少可以从传统公司法本身来为这种忽视找到些许合理解释。

---

① 唐建荣、朱婷娇:《金字塔控股结构与终极控制者隧道效应研究》,载《商业研究》2017年第5期。
② 董晓洁、陈欣、纳超洪:《企业集团、纵向关联与社会责任披露的关系研究》,载《管理学报》2017年第10期。
③ 纳鹏杰、雨田木子、纳超洪:《企业集团风险传染效应研究——来自集团控股上市公司的经验证据》,载《会计研究》2017年第3期。

一种解释是,传统公司法对公司作为"合同联结"的理解同样包括单个公司实体和大型公司集团。由于公司集团被简单地视为其组成实体的集合,所以在公司法中几乎不需要集团内部实体之间关于内部"合同"的规则,也不需要将公司集团作为一个整体进行指导的规则。有限的此类规则主要局限于特定的规则范畴,如刺穿公司面纱和大股东责任。另一种解释是,公司法的范围仅限于在公司企业出资人之间实现高效的隐性或显性合同,因此,它是"私法"而不是"公法"。除非现行公司法规则阻碍了公司集团内部的有效缔约,否则不需要进一步考虑公司集团的性质。至于对公司集团性质的考虑价值主要与关于"企业权力"的公共政策辩论有关,对企业行为设定界限被认为并非公司法功能之所在,而是其他法律领域的任务,如反垄断、环境、劳工、消费者保护或税法,而不是公司法。[①]

上述单从契约视角看待公司集团的观点显然是极其狭隘的。从法律调整和监管的角度而言,公司集团治理具有不同于个体公司治理的特殊制度需求。从宏观而言,这种制度需求主要体现在以下方面:首先,公司集团需要确认和规范统一管理的法律规则。就普遍情况而言,公司集团中的成员公司的组织结构和治理机制会因加入集团而发生改变。当公司不得不将自己部分的营业活动受制于公司外部管理层所决定的商业目的(统一管理)时,加入一个公司集团就会改变公司的组织结构。从属于控制或依赖关系的公司不会再参与到比其本身地位更高的公司结构中之后却依然像"独立公司"一样自主运作。在公司集团中的公司已经加入了一个更高级的商业组织,成为新的"公司集合体",在这一集合体中,其活动遵循统一的管理,而且商业利益是一致的(公司集团的利益)。因此,面对由一群具有独立法律地位的公司组成的公司集团,立法者和监管机构就必须选择对其进行调整和监管的适当路径。其次,公司集团内部的义务与责任需要进行重构。有学者指出,子公司虽然是独立的法律实体,但也是集团的成员,必须按照集团政策行事,这一事实提出了一个关于母公司对其子公司行为的责任范围的法律问题。[②] 另有学者指出,许多上市公司是集团公司的一部分,它们面临着影响集团治理的特殊挑战。集团治理将涉及平衡集团的利益与集团内各公司的利益,要在

[①] Virginia Harper Ho, "Theories of Corporate Groups: Corporate Identity Reconceived", 42 *Seton Hall Law Review*, 879-951(2012).

[②] Romashchenko Ivan Olehovych, "Contractual Solutions to Problems of Corporate Groups", 2015 *Journal of Eastern European Law*, 180-188 (2015).

这两者之间找到正确的平衡并非易事。① 还有学者指出,在中国启动新一轮国企改革的背景下,公司集团中母子公司债务责任问题的规制日益急迫,但目前对此没有专门的规定。② 因此,公司集团的责任问题被有的学者称为"现代公司法尚未解决的重大问题之一"。③ 最后,公司集团结构下的小股东与债权人利益保护需要通过有针对性的制度设计来加强。

第三节 公司集团的主体特性分析

公司集团在市场实践中往往能够呼风唤雨、以一驭万,但其在法律的视野下究竟是一盘散沙的"乌合之众",还是一个井然有序的"精锐之师",似乎并不明朗。这一问题本身又极其重要,因为其关乎实在法对于公司集团的规制策略与制度供给。若将公司集团视为"乌合之众",则其仅为法律意义上的一种契约关系;若将公司集团视为"精锐之师",则其应当被归为具有整体利益和主体地位的组织实体。从实际状况来看,这一问题的答案似乎不证自明;但从现行立法来看,这一问题的答案又是扑朔迷离。因此,对公司集团整体利益与主体地位正当性的充分阐明与证成,是构建集团治理法律机制的前提和基础。

一、公司集团具有超越于成员公司的整体利益

基于独立实体视角,公司法强调每一个个体公司都有其独立利益,这种利益既区别于其股东的利益,也区别于其他公司的利益;即使一个公司被其他公司控股甚至全资持股,其独立利益也必须得到控股公司的尊重。公司独立利益理念在传统公司法的具体规则设计上有着清晰明确的贯彻和体现。以中国公司法为例,其总则部分就有若干条文反复申明严格保护公司独立利益的立场,比如,"立法目的"中开宗明义"为了保护公司的合法权益",公司"有独立的法人财产",子公司"依法独立承担民事责任",公司的控股股东和实际控制人"不得利用其关联关系损害公司利益"等。立法如此强调个体公司(包括子公司)的独立利益也隐含着对"公司集团作为一个整体拥有区别

---

① Dániel Gergely Szabó & Karsten Engsig Sørensen, "Corporate Governance Codes and Groups of Companies: In Search of Best Practices for Group Governance", 15 *European Company and Financial Law Review*, 697-731(2018).
② 黄辉:《国企改革背景下母子公司债务责任问题的规制逻辑和进路》,载《中外法学》2017年第6期。
③ Jukka Mähönen, "The Pervasive Issue of Liability in Corporate Groups", 13 *European Company Law*, 146-149(2016).

于其成员公司的利益"的否定性立场。然而,强调个体公司的独立利益在传统公司法上虽然是正确的,但却并不符合集团情境下的公司现实。在公司集团中,那些法律上独立的公司在整体上构成了一个经营组织,此类组织所奉行的经营战略和经营政策通常会超越单个公司边界,特别是从属公司可能会受到控制公司的统一管理和支配。因此,集团的利益与集团中的每一个公司的利益是不同的,集团客观上具有自身的整体利益。

公司集团整体利益的客观存在反过来彰显出探究公司集团到底是一种契约关系还是一种组织实体的重要性。尽管迄今为止多数法域的实在法均未明确赋予公司集团以法律主体地位,而是将其作为一种契约关系加以调整,但相对于契约,公司集团实际上更接近于法律意义上的实体。从功能上看,公司集团构造产生的不是交换价值,而是协同价值,因此,公司集团和作为层级的个体公司一样,都是对契约机制的一种更有效率的替代,可以有效避免"契约僵局"。① 申言之,公司集团不同于契约的特点主要体现在:(1) 契约并非公司集团产生的唯一基础,实践中更多的集团是依据持股而形成;(2) 集团内部各公司间的地位并不像合同法规定的那样地位平等,集团内部的层级化更为明显;(3) 集团拥有独立于各个成员公司的利益和目标;(4) 集团强调旨在实现共同目的的协作,必要时甚至会牺牲某些成员公司的独立利益;(5) 集团构造包含了三个层面的关系,即成员公司的内部关系、集团内成员公司间关系、集团外部关系。

进而言之,比照法律上确认主体资格的一般要件,公司集团也具备作为组织实体的坚实客观基础。② 一方面,公司集团具有成为组织实体的实质要件,即集团具有共同目的,尽管集团内各成员公司之间可能存在着各种各样的契约,如投资入股、担保以及其他形式的交易,但在以各成员公司的义务为表征的对价之外,还存在着独立于成员公司的、集团层面的共同目的,正是这种共同目的推动集团从契约关系上升为事实上的组织实体。另一方面,公司集团具有成为组织实体的外观要件,即集团具有为实现共同目的而开展活动所必需的物质基础、名称、机构等。

二、公司集团主体地位在一些法域中得到确认

对公司集团的主体地位予以最为明确规定的首推德国。《德国股份公

---

① Oliver E. Williamson, "The Theory of the Firm as Governance Structure: From Choice to Contract", 16 *The Journal of Economic Perspectives*, 171-195 (2002).
② 从本质上看,契约是基于合意的债的创设,组织则是旨在实现共同目的的实体的创设。关于契约与组织区别与判定的详细论述,请参见汪青松:《主体制度民商合一的中国路径》,载《法学研究》2016 年第 2 期。

司法》第 15 条专门对"关联企业"进行了列举式规定,第 18 条进一步对"康采恩和康采恩企业"进行了界定:"如果一个支配企业和一个或几个从属企业在支配企业的统一领导下合并,就形成了一个康采恩。各单个企业为康采恩企业。"在分则部分则为"康采恩"规定了详尽的调整规范。总体而言,德国的立法策略是为公司集团提供一套兼顾保护与监管目标的复杂规则体系。《葡萄牙公司法》也是将公司集团置于"关联公司"这一大概念之下,该法第 482 条规定"关联公司"包括四种关系形态,即简单的投资关系、相互投资关系、控股关系以及集团公司关系。随后又明确规定了成立和组织公司集团的三种特定方式,包括完全控制、横向集团和从属合同。另外一种确认方式是通过对控制关系的界定来间接承认公司集团的法律地位。如《意大利民法典》第 2359 条专门规定了"受控公司和联合公司",其中,受控公司基于三种方式而形成:一是"另一个公司在本公司例行股东大会上享有可行使的多数表决权",如此一来,该"另一公司"即拥有"控制权";二是"另一个公司在本公司例行股东大会上享有足以产生决定性影响的表决权",这种情形构成"事实控制";三是"根据与另外一个公司订立的特别协议而受其控制的公司",此种情形构成"契约控制"。除此之外,还有一些法域通过典型判例对公司集团的整体利益进行确认。如法国最高法院在 1985 年的一个刑事案件判决中形成了所谓的 *Rozenblum* 规则,该规则建立了在特定条件下对"集团利益抗辩"的承认:首先,必须有公司之间的资本纽带所形成的集团的存在;其次,在集团的公司之间必须具有稳固而有效的营业整合;再次,一个公司对其他公司的经济支持必须有经济补偿,并且不能破坏相关公司之间的相互承诺;最后,由一个公司所提供的支持不能超过其能力,即不能引发其破产的风险。据此,在满足上述条件时,从属公司董事可以基于对集团利益的考虑而作出不利于本公司的决策。

三、我国现行法对公司集团主体资格有所体现

如果放眼民法与公司法之外,不难发现,公司集团的主体资格已经在诸多法律领域获得一定程度的关注和认可。例如,在会计法领域,公司集团是会计法和会计准则的重中之重。《企业财务会计报告条例》第 28 条要求母公司除了编制个别会计报表外,还要编制合并会计报表。合并会计报表旨在确保公司集团的财务透明度,是《企业会计准则第 33 号——合并财务报表》的基本纲要。在税法领域,公司集团实际上已经被作为特别纳税主体,因为大量的主动性的税务筹划活动是与公司集团有关的。2017 年修订的《企业所得税法》第六章涉及根据独立交易原则对公司集团范围内转移定价的特

殊调整。该法第41条第1款规定:"企业与其关联方之间的业务往来,不符合独立交易原则而减少企业或者其关联方应纳税收入或者所得额的,税务机关有权按照合理方法调整。"在竞争法领域,已经将公司集团的组建以及行为纳入调整范畴。《反垄断法》第25条所规定的"经营者集中",除了形式上成为一个法律实体的"合并"之外,还包括"经营者通过取得股权或者资产的方式取得对其他经营者的控制权""经营者通过合同等方式取得对其他经营者的控制权或者能够对其他经营者施加决定性影响"两种情形。从上述立法的规定不难看出,公司集团已经具备了作为组织实体的法律基础,相关法律也已经对集团的独立性予以立法确认和主体资格赋予,遗憾的是,我国现有民商事基本法却缺乏对公司集团主体资格的基础性规定。

第四节 公司集团对商主体体系的挑战

一、公司集团理论制度与实践状况的背离

现行公司法的理论与制度是以个体公司的"独立性"为基础来展开的,但这一基础在很大程度上与多数公司的现实存在状况并不相符,实践中的公司往往是作为一个更大规模的公司集团中的一个成员而存在,其意志形成、财产使用、经营活动都要受制于该公司集团的终极控制机构。由此形成一种令人费解的背离景况:公司集团在现实市场中随处可见,而在中国公司法乃至整个民商法领域,它们却几乎踪迹全无。毋庸置疑,体现规模经济理念的公司集团已经成为"新经济"中占据主导地位的营业性构造,其客观上具有不同于独立个体公司的整体利益和自身特殊的治理机制需求,实在法对此的熟视无睹和置之不理既会导致公司集团缺"规矩"而难成"方圆",更会促使其被用作滥权牟利的工具。从更大的层面来看,公司集团是中国"创新驱动发展""一带一路"和"构建人类命运共同体"等宏伟战略实现的重要载体和媒介,其功能的充分发挥离不开法治化的制度保障。

公司集团整体利益与主体资格正当性的证成有助于我们将其从传统民商法所持的"独立法人"与"契约关系"认知观念的遮盖中显现出来,让我们认识到其有别于简单的契约关系与个体公司的自身特质。公司集团是企业组织结构演变发展的市场产物,其既有规模化、集约化经营的优点,更有掠夺局外股东、滥用从属公司独立人格逃废债务的隐患,对以单个公司为立法原点,以独立人格、有限责任、三权分立为主要特征的传统公司法提出了严重的

挑战。① 因此,对公司集团所引发的不同于传统个体公司的关系异变以及与此相关的特殊治理需求的准确把握,是保障集团治理机制构建的回应性与有效性的重要一环。

二、公司集团对商主体独立性观念的挑战

和世界上大多地区一样,我国现代市场的公司也多是以集团形态存在。关于公司集团能够在发展中国家发展壮大的原因,有学者认为,集团风险共担机制代替了发达市场的部分有益功能,弥补了发展中市场的缺失。② 此种解释自有其道理,但我们也应该看到我国公司集团发展的另一个隐忧,那就是公司集团对市场的替代性功能的发挥缺乏法律制度的有力支撑。我国现行民商事立法将植根于"独立法人"观念的个体自治公司作为"理想模式",这种独立实体视角不能够很好地适应于集合了大量从属公司的、网络化的现代公司集团的治理需求。

(一) 民商事基本法缺乏关于公司集团的积极性调整规则

在我国目前的法律体系下,《民法典》《公司法》基本上忽略了公司集团的客观存在,几乎没有包含任何系统性调整公司集团的法律规则,甚至没有对公司集团的概念使用和界定。换言之,在《民法典》和《公司法》的规则框架下,现代市场经济中高居各种组织形态之上的公司集团俨然成了一种"法外之物"。由于缺乏专门性的规则,在集团内各公司间关系的调整中只能适用《民法典》和《公司法》中针对个体独立公司设计的一般规则。其中,有限的涉及集团内公司间关系的规范主要体现在《民法典》和《公司法》关于"控股股东"和"关联关系"的消极性约束规则中,集团中的控制公司也被作为一般股东看待。例如,控制公司(母公司)应当遵守保护公司财产的基本规则(《公司法》第3条),只能在尊重从属公司(子公司)独立法人资格的前提下基于股东身份而施加其控制性影响(《公司法》第13条),公司经营管理人员违反对公司的信义义务要承担赔偿责任(《公司法》第188条),控制股东对控制公司施加损害性的控制影响也要承担赔偿责任(《公司法》第20条、第23条),等等。与公司法不同的是,我们的破产法已经关注到公司集团存在的事实以及债权人在这一语境下应该得到特别的保护。不过,破产法既无法着力促进公司集团的整体管理,也无法推动公司集团中的成员公司彼此协调统一,而仅能集中于债务的履行。因此,公司集团内的控制和统一管理虽然

---

① 左传卫:《企业结构变迁的法律回应——以企业集团为视角》,载《政法学刊》2011年第1期。
② 韩鹏飞等:《企业集团运行机制研究:掏空、救助还是风险共担?》,载《管理世界》2018年第5期。

客观存在,但我们的现行民商事基本法并没有积极关注这种控制和统一管理所针对的对象及其实施应当附随什么样的义务或者需要分配什么样的责任。某些针对个体独立公司的规则虽对公司集团治理有所影响,但无法真正解决公司集团内部的控制权存在的合理性和行使的规范性问题,也不能为从属公司及其股东和债权人提供法律上的充分保护。易言之,在公司集团情境下,现行民商事立法产生了会危及其自身理论根基和实践效果的监管失衡。

(二) 公司集团整体利益的必要性与正当性被间接否定

与世界上多数法域的公司法一样,我国公司法体系也是建立在典型的自治性个体独立公司的"理想模型"上。虽然公司集团大量客观存在的事实有目共睹,但理论上和实践中都未能对公司集团的法律属性形成清晰一致的共识,如学理上存在"企业群体说""联合体说""集合法人说"等不同观点。1998 年的《企业集团登记管理暂行规定》虽然将企业集团定位为"企业法人联合体",但并未能对企业集团是否具有法律主体地位予以明确,而是通过禁止"以企业集团名义订立经济合同,从事经营活动"的规定间接否定其主体地位和整体利益。《公司法》更是将公司集团关系狭隘地限缩为母子公司视角,用母公司利益来替代集团整体利益;个体公司追求公司利益以外的集团利益也为公司利益最大化原则所间接否定。因为《公司法》明确强调每个公司都拥有自身的独立利益,每一个公司的经营管理者都应该以实现本公司利益最大化为己任,如此一来,追求公司集团的利益就和公司法表述的基本原则相违背。同样以关联交易为例,正如有学者指出的,我国公司法对关联关系的定义虽然借鉴了集团法的一些合理经验,但总体而言偏向单一实体法立场;现行规定对关联交易的正当性标准缺乏系统性的统一安排,也缺乏集团法的法理考量。[①] 公司利益最大化原则也是董事责任规范的核心指向。公司法所规定的董事与高管的信义义务的对象仅限于本公司,如我国《公司法》第 180 条规定董事、监事与高级管理人员"对公司负有忠实义务和勤勉义务"。一旦董事与高管不以本公司利益为考量基点,在执行职务时给公司造成损失的,就可能承担违反信义义务的赔偿责任。

(三) 公司集团价值的负面评价立场不利于推动其健康发展

现行法律中少数基于独立主体的事后救济机制,如法人人格否认、股东代表诉讼制度等,仅仅涉及公司集团关系中的某些方面,但却表现出一种对

---

① 钟凯:《论公司法上关联交易正当性标准及其重构——基于单一实体法与企业集团法的不同考量》,载《江海学刊》2016 年第 5 期。

公司集团存在价值的负面评价立场。这种立场进一步导致公司集团在理论研究中以及司法实践中被异化为一种特别容易侵害中小股东和债权人利益的"有害"构造。从规范文本、研究文献和裁判文书中都能够发现，立法者、学者和法官大多热衷于制定和采取相应的措施来保护受控制的子公司及其小股东和债权人的利益，而对公司集团基于整体利益需要成员公司作出利益让渡的客观需求则置若罔闻。这种对于公司集团的极端视角正体现了现行立法对于公司集团的价值定位，即公司集团对所有成员公司的控制和统一管理的实施会对成员公司造成"重大危险"，而且也会间接地危及债权人的利益。如果将《民法典》和《公司法》之外那些已经承认公司集团法律地位的立法放到一起审视，不难发现一个有趣而值得深思的现象，那就是所有规则设计都意在为集团中的控制公司施加更大的义务和责任，而对其基于集团治理需要的"权力"却三缄其口。换言之，现行立法整体上注重发挥对公司集团的管制功能，却忽略了对公司集团发展非常必要的赋权功能。与此同时，向控制公司施加更大责任的呼声仍然不绝于耳。此种景象向我们展示了另外一种权责不对等，或者说法律对于公司集团的偏颇性对待。

（四）公司集团治理中面临诸多法律风险

公司集团意义上的治理实际上涵盖了三个层面：一是集团内各成员公司内部的治理（相当于传统的公司治理），二是成员公司间关系的治理（集团治理），三是对集团整体的治理（外部治理）。就我国目前公司集团发展与相关法律的客观现状而言，最为重要和紧迫的是构建第二层面的治理机制。法律所要面对的关键问题是解决传统的个体自治公司的"理想模式"与公司集团形态的现实模式之间的差异和分歧，这种差异和分歧是由集团内的公司间的控制与被控制的现实所引发的。因此，公司集团治理法律机制的构建应当致力于实现对两大目标的平衡，即一方面要促进或者至少不妨碍公司之间的集团化整合，另一方面要对因集团化而导致失衡的利益进行矫正。

在经济或商业实践中，控制公司总是要对从属公司实施一定程度的控制。没有这种控制，将缺乏建立公司集团的动力。但是，根据现行法律所特别强调的独立实体和股东有限责任原则，从公司治理和法律规制的角度，必须把控制公司和从属公司作为各自分离和独立的实体，二者应在管理、财务和人力资源方面各自独立。结合前文对我国立法现状的分析不难发现，在我国现行公司法下，公司集团的治理运行面临着以下主要风险：(1) 公司集团缺乏民商事基本法上的明确定位，集团的"集权管理"缺乏合法的正当性基础。(2) 控制公司对从属公司的直接管控权不仅缺乏法律依据，同时也可能构成"滥用股东权利""滥用公司法人独立地位和股东有限责任""利用其关联关系损害公司利益"。特别是对于公司集团中常见的全资子公司而言,其母公司作为唯一股东要面对《公司法》第 23 条规定的更为严格的法人人格独立审查标准,实践中母公司被判替子公司债务承担连带责任的情形不胜枚举。(3)从属公司可能沦为控制公司过度牟取控制权私利而逃避相应责任的工具。有研究指出,公司集团结构中母公司对全资子公司的过度控制、以牺牲后者的利益为代价来实现集团整体利益的现象普遍存在。① (4)从属公司董事在服从集团统一决策时可能会因违反对本公司的信义义务而承担责任。根据《公司法》第 180 条、第 188 条的规定,董事、监事、高级管理人员"对公司负有忠实义务和勤勉义务""董事、监事、高级管理人员执行公司职务时违反法律、行政法规或者公司章程的规定,给公司造成损失的,应当承担赔偿责任。"

三、公司集团对商主体类型三分法的挑战

公司集团在经济学、管理学中的类型化似乎并不存在太大问题。在威廉姆斯看来,配置资源的组织模式可以划分为三种,即市场模式(market)、混合模式(hybrid)和层级模式(hierarchy)。② 通过市场模式下的价格机制,能够实现信息更为有效地利用及信息的分散使用;同时,在市场模式下,交易个体往往可以通过自身的努力来赚取相应的利润,这使得交易个体有动机去努力地工作。不过,由于市场模式下存在着投机主义与讨价还价的问题,它们所形成的交易成本会使市场模式的经济性降低。在层级模式下,市场模式中的价格机制为内部激励机制所取代,该种模式下难以避免代理与官僚作风等问题的出现,这些问题使得市场模式下的价格机制有效配置资源的功能难以在层级模式下实现。当然,层级模式也有着相对于市场模式的优势,即借助企业惯例的制定及权力机制,可以部分地疏解市场交易中的交易成本问题。混合模式又被称为中间组织、网络组织和关系型组织。在混合模式下,自治的交易双方通常会出现一定程度的互相依赖关系。据此,公司集团在经济学理论之下就可以较少争议地被归入混合组织形式。管理学理论一般将公司集团界定为"由具有独立法人资格企业所组成的、通过正式与非正式联系互相协调的经济联合体"。③

---

① 李建伟、林斯韦:《全资子公司债权人保护的公司法特殊规则研究》,载《社会科学研究》2019 年第 2 期。
② Oliver E. Williamson, "Comparative Economic Organization: The Analysis of Discrete Structural Alternatives", 36 *Administrative Science Quarterly*, 269-296(1991).
③ 钱婷、杨德庆:《企业集团的组织特征辨析》,载《管理观察》2014 年第 32 期。

但在民商法体系下,公司集团的归类就面临较大难题。既有商法理论采用商个人、商合伙、商法人作为主要的商主体分类方式,由此导致实质上具备商主体特性的公司集团被排除在我国民商法所建构的主体体系之外;另外,公司集团内的子公司也与法律上描述的"独立法人"相去甚远,在法律适用上面临着尴尬境地。

第五章　企业平台化及其对商主体体系的挑战

从商主体的历史起源来看,其类型和体系化创制的基础深深根植于商事实践的锐意创新之上。甚至可以说,商事活动参与者对推进商主体类型再造的敏锐度要远远超过立法者的认识。以互联网技术为载体,平台型企业这一有别于传统"科斯式企业"的商业组织的出现,不独借助于信息技术的日新月异,亦要归功于商事活动参与者的努力探索。平台型企业主要诞生于数字经济背景下,通过互联网思维的引领,在发达的信息、通信手段及全球化网络平台的共同赋能下,对组织流程进行深度革新,从而形成了以员工自管理、自驱动、自创新,以低成本整合各种技术资源的新型企业组织模式。① 正如有学者指出的,伴随平台经济在全球范围内的蓬勃发展,平台模式已经成为企业生产经营的重要组织方式。② 正是基于以上认识,一系列相互关联的疑问便会自然而然地产生:作为一种新型"营业性构造",平台型企业在当前的经济环境中发展状况如何?在数字经济背景下平台型企业产生与蓬勃发展的背后有哪些原因?业态分布有何规律?从主体角度看,这种新型"营业性构造"具备哪些独有特征?会对既有商主体体系产生哪些重要挑战?本部分将致力于对以上问题进行思考和回应。

第一节　平台型企业发展的基本状况

一、平台型企业的异军突起

近年来,在数字经济理念助推之下出现的企业组织的平台化和生态化,已经呈现出不可阻挡的发展态势。无论是全球金融危机过后的经济增长期还是国内社会正在经历的经济转型期,甚至是作为市场参与主体的企业本身的运营模式的选择,都可充分印证上述判断。

---

① 胡国栋、王琪:《平台型企业:互联网思维与组织流程再造》,载《河北大学学报(哲学社会科学版)》2017年第2期。
② 参见中国信息通信研究院:《互联网平台治理研究报告(2019年)》。

(一) 平台型企业崛起的时代背景

从严格意义上讲,平台经济不单包括平台型企业这一种形式,也不独产生于数字经济时代背景之下,从古至今兼而有之的集市便是典型适例。正如有学者指出的,平台经济广泛存在于真实与虚拟两个领域的行业中,前者如机场、证券交易所、购物中心这类线下的实体平台,当然也普遍出现于电子商务、金融服务及社交媒介等线上的平台中。双边市场构成了平台经济的基础,即由借助某个平台产生交易关系的交易双方构成,其中一方的收益取决于加入平台另一方的数量。[①]

正是基于此,线下平台经济与线上平台经济中的平台型企业在功能上有着诸多相似之处:一是都充当市场交易中介的角色;二是都存在企业这一表现形式;三是都在一定程度上充当市场交易秩序维护者的角色。但二者之间的区别也同样显而易见,即前者需要依托于实体的平台场所,而后者则是借助于互联网技术实现了平台本身的虚拟化。更为关键的是,数字经济背景下崛起的平台型企业在市场资源整合传播、交易主体互联互通和市场信息获取便利方面,都具有实体交易平台不可能具备的优势。究其原因,平台型企业借力于数字经济时代背景下经济全球化和信息数字化等诸多优势,其在不改变实体平台经济功能的基础上,还满足了市场主体的商业需求。概言之,数字经济背景下引申出的经济全球化的进一步深化和信息数字化的技术优势共同为平台型企业的产生和崛起提供了绝佳的客观条件。

1. 经济全球化

经济全球化助力平台型企业崛起的关键在于为其提供了近乎无限的市场界域,而不再是将市场交易主体的范围和用于交换的产品局限于本国范围内。经济全球化是指世界范围内的经济活动可以超越国界,市场主体通过对外贸易、资本流动、提供服务等形式与全球范围内各个经济体形成互联互补的有机经济整体的过程。众所周知,经济全球化发展有利于资源要素和生产要素在全球范围内的合理配置,有助于实现产品和资本在全球范围内的流动。人类社会迈进数字经济时代以来,经济全球化程度不断加深,这在客观上促进了平台型企业的产生和发展,主要表现为以下三个维度:第一,市场主体的全球化扩大了平台型企业的潜在客户范围;第二,市场产品的全球化促使平台型企业能够在更大程度上满足不同交易主体的需求;第三,市场资本的全球化能够协调世界各国经济发展不均衡的问题,同时也使平台型企业的

[①] 王彬彬、李晓燕:《大数据、平台经济与市场竞争——构建信息时代计划主导型市场经济体制的初步探索》,载《马克思主义研究》2017年第3期。

资金更具流动性。

2. 信息数字化

信息数字化实际上是将一般信息转化为用二进制数字表示的计算机代码,以便计算机设备可以随时读取和存储。平台型企业以互联网技术为依托,将市场交易相关信息存储于计算机服务器设备,以此极大地提高交易迅捷度和准确度,进而促进商事交易效率的提升。这主要体现在以下三个方面:第一,交易信息的数字化表现形式更有利于信息的快速准确传播,市场主体能够通过计算机终端轻易获得有交易意向的相关数据,并帮助其对是否参与交易作出误差较小的判断;第二,交易信息的数字化使得其被直接存储于平台型企业的关联服务器上,市场主体能够借助数据信息轻易上传或获得交易相关信息;第三,交易信息的数字化助益于扩大平台交易信息的存储量,较之于集市等实体性交易平台,海量的交易数据信息可以被存储于平台型企业的服务器设备和网络终端设备上。显而易见的是,信息数字化为平台型企业功能之发挥提供了极为便利的客观条件,更为平台型企业的进一步发展提供了技术支撑。

(二) 平台型企业的时代使命

1. 平台型企业成为全球经济复苏的新引擎

平台经济的迅速崛起,是近年来全球经济发展的重要规律。正如有学者指出的,肇端于20世纪90年代的信息技术,借助国际互联网高速发展的东风及资本市场之势,形成了智能化、自动化的平台型组织,已经推动了世界经济社会的持续变革与转型。① 这种规律主要可以体现在以下两个方面:一方面,规模较大的平台型企业所拥有的市值已经开始呈现出超越同等规模的传统企业市值的趋势。譬如美国谷歌公司、苹果公司、亚马逊和脸书等平台型企业分别于2008年、2009年、2015年和2015年进入全球市值排行前十位,国内的阿里巴巴和腾讯这两大互联网平台企业巨头也于2017年先后跻身于这一榜单。截至2017年,在全球市值排行榜中,已经有包括美国微软公司和上述六家企业在内的共七家平台型企业的排名稳居前十。另一方面,在全球上市公司中,平台型企业的市值亦占据着绝对优势。有统计数据显示,在2018年排名全球前十的上市企业中,平台企业的市值比重也已经占到77%,其经济规模达到4.08万亿美元,平台型企业俨然成了全球经济增长的新引擎。②

---

① 段文奇:《传统企业如何平台化转型发展》,载阿里研究院主编:《平台经济》,机械工业出版社2016年版。
② 参见中国信息通信研究院:《互联网平台治理研究报告(2019年)》,第1页。

我国电子商务领域持续保持着稳步增长的态势。2018年全年该领域的营业收入规模已高达3.52万亿元,同比增长了20.3%,其中电商交易平台服务营业收入规模为6626亿元,增速较上年提升了6.1个百分点。① 而根据商务部于2021年推出的《中国电子商务报告(2021)》表明,2021年我国电子商务交易规模已经达到了42.3万亿元。

2. 平台型企业构筑我国经济转型的新生态

与全球范围内平台型企业的迅速崛起相类似,国内平台型企业的产生和发展也在很大程度上依托于互联网技术的推广普及,并且呈现出大型平台型企业易于形成经济生态系统的特点。具体而言,由于我国国内的大型平台型企业具备"三大"特征,即市值规模大、用户规模大、交易量大的特点,因而它们往往横跨多个不同的平台分支企业,进而易于形成庞大的平台经济生态。② 以阿里巴巴集团为例,其服务领域包括电子商务、蚂蚁金服、菜鸟物流、大数据云计算、广告、跨境贸易和前六个电子商务以外的其他互联网服务,其所涉领域由横向综合向纵向垂直、由线上交易到线下延伸,都是形成经济新生态的核心表现。

之所以要强调平台型企业在经济生态方面的影响力,原因在于平台型企业形成的经济生态系统与传统企业之间在竞争优势上存在显著不同。具体来看,传统企业拥有的市场资源和市场竞争力是极为有限的,其竞争力来源不具有可持续性。较之于传统企业,平台型企业通常连接着产品的需求方、供应方和第三方,充当整个经济生态系统的价值交换平台。此外,由于平台型企业在很大程度上消减了存在于市场交易主体之间的信息不对称问题,不论是需求方、供应方还是第三方都有更大的积极性参与市场活动,因而借助于平台型企业形成的经济生态系统实际上是一个可无限扩充边界的动态系统。基于此,我们也就不难理解,平台型企业在推动我国经济转型时缘何会发挥如此重要的作用。

3. 企业平台化引领运营模式创新的新潮流

竞争是企业发展的驱动力,创新是企业发展的源动力,运营模式的创新就更是如此。不同的企业运营模式的选择将直接导致企业在参与市场交易活动中投入的交易成本的差异,这涉及企业可持续发展这一决定企业生命周期的问题。在此基本前提下,企业平台化这一运营模式的选择,恰好为企业降低市场交易成本的需求和实现可持续发展的目标提供了绝佳的机会。一方面,互联网信息共享平台能够赋能企业平台化,从而造就一个连接市场多

---

① 商务部电子商务和信息化司:《中国电子商务报告(2018)》,第16页。
② 工业互联网产业联盟:《工业互联网平台白皮书(2019讨论稿)》,第3页。

类主体的商业生态系统①,改变传统行业靠买卖价差获得盈利以及市场主体间恶性竞争的状况。正如有观点指出:"平台是使分属不同时空中经济主体的需求得到有效满足的一种效率组织形态。"②另一方面,平台型企业是平台生态圈中的平台提供商和平台运营商,是商业生态系统的构建者和主导者,负责制定平台交易规则、维护平台交易秩序、吸引互补品提供商与用户参与平台建设,并在平台上完成交易与互动。③ 平台型企业之所以能够异军突起并引领企业发展趋势,原因在于平台型企业在信息资源不对称障碍上的消弭功能,不仅体现在整个交易生态层面,也体现在企业组织内部。譬如,以推动传统制造业数字化转型为己任的工业互联网平台,正在驱动工业全要素、全产业链、全价值链实现深度互联,推动生产和服务资源的优化配置。④ 在此意义上,企业的平台化趋势实际上不仅是市场选择的结果,也是企业自我选择的结果。

综上所述,平台型企业的崛起在全球经济复苏期、国内经济转型期和企业运营模式的创新规律上都有迹可循,数字经济背景下的平台型企业正在生机勃勃地生长和不断演化发展。

二、平台型企业的分布情况

数字经济背景下,平台型企业已广泛分布于多个行业,平台类型也日益丰富多元。Airbnb、Uber、淘宝、天猫、京东、美团、去哪儿、闲鱼、滴滴、猫眼、淘票票等都是平台,令人眼花缭乱。可即便如此,平台型企业的业态分布状况也依然存在可资分析的内在规律,这将加深我们对平台型企业的整体认识。实际上,上文所讨论的平台型企业局限在服务于市场交易的平台型企业,而本部分则会将视野放宽至各个行业和类别的平台型企业,从整体上把握其业态布局。

(一) 平台型企业的行业分布

由前文分析可知,与互联网联系密切、信息可以迅速分布式传播的行业

---

① 商业生态的概念由 Moore 首次提出,他认为成功的商业是不断演化的结果,需要吸收外界诸如资本、合作伙伴、供应商以及顾客等资源,从而创造一个竞合网络。商业生态研究关注企业的无边界问题,核心企业与产业中的企业、其他产业的企业共同组成一个复杂系统为顾客创造价值。参见陈超、陈拥军:《互联网平台模式与传统企业再造》,载《科技进步与对策》2016 年第 6 期。
② 陈小勇:《基于全球价值网络的企业行为研究》,载《国际商务(对外经济贸易大学学报)》2015 年第 2 期。
③ C. Cennamo, "Platform Competition: Strategic Trade-offs in Platform Markets", 8 *Strategic Management Journal*, 1331-1350(2013).
④ 工业互联网产业联盟:《工业互联网平台白皮书(2019 讨论稿)》,第 2 页。

更容易构建起平台型企业。从实践情况来看也同样如此,平台型企业主要分布在以下行业:第一,以银联和网贷平台为代表的金融行业;第二,以阿里巴巴、京东、当当、唯品会和聚美优品等平台为代表的电子商务行业;第三,以电子书阅读为主要表现形式的传媒业;第四,以万方和知网学术平台为典型的出版业;第四,以百度、搜狗和谷歌等搜索平台为代表的信息产业;第五,以软件市场、视频和网络游戏为适例的软件行业;第六,以 QQ、微信、微博为代表的娱乐社交行业;第七,以滴滴出行为代表的一站式出行平台行业。由此可见,平台型企业并非仅限于一般理解上的电子商务平台,还包括以上各种各样的平台形态。

(二) 平台型企业的类型划分

平台型企业的类型划分与其划分标准的确定息息相关。有学者以企业平台化的目的为划分标准,将平台型企业划分为两类:第一类平台旨在开展产品或技术的研发合作,合作的部门或企业间往往存在着产品、服务或技术互补的特性;第二类则是连接各方交易主体的中介型平台,它们旨在为交易主体提供双边或多边的交易平台,提升双方交易的便捷度。该观点亦提出,这种分类并非绝对,近年来渐趋出现了融合两类平台属性的新型平台,如阿里巴巴旗下的淘宝平台已同时具备了前述两类平台的属性。① 此外,也有观点以平台的开放程度作为划分标准,将平台型企业划分为开放型平台企业和封闭型平台企业;根据成长周期的不同将平台型企业划分为萌芽型平台企业、成长型平台企业、成熟型平台企业和衰退型平台企业;依据平台用户类型的区别将其划分为联络型平台企业、交易型平台企业和信息型平台企业;还可根据平台的竞争程度将其划分为垄断型平台企业、竞争型平台企业和竞争瓶颈型平台企业。② 还有学者从平台经济与共享经济的关系角度出发,提出平台经济的范围并不仅限于分享经济,还存在着大量非分享型的模式,如淘宝、京东这类电子商务类平台。③ 就此而言,平台型企业亦可被划分为共享型平台企业和非共享型平台企业。需要特别注意的是,由工业和信息化部、国家发改委、财政部、国资委联合印发的《促进大中小企业融通发展三年行动计划》(工信部联企业〔2018〕248 号)明确提出要构建工业互联网平台,使

---

① 白景坤、王健、张贞贞:《平台企业网络自组织形成机理研究——以淘宝网为例》,载《中国软科学》2017 年第 5 期。
② 阳镇:《平台型企业社会责任:边界、治理与评价》,载《经济学家》2018 年第 5 期。
③ 平台经济即由互联网平台组织生产要素产出产品和服务的经济形态;分享经济即分散且彼此独立的主体利用社会化平台分享闲置资源及其价值,从而使资源的社会效用得以充分发挥的经济模式。参见姜奇平:《如何推进分享经济》,载《互联网周刊》2015 年第 22 期。

大企业成为平台,小企业嵌入平台,生产端也改造为平台模式。由此,工业互联网平台也成为平台型企业的重要类型之一,并作为国家层面的企业发展行动计划被纳入了2019年的政府工作报告。

在市场实践中,基于不同的服务可将各类平台大致分为:

1. 电商平台

(1) B2C 零售平台

简称"商对客",我们可以简单理解为平台上的商品提供者都是企业。京东、天猫等都是典型的 B2C 零售平台。

(2) C2C 零售平台

简称"客对客",我们可以简单理解为平台上的商品提供者都是个人或小规模的个体工商户。淘宝是典型的 C2C 零售平台。

(3) 跨境电商平台

因跨境电商涉及外贸,在物流、支付等方面与国内电商平台的交易有很大不同,因此我们对跨境电商平台单独分类。京东全球购、天猫全球购、网易考拉海购是典型的跨境电商平台。

(4) 综合平台

像京东、天猫这样的平台基本包括所有法律允许的商品或服务交易,可以把它们叫作综合交易平台。京东既有商户提供电脑、家居、服装等实物商品(它们分别构成了电脑品类市场、家居品类市场、服装品类市场),也有商户提供旅游、看电影、坐车、家政等本地生活服务。

2. 生活服务平台

Airbnb 是由三位创始人于 2008 年在旧金山所设立的公司,主营业务为空气床垫的租赁。为了扩大公司的知名度与获取业务,三位创始人便建立了一个为公司业务做广告的用户友好型网站,提供比当地酒店便宜得多的价格(每人每晚 80 美元)。当三位客人在某晚租用之后,他们决定扩大这一创意。如今 Airbnb 公司的业务已遍及全球 65000 多个城市以及 191 个国家或地区,业务范围也极大扩展,能够将人们连接到诸如公寓、住宅及别墅等各类空间,在全球所拥有的房源已超过 300 万。Airbnb 将其商业模式描述为私人住宅的匹配平台,将用户与其他用户连接起来,同时收集个人信息,收取 6% 到 12% 的预订费。Airbnb 不拥有任何财产,也不提供数字领域以外的任何服务。同样,在商业房地产租赁市场,LooseCubes、Regus 和 Deskwated 开拓了共享办公空间市场,将拥有额外办公桌、工作室或办公空间的人与独立的自由职业者相匹配。LooseCubes 遵循与 Airbnb 类似的商业模式,每笔交易收取 10% 的费用,在 66 个国家的 535 个城市提供空间。

表 5.1 京东平台提供的服务类别

特色主题			行业频道	生活服务	更多精选	
京东试用	俄语站	印尼站	京东生鲜	京东众筹	彩票	合作招商	乡村招募
京东金融	装机大师	京东金融科技	家装城	白条	旅行	京东通信	校园加盟
全球售	0元评测	陪伴计划	母婴	京东金融App	机票酒店	京东E卡	京东社区
国际站	港澳售	出海招商	食品	京东小金库	电影票	企业采购	
京东会员	优惠券	拍拍二手	农资频道	理财	京东到家	服务市场	游戏社区
京东预售	秒杀		整车	话费	游戏	办公生活馆	知识产权维权
买什么	闪购		图书	水电煤	拍拍回收		
			劳动防护				

资料来源：根据京东商城网站资料整理。

估值超过 400 亿美元的 Uber 可能是颠覆性数字平台营业的最著名例子。Uber 起源于 2010 年初以 Ubercab 的名称在旧金山推出的一个小型乘用车公司。Uber 公司的诞生主要是受到旧金山出租车使用困难的影响，主要目的在于通过为司机创造一种直接联系到那些寻找搭乘者的方式来开拓市场。尽管 Ubercab 最初的成本更高，但其受欢迎程度却不断提高，并最终在 2011 年扩展到纽约。如今，Uber 公布的报告称其在 82 个国家开展业务，每天的座驾数量超过 100 万辆，现在的估值高于租车巨头赫兹（Hertz）和阿维斯（Avis），高达 600 亿—700 亿美元之间。Uber 的竞争对手，另一家著名平台 Lyft 是美国第二大运输平台公司，已经筹集了超过 5 亿美元的资金，并在多个城市拥有数万家服务提供商。其他平台的竞争对手已经在世界各地建立起来，例如法国运输公司 Blablacar，它在 2014 年筹集了 1 亿美元，最近扩展到了印度的第十四个市场。其他 9 家新公司专注于长途运输，如 Tripda，而其他公司则专注于服务特定市场，如大学（Zimride）、妇女（Chariot for Women）和儿童（Kidz Kab）。这些公司中的每一家都对传统市场进行了创造性的尝试，并使用各种颠覆性技术来撼动各自的行业。这些新的运输业务通过智能手机技术和复杂的匹配算法来匹配驾驶员和乘客。类似服务遍布 1000 多个城市，新模式继续快速发展。例如，其他仍在运输领域的公司正在扰乱汽车租赁业。Car2Go 和 ZipCar 提供智能车在指定区域的短期使用；DecoBike 提供自行车在全城的使用，并在指定的地点归还；设立于旧金山的 Getaround，允许车主租出他们的车辆。虽然这些公司使用不同级别的平台连接，但它们各自都提供创新的工具，以使物理服务与需要它们的人相匹配。

设立在旧金山的 TaskRabbit 同样颠覆着服务和人力行业，与前述企业不同，该公司的主要营业内容是向需要中等技能的中小型杂务，如物品搬运与包装、家庭清洁、个人助理、家具组装与一般手工业务等提供一个匹配平台。该公司的平台提供的匹配服务，能够连接起供应商（称为"任务人"）与消费者，从而达成交易活动。平台的具体运作模式为，由供应商在公司平台上列出自己可提供的服务及相应的价格，那些被网站认证的 Taskers，可以竞标工作，由 TaskRabbit 促成交易。TaskRabbit 公司通常需要从报价中扣除 15%—30% 的费用。在各类平台型企业中，TaskRabbit 公司并不对供应商和消费者之间的交易予以过度的控制，它允许评级、控制付款，并对任务人员的及时性、质量和技能以及专业知识作出保证。除此之外，还有形形色色为特定需求供给提供匹配服务的平台，例如，假如你需要一个遛狗者，可以向 Dogvacy 求助；假如你需要一位专业老师，Skillshare 将为你迅速提供各种选择；假如你需要一个程序员来帮助更新维基百科的条目，Fiverr 会为你找到。通过使用数字技术直接连接食品和厨师,也颠覆了餐厅市场,在个人的家或其他私人空间中,厨师在非商业厨房中准备食物,而没有正式的卫生许可。其中一些烹饪活动是通过一些非专业的在线网站建立起来的,借助现有的社交媒体平台(如 Facebook、Twitter 和 Instagram)聚集在一起。

简单来说,我们可以把生活服务平台理解成为消费者吃饭、看电影、旅游、坐车、住宿、家政等生活场景提供服务的平台。因此,国内的淘票票、携程、去哪儿、滴滴、摩拜、途家、58 到家、京东到家等都是典型的本地生活服务平台。

3. 二手交易平台

二手交易平台,是指提供二手交易的平台。闲鱼、转转、拍拍等是典型的二手交易平台。

图 5.1 京东"拍拍"网站页面

资料来源:https://2.jd.com/,最后访问时间:2019 年 7 月 13 日。

第二节 平台型企业的经营特性分析

一、平台型企业的成长特点

(一)商业模式的创新性

平台正在以前所未有的速度推出新的商业模式和结构。平台公司通常只有很少的实际资产,它们的价值被嵌入到技术、用户基础和品牌中。此外,平台公司可以快速变形和扩展,使这种挑战性创新势不可挡。硅谷的一个名为 Magic 的新企业,承诺将进一步推动平台对整体性的愿景。Magic 的商业模式是承诺"只要合法,就提供你想要的任何东西",这里的"任何东西"可能是送一只老虎到你家门口,送寿司到一条船上或者处理你的停车罚单。该公司于 2015 年 2 月成立,在其最初的 48 小时运营中记录了 17000 个请求。随着平台的不断变形和扩展,对传统商业模式、定义边界和理论秩序的破坏将会加剧。

（二）业务领域的集成性

Uber 的关键用户数量和软件的不断完善都为其扩展提供了机会。当它可以提供送货服务和拼车时,就不会一直停在游乐设施层面;当它开发的技术可以扩展到其他形式的交通工具,如船只、飞机,最终还有无人驾驶汽车时,就不会一直停留在汽车领域。Uber 最近将其座右铭从"每个人的私人司机"(Everyone's Private Driver)改为"生活方式与物流相结合"(Where Lifestyle Meets Logistics)。从"驾驶"转变为"生活方式"正说明这一点。Uber 已经推出了一项快递服务 Uberrush 和 Uberboat,这项服务要求在港口周围提供水上交通租赁,最初在波士顿运营,但很快扩展到悉尼、澳大利亚和其他地方(除了 Uber 的划船服务外,平台经济中的其他参与者也提供机会)。Uberpool 负责协调沿类似路线前往类似地点的各个乘客,如果在路线上能够匹配,应用程序会通知乘客他们的同行乘客的名字。很明显,Uber 希望成为"物联平台"(Everything Platform),类似于亚马逊从书店转型为"物联商店"(Everything Store)。2015 年,Uber 宣布,它将投资于自动驾驶汽车的研发。Uber 最近还宣布,它将开发自己的地图平台,并远离谷歌地图(Google Maps)。同时,谷歌也意识到了什么才是真正的"物联经济"的潜力,并宣布了自己的雄心壮志,要进入自动驾驶汽车的共享驾乘服务领域。网络技术持续不断地推动着平台的发展,颠覆了以前关于生产、消费、金融、知识和教育经济的概念。随着平台的持续增长,可以借助其更好地理解由网络技术驱动的市场发展集群。

（三）平台演进的生态性

生态来源于生物学,原来是指生物的生活状态,即特定自然环境下生物的生存与发展状态,也可指生物的生理特性及生活习性。随着生物学的发展和理论普及,生态的概念范围进一步扩大。当前生态的概念为,诸类事物的存续与发展状态,这些事物之间及它们与环境之间的关系。所以生态主要体现在两个方面:稳定(生命力强)、复杂(角色多,环环相扣)。自苹果公司搭建的 AppStore 平台上承载的开发者生态愿景获得巨大成功之后,所有互联网公司都以互联网技术搭建平台,在平台之上搭建全新的商业生态,淘宝、京东、腾讯、百度、小米等互联网公司,都已经形成了完美的商业生态圈。

同样是电子商务的平台,京东与淘宝生态形成的特点截然不同。淘宝的模式,是搭建买家与卖家交易的平台。但是在电商发展早期,不能面对面交易,信任度不够。为了保证买家与卖家的利益,淘宝建立的模式是:买家先付钱,但钱不直接打给卖家,而是押在淘宝平台上,当买家收到货,确认后,再将货款打给卖家。这个功能既保护了卖家的利益,又保护了买家的利益,从而衍生出了支付宝的功能。同时帮助小企业获得信任,助力小企业做生意,从而促进了淘宝的活跃度。京东的发展,早期是做3C产品的网络销售,而家电销售早期的大件物流是非常关键的要素。为了保证家电电商的服务水平,就要保证物流的服务质量,而在物流体系不健全的电商早期,只能通过自建物流,保证服务质量。随着京东从3C品类向全品类扩张,京东成为电商平台,京东的生态体系中,物流就成为非常显著的一个特点。

企业平台化趋势也在向工业领域延伸。国务院在2017年11月27日发布《关于深化"互联网+先进制造业"发展工业互联网的指导意见》的文件,文件提及了工业互联网对于工业领域的革命性意义,作为新型信息技术与制造业相融合的产物,工业互联网渐趋成为新工业革命的关键支撑点,同时它也是我们深化"互联网+先进制造业"必不可少的要素。工业互联网的推动于未来工业发展而言有着极大的意义,将对工业产生全方位、深层次、革命性的影响。工业互联网通过系统构建网络、平台、安全三大功能体系,融合了新型的互联网信息技术,不断地革新传统的工业模式,建造出人、机、物全面互联的新型网络基础设施,推动工业持续智能化,从而打造出新兴业态与应用模式。对于我国而言,工业互联网是我们发展成为制造强国与网络强国的关键基础,也是我们实现全面建成小康社会与社会主义现代化强国建设的宏伟目标的有力支撑。可以预见,在未来的工业互联网环境下,工业互联网平台就是未来商业生态的载体,而在这个载体之上,搭建的商业的生存状态,以及各个企业、机构之间环环相扣的关系,就是未来商业生态。未来所有商业都会基于平台,在平台上搭建全新的商业生态。

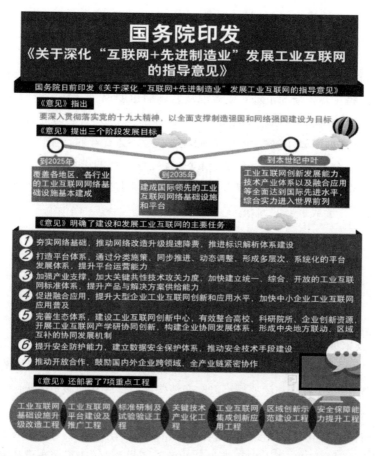

图 5.2　国务院《关于深化"互联网+先进制造业"发展工业互联网的指导意见》的主要内容
资料来源:http://www.gov.cn/xinwen/2017-11/27/content_5242946.htm,最后访问时间:2019 年 7 月 23 日。

二、平台型企业的经济逻辑

(一) 降低交易成本

如前所述,平台型企业依赖于信息技术发展而建构的交易模式减少了中间环节,因此,降低交易成本的经济逻辑是平台崛起的核心本质。平台也显著降低了许多领域的进入壁垒。平台经济鼓励新的进入者进入长期限于业内人士的行业。由于管理费用的减少,数字化竞争的启动成本很低。创业者往往只需要一个域名和网站。通过为程序员提供市场,平台甚至还降低了这些安装成本。同时,平台对规模和信任的依赖也能够为一些人创造先发制人和大规模的优势,这意味着即使平台允许去中心化,我们也可能看到再中心化。

(二) 创造新的市场

长期以来,围绕着平台型企业的一个争端是追问其究竟是在现有行业内竞争,还是在开拓新的市场?或者说从监管的角度说,平台型公司是因为引入了新的商业模式并创造了实质上不同的经济交易,还是因为他们寻求监管回避并从这种回避中产生价值,从而在既定的、受监管的行业内成功竞争?实际上,平台既在完善和改变现有市场,也在创造新的市场。平台经济兴起的社会因素是多方面的,消费者对不同类型的市场交换有偏好,平台提供了新的体验并形成了新的偏好。

(三) 改善交易体验

如果说平台改变了交易的性质,而不是简单地将竞争对手加入现有市场,那么通过平台进行交换的独特体验就非常重要。例如,Uber 司机们为他们的汽车添加便利设施,如瓶装水、纸巾或硬糖。这些交易是无现金和无小费的,这不仅是为了确保便利,还能够通过部分掩盖交易的货币层面而增加融洽性和安全感。生活方式和社会意义对平台的市场创造很重要。在生活方式消费中,这种微小的差异可以改变消费者的体验从而激发需求。在最广泛的社会层面,平台匹配系统提供了一种社区感,例如,乘客们和司机们坐在车的前排座位上某种程度上传递着平等和社区包容的信息;这种社区感也能够改善人们的行为,让人们更懂得彼此关心。另外,使用平台来促进交易不单单可以节约成本,还可以通过减少道路上的汽车数量来践行环保责任的意义。

(四) 促进协作机制

工业时代的标准化产品生产曾经是伟大的发明。因为工业时代解决了供给稀缺的问题,核心是用标准化、流水线、大规模生产的方式来降低成本。但是千篇一律的产品供给牺牲了个性化和创造力,难以适应越来越多元的用户需求。当这个矛盾产生之后,挖掘出顾客的真正需求成了经营者的当务之急。大量的平台型公司进化出了一种协作机制,从生产供给,到建立平台,并且吸纳更多的 B 端创业者加入平台,代替平台去深挖细分用户也许都不知道的潜在需求。越来越多的平台选择自己不做而是赋能 B 端的时候,赋能的协作机制就达成了!

最能体现这种趋势的,是内容创业者和平台之间的关系。比如如果没有直播平台,内容创业者或者网红的才艺是被埋没的,而直播平台的出现,为这些主播们打造了与用户持续互动的舞台,平台的赋能不仅仅是帮助内容创作者变现,把人的创造性和系统网络的创造性有机地结合在一起。更重要的是,我们会发现,这一切达成的基础,是平台为用户和网红之间建立了相应的互动和消费场景。

三、平台型企业的运营优势

传统经济学理论所揭示的交易成本可分为三类,即搜索成本、谈判和决策成本、监督和执行成本,这些成本分别与交易前、交易作出和交易后三个阶段相关,对交易效率产生明显的不利影响。但随着互联网的平台型企业的发展,交易效率将得到大幅提升。平台将先进技术应用到交易的各个方面,增加了连接和信息访问的能力,从而能够影响到三个阶段的相关交易成本。在十多年的时间里,互联网接入总量增长了500%以上,许多国家和地区的大多数消费者有至少一台移动设备可以访问高速网络、GPS和智能应用程序。2020年,有高达500亿台移动无线设备接入互联网。随着用户的增多,以及增强的匹配算法、定价软件、可定制每笔交易的资源划分以及监控交换的数据挖掘,交易成本将大幅降低,这将会进一步推动平台型企业运营优势的凸显。

(一)契合使用导向消费理念的转变

随着人口密度和城市化程度的不断提高,拥挤和较小的空间迫使大多数消费者的观念发生转变,对于许多非经常使用的或者耗资甚巨的物品而言,使用要比拥有更为重要。例如,消费者可能并不觉得有必要购买割草机,而只是在草长出来的时候知道有割草机在哪里可以租用就足够了;拥有一辆汽车在某种程度上也并没有在需要时可以使用它那么便捷。基于网络技术和共享理念的平台型企业恰好契合了这种消费观念的转变。消费文化从以购买为主导转变为以使用为导向可以很好地减少资源浪费并实现沉睡资产的复活。这种从所有权重心到使用权重心的转变又通过交易份额的缩小进一步降低了交易成本。例如,在汽车共享平台上购买一定期限的会员资格并不像购买整部汽车那么难以负担,购买一小时的汽车使用权并不像租一天的汽车那么昂贵。

以Airbnb为代表的平台型企业也在从根本上改变着消费模式,帮助消费者策划和实现他们的梦想假期,促使许多消费者计划原本不在考虑范围内的旅行,并在旅行目的地停留更长时间。事实上,由平台实现的从所有权到使用权的范式转变,也反映了当代社会心理学研究成果所表明的经验支出比购买有形商品能带来更大的幸福。这些不断变化的经验消费模式是平台经济兴起的内生因素,可以帮助解释 Airbnb 和 Uber 等商业模式为何能够颠覆众多传统行业。它们通过改变基本的供需模式和改变以前与传统采购决策相关的激励机制,重新配置了一系列行业的商业模式。Airbnb 不是简单地与酒店业竞争,而是以改变这些相关行业之间平衡的方式干预酒店和房地产行业,重构租金和所有权的关系。Uber 也是如此,它正在整个出租车、汽车租赁和汽车销售市场引发变革。

(二) 能够显著提升经济效率

首先,平台型企业能够实现规模经济。在工业化时代,只有通过不断扩张的企业结构来实现规模化。市场中的主要交易都是通过企业等正式的制度化结构来完成的,不受管制的非正式交易的规模很小。随着平台公司开始与已建立的行业竞争,它们越来越多地占据了其所对应行业的大部分份额。平台公司在全球范围内将陌生人进行数字连接的潜力是史无前例的,由此可以创造出无比巨大的规模经济效应。

其次,平台型企业所打造的商业模式也可以有效地减少资源浪费。在现实生活中,大多数人在他们拥有某一物品的大部分时间内都会将其闲置,例如私家车车主每天开车的时间比例不到 8%,割草机一般每两周才会使用一次,客房每年只有亲戚来访时才会住几次。再比如,许多人都怀有一技之长,他们是优秀的厨师、手艺人、家庭装潢设计师、电脑高手、艺术家或作家,但他们往往并不是去专门使用这些技能。随着劳动力市场的低迷和高失业率,许多人寻求充实他们的空闲时间,并利用这些灵活时间和自己的闲置资产或一技之长赚取额外收入。平台经济可以使那些发展出与主要收入来源无关的技能的人有能力将这种技能商业化。换言之,平台会使休眠的资本复活,无论是有形产品还是人力资本,包括以非工作时间和从前无法货币化的技能形式存在的休眠劳动力能力,因而可以更有效地利用私人资源。从市场效果上说,平台型企业通过向市场中添加未充分利用的资产来增加供应,进而降低成本。

再次,平台型企业的交易模式也减少了中间环节。信息技术发展使得私人主体直接进行协调变得非常便捷,并正以前所未有的规模发生,几乎不需要借助软件以外的任何媒介。除了平台之外,传统交易中大量存在的各类"中间人"逐渐被逐出。

最后,平台型企业的在线运营的费用要比离线公司少得多。许多平台型企业都属于轻资产型,不拥有自己的庞大资产,也不用雇佣数量众多的雇员。虽然平台型公司的业务模式差异很大,但许多平台公司对其促成的每笔交易收取大约15%的费用,这种开销远小于离线公司在各自行业提供类似服务时的开销。

(三) 有效增强交易信任基础

传统市场交易中的信息不对称损害了交易所必需的信任基础,大大增加了交易成本。消费者在完成交易之前不熟悉他们所购买的产品或服务,在消费之前也不知道他们所购买的产品或服务的质量。平台型企业借助信息技术能够实现动态质量监控、信息透明化、记录保存和数据挖掘,通过提供动态评级、评论和信息共享,能够有效减少供应商和消费者之间的信息不对称,减少不确定性并增强消费者的信任度。这种解决信息不对称的手段还很好地降低了监控成本,因为确知一方将收到一个不好的审查评价在客观上产生了一种事前激励效果,可以促使各方对交易条款的遵守。

(四) 便于实施定制化交易

随着经济不确定性的加剧和消费理念的变革,消费者越来越要求更具竞争力的价格和更小的交易供给单位。数字技术使得更小单位的交易成为可能,平台型企业允许用户将时间和空间分割成更小的单元来定制交易单位,从而可以大大缓解非定制供应与特定需求之间的冲突。具体而言,平台将供求两方面都分解为更为微小的形态,伴随着产品和服务类别的进一步细分,消费者可以准确地找到他们想要的产品和服务,比如:租车一小时而不是一整天,在别人的沙发上躺卧而不是酒店房间,几分钟的个人帮助,在一个既定的度假胜地与另外两个家庭共用而不是将三个套房全部租下,几个小时的家具安装,或者每周一个晚上在私家住宅享受业余厨师的晚餐。简言之,平台有助于更好地定制交易的条款和条件,以适应个人需求。

与此同时,平台交易所带来的体验也是一种量身定制的,彰显出一种别开生面的生活方式。许多平台型企业的商业模式,特别是在它仍在形成的时候,常常具有提供独家的、时髦的、前卫的、激动人心的和不寻常的体验的吸引力,而更值一提的是,它还提供了社区感、开放性和自下而上的扩展。平台型企业的非公司制、非所有权取向为消费者提供了特殊的价值,进一步有助于解释平台的迅速崛起。

(五) 定价更具针对性

Airbnb在成立之初就意识到,价格选择是私人房东上线过程中最困难的阶段。现在 Airbnb 使用一系列复杂的算法来建议定价。它开发了一个模型,根据位置、与其他属性的相似性和一年中的时间提供动态定制的价格建议。该模型考虑了诸如任何给定时间的温度等作为季节性的变量。同样,Uber 系统上的价格也是动态运行,当需求较低时提供折扣,而在高峰时段提高价格。Uber 的"动态"或"波谷"定价模式可以通过价格调整来提高驾驶效率,这在需求量较大时为增加运力供应提供了更多的激励。这些复杂的定价算法,通过系统自主学习继续发展,从而可以对商品和服务进行更准确的估价,并降低达成交易的谈判成本和不确定性成本。

另外,平台型企业充分利用了竞争性定价机制。由平台型企业所构建的各类市场的一个主要的共性特征是,它们以低于非共享经济中同类市场所要求的价格出售产品和服务。这一点可以通过 Airbnb、Uber、Lyft、TaskRabbit 等提供的服务评论来说明,有许多的用户都明确表示他们在很大程度上受到了价格节约的推动。

第三节 平台型企业的主体特性分析

一、平台型企业结合了企业与市场的优势

(一)"科斯式企业"与市场的界分

八十多年前,科斯在其开拓性的研究中致力于对企业的性质进行界定。[①] 科斯将企业内部的协作与企业之间的市场交易相区别。企业内部的协作是以一个向员工提供指令的企业家的存在为基本特征的。企业家控制着哪些员工做什么以及如何做。如果员工不想遵循这些指示,他们可以退出企业。而在市场交易中,企业可以购买货物和服务,但其没有权力对如何生产这些货物或者如何提供这些服务指手画脚。企业要按照市场规则为合同中规定的标的支付价款。科斯推断,创业者会在内部协作和市场交易之间作出选择,这种选择的关键取决于成本和收益的最佳权衡。在工业时代的鼎盛期,大型制造业企业筹集了大量资金来建造大型工厂,在那里他们指挥工人劳动来生产钢铁、汽车和火车。换言之,"科斯式企业"是通过尽可能地扩大规模和"内化"生产经营行为来避免通过市场交易方式所要支出的交易成本。

"科斯式企业"也成为法律上的"企业"建构的原型基础。申言之,"科斯

---

① Ronald H. Coase, "The Nature of the Firm", 4 *Economica*, 386 (1937).

式"企业的法律表达的重点内容主要包括三个方面：一是独立实体,即企业被设计为以自身财产权为基础的独立"实体";二是层级构造,即企业是由出资人投入资本,管理者作出商业决策,员工执行决策;三是内外部关系界分,即企业内部的层级化管理关系与外部的市场化交易关系彼此区分。这种单一实体的拟制有效地保护了企业内部的层级化运作,使得其相较于市场机制表现出明显的成本优势,也因而成为现代市场经济中最为主要的"营业性构造"样态。

（二）平台型企业对市场与传统企业两种机制的兼备

在传统企业中,企业内部关系与外部关系对应于组织与契约之严格二分逻辑。尤其是在公司这一主要的企业类型中,公司内外部关系的明确区分往往被视为处理公司相关纠纷的必备思维。然而在平台型企业中,这种企业内外部关系截然区分的思路似乎已并不牢靠。正如学者所言,"平台是介于市场与企业之间的网络组织方式"①。正是因为平台型企业在组织形式上具备此种特征,也就进而将其与一般企业和市场区隔开来,并对企业和市场本身产生了一些微妙的影响。总体而言,平台型企业以扁平化的方式运作,使其有别于企业;同时又因具备内部组织结构,从而使其有别于市场。② 易言之,平台型企业实际上处于企业与市场的交叉地带,具有市场组织治理和科层组织管理的耦合特征,因此也兼具治理与管理的双重特征。③

平台型企业将传统企业中的各类参与者通常扮演的角色进行了分解和重组。例如,在体现共享经济理念的平台中,传统意义上的"雇员"提供了大部分资本,低收入个人成为共享经济平台上的供应商之一。例如,滴滴、Uber等都没有庞大的汽车车队,而是主要由它们的注册司机提供汽车;"雇员"可以受到平台经理的实质控制,但却不被平台企业视为雇员。Airbnb 则将自己描述为一个在线供人们在世界各地列出、发现和预订独特住宿的"社区市场"。Airbnb 官网的"About Us"宣称"Airbnb 的住宿市场为近 10 万个城市和 191 个国家提供了 600 多万个独特的住宿场所"④。

传统意义上的企业间关系一般被理解为一个企业为确保对其产品的稳定需求、适当的投入供应和对技术的获取而与其他企业（尤其是其供应商或

---

① 姜奇平：《新文明论概略》（上卷）,商务印书馆 2015 年版,第 296 页。
② 姜奇平：《论互联网领域反垄断的特殊性——从"新垄断竞争"市场结构与二元产权结构看相关市场二重性》,载《中国工商管理研究》2013 年第 4 期。
③ 汪旭晖、张其林：《平台型电商企业的温室管理模式研究——基于阿里巴巴集团旗下平台型网络市场的案例》,载《中国工业经济》2016 年第 11 期。
④ 资料来源：https：//press.airbnb.com/about-us/,最后访问时间：2019 年 6 月 28 日。

客户)建立的关系。以此为对比,不难发现由平台型企业所构建的"共享"模式对企业间关系的影响程度。在特定的平台中,企业共享技术以寻找客户,并建立持续的产品或服务供应;平台型企业借助于技术平台维持整个网络的供需稳定;此外,对网络平台的访问通常也就等同于对国内或国际客户市场的访问,企业不必对特定市场进行自己的研究,因为网站或移动应用程序已经很好地代劳。

(三) 平台型企业与传统企业的关系

由上述分析可知,平台型企业的特质并不与传统企业完全吻合,二者之间最直观的区别便是组织内部的运作方式。需要特别说明的是,除却内部运作方式的差异,平台型企业与传统企业之间仍存在诸多不同,但为突出平台型企业系介于市场与企业之间的网络组织方式,故选取市场和企业之间最显要的差别,即运作方式作为对比剖析的对象。①

一方面,平台型企业与传统企业的核心区别在于平台型企业采取扁平化的运作方式,而传统企业则采取科层式的控制结构。以滴滴出行平台为例,作为典型平台型企业之一,滴滴出行将平台与司机之间的关系定性为居间合同关系,而非公司与雇员之间的劳动关系。而在传统的出租车公司中,出租车公司与司机之间的关系明显为科层式的纵向的劳动关系。虽然平台型企业内部并非所有法律关系均为扁平化的合同关系,但却将相当一部分内部科层关系转化为外部合同关系,进而使其呈现出扁平化管理的运营模式。

另一方面,平台型企业的产生会对原有企业造成何种影响?或者说当传统企业向平台型企业过渡之时,原有企业会产生怎样的变化?毫无疑问,与平台型企业采取扁平化的运作方式相关联,当传统企业向平台型企业过渡时,必须采取与扁平化运作模式相契合的措施,即将企业内部行为外化。实际上,平台型企业扁平化运作模式与传统企业内部行为外化,本是同一过渡行为之"一体两面"。

(四) 平台型企业与市场的关系

承前所述,平台型企业与传统企业之间的区别,关键在于平台型企业在传统企业的基础之上适当融合了市场因素。因此,平台型企业与市场之间的差别也就不难想见,即平台型企业相对于市场而言所具备的传统企业特质——内部组织结构。尽管平台型企业具备了一定的市场要素,但其本身仍

---

① 一般意义上,市场的运作模式主要是契约,即是一种扁平化的运作模式;而企业的运作模式则主要是科层控制,即是一种科层式的运作模式。

脱胎于传统企业,故并未完全脱离科层式的内部组织结构。譬如在京东这一电商平台型企业内部,仍然存在双层股权结构这一科层式的控制权结构。

此外,平台型企业的产生对市场造成的影响则是使市场边界模糊化。如果说传统企业在向平台型企业过渡之时采取的是主动放弃内部科层式组织结构的方式,那么市场本身在吸纳平台型企业之时,则采取的是通过扁平化运作的方式被动融入企业结构内部。正如有观点认为,"平台型企业是商业经营事实上的组织者,其利用信息技术改变了产业组织的垂直一体化模式,模糊了内部指令与外部合同、劳务关系与承揽(承包)合同之间的区别"①。因此,这一过程所引致的必然结果将是市场边界的模糊化。实际上,作为企业与市场之间的过渡形态,平台型企业既有模糊市场边界的效果,同时亦有模糊企业边界之效果。

至于市场与企业这二者的边界"模糊化"的程度到底有多大? 经济学理论研究已经尝试给出了答案。企业交易成本理论认为,"市场"与"组织"之间的边界问题实际上可以简化为购买或是自制的决策问题。② 简而言之,市场主体可以基于成本分析决定采取某项行动的路径到底是"市场"还是"组织"。举例说明,当市场主体决策事项中的一项行动非为不可时,市场主体便会通过成本收益分析进行理性衡量:应当是将其转化为组织内部结构? 还是将其外包给其他市场主体完成?

二、平台型企业以接入机制作为合作基础

如果说在传统商主体理论体系中,合伙存在的基础是合伙协议、公司存在的基础是公司章程,那么对应到数字经济的语境之下,正如有学者将平台型企业的凝聚力归结于进入平台的机制、退出平台的机制和在平台上活动的机制一样③,平台型企业的合作基础应当是以"进入—运行—退出"为主要内容的接入机制。为了进一步厘清平台型企业的存在基础与既有近似商主体的差异,本部分选取了合伙企业和公司法人作为参照对象,用以剖析平台型企业在合作基础方面的特殊性。

(一)平台型企业与合伙企业的合作基础差异

从表面上看,平台型企业与合伙企业在合作基础上的差异,似乎就是前

---

① 陈小勇:《基于全球价值网络的企业行为研究》,载《国际商务(对外经济贸易大学学报)》2015 年第 2 期。
② Oliver E. Williamson, *The Economic Institutions of Capitalism*, Free Press, 1985.
③ 陈小勇:《产业集群的虚拟转型》,载《中国工业经济》2017 年第 12 期。

者为"进入—运行—退出"机制、后者是合伙协议。但只要稍加考察便不难发现,二者在存在基础上的差异远非如此简单,以下分三点详述之:第一,合伙企业具有较强的人合性,其存续前提在于合伙人之间既存的信任关系,而平台型企业的存在则并不强调内部参与主体的人合性,而更突出平台规则的共识性;第二,合伙企业建立在较强的人合性基础之上,故内部组织结构较为稳固,成员流动性较小,而平台型企业则更注重平台的开放性,甚至还鼓励平台成员的流动以促进资源的优化配置;第三,合伙企业中合伙协议的制定是经由合伙人之间的平等协商确定,而在平台型企业中,平台规则制定的主导者则是平台型企业本身,故在一定程度上有损规则的共识基础。

(二)平台型企业与公司法人的合作基础差异

如果说合伙企业的合作是以合伙人之间的人合性为基础,那么公司法人的存在则既有股东间的人合性,又有与资本相关联的资合性。与此不同的是,平台型企业则呈现出"轻资产性"和"轻人合性"的特征。经过前文分析,"轻人合性"特征已不难被理解。单就"轻资产性"而言,特简要予以特别阐明。

较之于传统企业主要依靠实体产品和服务作为企业经营中所必须具备的资产,平台型企业更多地不是借助这些物质层面的东西,而是更加依赖于互联网信息技术的支持,在海量信息技术的加持下,平台主体及服务提供者之间的沟通成本不断被降低,故此种资产更易于获得。因此,"轻资产"的运作模式不断被平台型企业熟练运用,它们使得企业无须再将专用型资产内部化,从而维持企业业务的运作,通过时刻更新迭代的信息技术,企业便可随意将这些内容外包出去并缔结短期的承揽性契约,实现企业运作的"轻资产化"。[①]

三、平台型企业重塑了所有权的基本结构

传统的"科斯式企业"主要是建立在财产所有权基础之上的。这在法律规则上最典型的体现就是公司的设立制度,例如,《公司法》规定公司的设立需要具有由"出资"形成的、数额确定的"注册资本",并且能够用来出资的对象一般限定于可以用货币估价和可以进行市场交易的"资产",那些不符合相应标准的非典型性"资源"则被排除在合法"资产"的范畴外。在市场实践中,一个企业经营能力的大小往往取决于其能够拥有的财产的规模,特别是

---

① 许可:《互联网平台的责任结构与规制路径——以审查义务和经营者责任为基础》,载《北方法学》2019年第3期。

当企业需要流动资金时,其可以通过财产抵押的方式来获得融资。因此,许多企业为了提高自身的市场竞争力,也不断通过盈余累积、增加资本等增长方式或者通过合并集中等一体化方式来扩大自身的所有权基础。在共享经济兴起之前,能够积累足够数量私有资产的企业家体现了对经营成功的共同理解。这种假设隐含的期望是这些企业家能够成功地利用关于此类资产的稳定市场需求的私有信息。

与传统认知形成鲜明反差的是,共享经济的哲学理念和目标是增加对财产的使用,以此更好地发掘财产的剩余价值,而不是抵押财产或将其他财产排除在财产范畴之外。平台型企业所发挥的核心功能就是将个体供给者和需求者聚集在一起,以利用"未充分利用的资产"或"闲置资本"。平台型企业通过最小化市场交易成本和减少在一个企业内聚集大量资本的需要来重新调整所有权结构。尽管传统"科斯式企业"的层级化在平台型企业内部仍然存在,但是,主要的劳动和资本所有权却被"外包"给独立的承包人,平台型企业可以与汽车、房屋、自行车、工具设备或者其他动产和不动产的所有者签订合同,帮助他们使用平台出租或出售这些资产。因此,平台型企业可以享受到一体化企业的效率,同时也能够获得市场交易的高效性。①

四、平台型企业变革了控制权的行使方式

在传统的"科斯式企业"中,控制权是存在于企业内部关系范围内的一种事实性权力;即使是可能会扩展到企业间关系范围,也是要依赖于由投资关系等所形成的集团情境。由此可以发现,这种传统的控制权的行使的基本特点包括:一是限定在企业或企业集团边界内部,即一旦超过这一边界,控制权的作用力就被市场机制所取代;二是主要基于投资关系纽带而形成,即控制方基于在受控制方的资产基础中占据较大的出资份额而对其享有控制权;三是具有明显的非平等性,即大多体现为一种"命令—服从"模式。

对于平台型企业而言,其内部或者集团关系中当然也存在上述传统控制权发挥作用的空间。但是,平台型企业所拥有的控制权却呈现出一些新的特点:

其一,控制权行使的基础不再局限于资产纽带。实际上,企业控制权的安排正处于不断演进的过程中。在马克思看来,由于生产资料被资本家所占有,所以"资本"可以剥削"劳动"。然而,现代公司企业理论已经开始逐渐意识到"劳动"同样可以剥削"资本"。譬如,公司中的经理层基于自身所处的

---

① Rashmi Dyal-Chand, "Regulating Sharing: The Sharing Economy as an Alternative Capitalist System", 90 *Tulane Law Review*, 241-309 (2015).

位置,在信息的占有上具有极大的优势,在这种情况下,经理层可以借此来剥削投资者的资本。从中可以看出,影响控制权安排的主要资源历经了资本到其他关键资源的转变,典型如信息。就此而言,传统的资本"雇佣"劳动的认知需要作出改变,资本固然可以"雇佣"劳动,而劳动也可以凭借自身的优势来"雇佣"资本,而决定这种雇佣关系主导者的核心在于资源本身的关键程度。随着数字经济不断繁盛,技术同样可以成为影响控制权安排的关键资源。平台型企业和入驻的单个供应商之间存在一种基于技术的协作,这种协作进一步成为平台型企业实施控制的基础。直观地看,共享经济网络是协作性的,即由供应商与平台型企业就服务条款达成协议。例如,共享经济平台几乎总是包括付款和收款系统,对供应商与消费者的关系提出要求,并建立消费者审查的手段;一些共享经济企业包括供应商和平台之间关于收费的协议;平台中还有一些传统经济中并不存在的术语,有些术语具有竞争中立性或竞争性,其他的则可能具有垄断嫌疑,特别是价格协议。例如,我们所知道的 Airbnb 是一个网站,它提供了一个平台,在这个平台上,想要在家里出租房间的个人可以宣传他们的服务,并与有兴趣出租房间的客户建立租赁关系。同样,像 Lyft 和 Sidecar 这样的共享服务也广泛地使用智能手机为客户共享数据。这里所发生的协作是共享一个共同的客户源和技术,以便高效、廉价地访问这些客户。因此,平台型企业所代表的共享经济的真实面貌是平台上的单个供应商提供资金和劳动力,而平台型企业提供市场化机制和不同程度的控制。

其二,控制权行使的范围不再限定在企业边界内部。由特定平台型企业创建的网络市场并不能免除集中协调的需要,实践中一般是由平台型企业对供应商实施不同程度的控制。最轻程度的控制一般只涉及为消费者和供应商能够彼此发现提供信息。例如,知名平台 eBay 对供应商的控制就极其有限,仅包括一组"登录条件""禁止和限制物品"以及知识产权规则。根据 Airbnb 的说法,从房东的角度来看,其房屋出租交易过程在很大程度上是由各个房东控制的,这些房东可以选择他们想要租赁的对象,设定租赁价格,并定义广告和其他细节的参数;房东首先在网站上列出自己的财产,然后自己决定如何进行描述和确定租赁费用;房东可以选择允许即时预订,也可以选择筛选潜在的客人。在更高级别的集中控制形态中,平台型企业可以建立价格和其他服务条款。比如,提供 Uber 应用程序的公司对于 Uber 司机和客户之间关系的控制程度要远高于 Airbnb 对房东和租客的控制。乘客首先要输入他们的信用卡信息才能通过 Uber 的网站创建一个账户;然后,当一个客户想要通过 Uber 租一个座位,其就在移动电话上点击一个应用程序,该应用程序使用 GPS 设备查找乘客的位置并发送给附近的 Uber 司机;客户到达目的地后,其信用卡将被收取由系统确认的费用。

五、平台型企业将实体性与虚拟性相结合

平台型企业大多具有传统实体企业的外观,同时又通过虚拟性实现了近乎无限的规模扩张。这种虚拟性着重体现在以下三个方面:

首先,平台型企业经营空间的虚拟性。依托于互联网信息技术,以淘宝、京东和亚马逊为代表的公司借助网络平台将大量具备生产性、流通性与其他多类服务性的企业,以及海量的用户汇聚在一起。与传统的企业运作模式不同,平台型企业依赖大量新型的数字信息技术建立起相应的虚拟空间,从而形成产业集群。这种新型的产业集群早已颠覆传统产业集群的内涵,即立足于一定的地理位置,将大量相互联系的企业与机构聚集在一起而形成的集合体。①

其次,平台型企业存续资源的虚拟性。传统企业旨在提供特定的产品或服务,从而创造价值,就此而言,传统企业所赖以生存与繁盛的主要资源便是自身的产品与相应的消费者。与此相反,产生于数字经济背景下的平台型企业作为一种新兴组织形态,他们通常并不像传统企业那般需要借助对特定的产品进行投入、获得产出,从而获取由此带来的价值这种运作模式,这类企业所赖以生存和发展的关键资源便是平台上的用户资源。

最后,母子平台企业生态系统的虚拟性。有学者指出,"现代企业竞争已经不再是单一产品的竞争,而是不同商业生态系统间的竞争"②。现实也的确如此,以阿里巴巴、腾讯、银联和人人贷为例,为了顺应内外部市场条件的变化,围绕多边关联市场和相关联行业链条进行投资,形成了结构极其复杂的母子平台生态系统。

六、平台型企业承载了多元化的主体功能

在既有商主体理论体系中,各类型商主体仅能作用于私法层面,且其权利均来源于法律规定或交易主体的约定,商主体本身也并无生成新型权利的功能。然而,基于平台型企业的上述诸多特征,其功能落脚点也明显异于传统商主体。

其一,显性的市场资源配置功能。平台型企业之所以会在数字经济背景

---

① 陈小勇:《产业集群的虚拟转型》,载《中国工业经济》2017 年第 12 期。
② 蔡宁、王节祥、杨大鹏:《产业融合背景下平台包络战略选择与竞争优势构建——基于浙报传媒的案例研究》,载《中国工业经济》2015 年第 5 期。

下应运而生,原因在于互联网技术的普及为传统企业创业创新提供了客观条件的支持。平台型企业作为连接市场双方或多方的中介平台,实际上发挥着重新整合市场资源、缩小交易各方缔约成本的功能。其中的原因在于,平台型企业本身不单单扮演着市场主体的角色,同时也因其系介于市场和企业之间的网络组织方式,在一定程度上发挥着市场应有的作用。因此,建构于平台型企业之上的市场交易活动或多或少都存在市场活动本身的影子,而平台型企业本身也就发挥着配置市场资源的功能。

其二,隐性的监管权力替代功能。从表面上看,平台型企业仅是以私法主体的身份参与市场活动、配置市场资源。之所以作出这种判断,主要是基于以下两点:其一为平台型企业虽具有企业和市场的双重属性,但在现行法框架下,平台型企业仍以企业这一私法主体之名义参与市场活动;其二为在企业平台内部,包括进入规则、运行规则和退出规则在内的一系列平台运营规则,均以平等主体之间的民事法律关系呈现,即便二者之间的缔约能力存在显著差别。然而当我们将观察视角切换至另一面,上述结论也似乎并不牢靠。其原因在于,不论在平台契约订立之前,还是在参与方违反平台契约之后,都存在平台型企业在实质层面发挥着类似于行政机关职责的功能。具体而言,在平台运营规则订立方面,平台型企业毫无疑问地占据绝对主导地位,选择加入交易平台的市场主体只有被动地选择"接受"或"不接受"的权利,而不具备进一步完善缔约的客观机会。这种支撑平台型企业展开运营的标准化契约类似于行政权力对市场交易环境的行政管制规则,不容被管制的市场主体僭越半步。与这一原理相类似,当平台参与方在平台内部违反平台预设的交易运营规则时,便会触发平台型企业对平台参与方的惩罚机制,这实质上也是替代了行政权力对市场失灵时的调控功能。此外,一个容易被忽视的要点是,部分平台型企业甚至在其运营规则中设置了交易相关方发生纠纷时的调解裁决规则,这实际上也蕴含了平台型企业在隐性层面的行政权力替代功能,淘宝交易平台制定的《淘宝平台争议处理规则》便是典型适例。①

其三,数据资源领地的生成功能。当前各大平台型企业,尤其是电商平台型企业,在组织市场交易的过程中,已经汇聚了海量的信息,这些信息包括但不限于各类经济活动信息和个人隐私信息。平台型企业的优势并不仅限于此,借助大数据分析技术,它们可以全面系统、及时准确地将其他几乎所有

---

① 从淘宝网规则页面的显示来看,除涉及消费者权益保护方面的《淘宝平台争议处理规则》之外,淘宝平台制定并公布的规则还包括市场管理与违规处理、行业管理规范、营销活动规范、信用及经营保障、特色市场规范和内容市场规则等方面的规则。这些规则均可体现淘宝网这一平台型企业对行政机关的管制替代功能。详见:https://rule.taobao.com/,最后访问时间:2019年6月20日。

企业组织、个人的商业秘密与隐私,甚至是国民经济运行情况掌握于手中。①毫无疑问,它们所获得的这些数据已经具备明显的公共价值属性和公共安全属性,而平台型企业作为私法主体汇聚并掌握这些信息,实际上已经超越了普通私法主体的作用范围。

其四,企业治理与网络治理双重功能。传统的"科斯式企业"一般负有内部治理的职责,但平台型企业除了内部治理之外,还在很大程度上充当起了整个平台网络监管的角色。传统的监管规则和监管机构在面对平台型企业所创建的新商业模式时表现出明显的不适应性,由此形成了所谓的"监管缝隙"。这种"缝隙"一方面为平台型企业商业模式的生长提供了空间,另一方面因监管缺位而导致的各类问题也对平台型企业构成了负面的压力,由此倒逼平台型企业将传统企业的内部治理逐步扩展到对整个网络平台的治理,从而客观上担负起部分监管的职责。

例如,易趣网站上有一个关于"政府关系"(Government Relations)的部分,其中包括以下声明:"我们致力于为买家和卖家提供通过互联网移动商品、同时尽量减少立法介入的能力",以及"我们憧憬一个开放、多样化、包容所有人的技术赋能的商业世界"。② 该网站还包括一个关于"责任营业"(Responsible business)的部分,其中有以下声明:"我们根据我们作为企业所遵循的强大道德价值,创建了一个可信、透明的市场。"再比如,Airbnb 平台规定了平台用户(房主和房客)之间的权利和义务,通过促进评级和审查等监督机制来实现这些权利和义务,并为用户提供纠纷解决机制。

尽管平台型企业创建的网络规则系统仅仅只是一种私人意义上的治理系统,但其既有的做法和效果已经呈现出一种可能性,即一个私人行动者可以扮演监管者、执行者和争端解决机构的多重角色,并可能用另一种私人规则秩序来补充甚至在一定程度上替代公共治理。另外,通过对平台型企业创建规则的梳理能够发现,多数平台的私有治理体系不仅涉及商业事务,还涉及国家治理规则中的公共价值。各个平台型企业通常将自己视为具有特殊愿景和社会使命的私人秩序的缔造者。例如,Airbnb 官方网站所公布的"Airbnb 的非歧视政策:我们承诺包容与尊重"也声明:"虽然我们并不认为仅仅一家公司就能实现所有人和谐共处的愿景,但是我们相信 Airbnb 社区能够促进不同文化间的理解和共鸣。我们都承诺尽一切努力在平台上消除一切形式的非法偏见、歧视和偏狭。不仅仅是单纯的承诺,我们希望在其基

---

① 李广乾、陶涛:《电子商务平台生态化与平台治理政策》,载《管理世界》2018 年第 6 期。
② Government Relations' (Ebay Inc), www.ebayinc.com/ourcompany/government-relations/,最后访问时间:2018 年 10 月 18 日。

础上在 Airbnb 社区(即,在房东、房客和正考虑使用 Airbnb 平台的人之间)促进一种文化的形成。为此,我们所有人,包括 Airbnb 的员工、房东、房客等,同意阅读并遵守以下政策,从而强化我们的社区,实现我们确保每个人无论在何处都能有归属感和感受到受欢迎的使命。"① 显然,摆在我们面前的一个问题是:随着网络平台的社会作用和影响的日益增强,传统上由国家法律促进和保护的公共价值和利益,可以在多大程度上由平台型企业所打造的私人治理系统来充任?以及这种私人治理系统如何与公共治理系统分工协作、相互衔接?

第四节　企业平台化对商主体体系的挑战

　　企业的平台化发展犹如一把"双刃剑",既为商事实践注入了创新运营模式的活力,同时又以其独有的主体特征不断挑战着既有的商主体理论和制度体系。其中的道理很简单,以国内的百度、阿里巴巴和腾讯为代表的电子商务经济发展实践就可充分说明这一问题。它们虽然采取的是企业组织的形态,但其所拥有的能量却愈发远超传统意义上的企业。正如有学者指出的,我们不应再把这些大型平台企业视作普通企业,否则将无法破除当前互联网经济创新发展的制度障碍。② 平台型企业具有网络组织方式特性、存在基础机制特性、组织结构的虚拟性和主体功能的多样性,这无疑在一定程度上突破了我们对商主体特性的既有认识,对商主体的理论体系提出了严峻的挑战。在商主体法定原则的指引之下,既有商主体理论体系的适用被严格限定在商个人、商法人和商合伙范围内。然而上文的分析表明,平台型企业在网络组织方式、存在基础机制、组织结构和主体功能等方面都存在明显有别于传统商主体类型的特征。而当平台型企业试图融入既有商主体体系时,这些主体特征就显现出在现行商主体理论体系中的诸多不适应性。

一、企业平台化颠覆了商主体的企业认知

　　关于企业的主流经济学理论通过将科斯的企业理论和德姆塞茨的个人所有权理论作为一个整体来建构传统企业制度的理论图景,由此形成商主体建构的企业蓝本。在科斯看来,选择依靠权威命令而非价格形成机制作为配置组织生产的企业形式,在一定程度上体现了企业家基于成本考量作出的自

---

① 资料来源:https://www.airbnb.cn/help/article/1405/airbnb-s-nondiscrimination-policy--our-commitment-to-inclusion-and-respect,最后访问时间:2019 年 6 月 28 日。
② 李广乾、陶涛:《电子商务平台生态化与平台治理政策》,载《管理世界》2018 年第 6 期。

发选择。这些理论为一个论点奠定了基础,即私人公司和私人所有制的机构的产生和存在,在一定程度上是他们以较低的交易成本而不是借助于"市场"的定价体系来实现预期结果的产物。① 换句话说,个人之所以会进行私有财产投资、组织成企业并接受企业内部高层管理者的命令,主要是因为这些都是实现经济效益的最有效手段。当以这种方式开展业务的成本低于依靠定价信号单独进入市场的成本或参与共同所有权形式的成本时,他们就会选择加入一个企业。企业的成本优势也赋予了其一种"内化"的动力。如前所述,传统市场经济中的"科斯式企业"几乎竭尽所能地将有助于其在市场上获得成功的关键职能都加以内化,事实上,它们在市场上的成功往往与它们在有效利用信息和其他内部化的资源和职能方面胜过其他企业的能力密切相关。据此,从工具主义的角度而言,企业不过是企业家利用所占有的个人资产和内部经营来开发新产品或服务的一种机制。

实际上,主流经济学关于企业的观点的合理性可能仅仅只是体现在描述性意义上,并无助于规范性问题的解决。例如,从直观上看,诸如滴滴、Uber、Airbnb之类的平台型企业不过是一个新的、集成式的"科斯式企业",或者,是有学者所称的基于公共资源的经济生产的"第三种方式"。② 然而,体现共享经济理念的平台型公司及其所构建的平台网络似乎违反了科斯和德姆塞茨的主张。在平台情境下,参与平台的单独个体在企业结构之外共享资源。共享的东西是软件、应用程序、汽车后座和额外的卧室的使用,在传统的科斯式世界中,这些软件、应用程序、汽车后座和额外的卧室将由每一位主人、司机和服务提供商拥有和私人使用,或者将由这些个人作为这些资产所有者的雇员使用,或者将成为广泛许可性安排的对象或者缺乏独立的价值。在共享过程中,个人是以更能展现公共资源安排的方式组织对部分资产的访问和使用,而不是为每个企业或个人的私人用途来对信息和其他资产进行分配和保护。事实上,平台可以被描述为资源管理的水平网络,而不是层级网络。由此就会引发一个疑问:假如科斯和德姆塞茨的观点是正确的,那么为什么共享网络中的这些主体既不选择加入一个独立企业,也不孤军奋战,而是利用私有制和对信息和其他资产的接入来获取个人利益?

科斯式企业范式包含着一系列假定,如传统企业在市场中的主导地位、私人所有权的首要地位以及信息不对称。将这些平台型企业所构建之网络

---

① Harold Demsetz, "Toward a Theory of Property Rights", 57 *American Economic Review*, 347 (1967).

② Yochai Benkler, "Coase's Penguin, or, Linux and the Nature of the Firm", 112 *The Yale Law Journal*, 369-446 (2002).

视为传统企业,要假设"科斯式企业"所共有的财产所有权、融资、业务组织和层级控制等构成要件,而这在平台网络中通常并不存在。这种因循守旧的视角掩盖了关于共享经济如何运作的基本而关键的问题。像 Uber 和 Airbnb 这样的共享经济平台公司每天将成千上万的供应商与数百万的消费者联系在一起,它们使用即时通信和海量信息分类技术来协调供应商的行动,并与消费者进行匹配。在这样做的过程中,这些平台公司改变了构成商事企业的基本概念。在法律领域,这种看似新颖的经营方式带来的欢欣鼓舞与其所引发的监管困境之间所显现出来的不和谐值得深思。

从资源结合的角度也可以看出平台型企业与传统企业的显著差异。平台型企业和平台供应商并不是作为一家有足够资本的独立企业进入市场,而是一起组成了一个庞大的、灵活多变的经营联合体进入。Airbnb 房主、Uber 司机和 TaskRabbit 服务提供者为了营利而生产和提供一般意义的产品或服务;与此同时,实现网络运行功能的软件和应用程序的开发商生产和提供信息产品,这两组资源在传统的"科斯式企业"结构之外的结合共享使它们独树一帜。在一定意义上说,平台型企业是以"轻资产"的"科斯式企业"外观获得了大型综合企业的市场能力。

传统的企业中,出资人将资产"转移"给企业而成为股东或合伙人,劳动者将自己的"劳动能力""转移"给企业支配而成为雇员。但在平台中,我们看不到这种传统意义上的"转移",电商平台入驻商户并不需要将自己想要出售的商品转移给平台企业,网约私车车主并不需要将自己的私家车和自己的驾驶能力转移给平台企业。基于网络平台的结合也远远没有传统企业成员之间的结合那般牢固稳定。除了维护平台的企业本身是不可或缺的之外,其他的平台参与者从个体层面看似乎都是可有可无的,他们可以自由地决定暂时或永久地离开平台,新成员也可以非常便捷地随时加入。

在立法方面,我国《电子商务法》已于 2018 年 8 月 31 日经第十三届全国人大常委会第五次会议通过,并于 2019 年 1 月 1 日起正式施行。该部法律有着极为重大的意义,它是我国首部就电子商务相关内容作出规定的综合性法律,它的出台及实施使得我国电子商务进入了有法可依的新时代。在具体的内容上,《电子商务法》对电子商务平台型企业这类新型的市场主体作出了一系列新的规定,提出了一系列要求,明确了平台经营者对平台内经营者的管理责任以及信息披露和保存、维护平台安全等义务。① 虽然电子商务平台型企业这一新型商主体首次在立法中得到明确肯认,但仍旧没有在立法中

---

① 商务部电子商务和信息化司:《中国电子商务报告(2018)》,第 8 页。

对电子商务平台型企业的商主体本质予以揭示。

二、企业平台化淡化了企业与市场的边界

企业平台化演进不仅颠覆了商法理论与制度中所固有的企业形象,也使得科斯原理所清晰界定的企业与市场的边界重新变得模糊不清。科斯之前的企业理论所面对的是一个资本在内部流动中增值的企业"黑箱",相应的解释力难题要通过打开这个"黑箱"来解决。科斯借助交易成本理论打开了企业"黑箱",指出企业是依靠权威的命令计划来完成资源配置的,回答了企业为何会在现代市场中存在的问题。按照科斯的观点,市场始终是组织生产的现代企业存在的基础环境,也正是无数现代企业和家庭作坊共同组成了现实中的市场环境。他十分清楚,这些组织生产的"岛屿",不管是家庭作坊还是现代企业都无法离开市场这一"海洋"。然而二者的区别在于,传统企业依靠权威命令和计划"有意识"地调节组织生产活动,但现代企业和家庭作坊所构成的市场汇聚过程中,实际上已经超过了企业控制的边界,使得企业行为变得"无意识",从而不得不依靠价格机制这一只看不见的手来自发调节。换言之,企业家必须认识到,一方面采用权威命令计划方式组织生产会带来交易成本的节省、收益的增加;然而另一方面企业边界并不能无限扩大,否则将面临企业合理边界的选择问题。①

平台生态圈是第三种资源配置机制,其兼具企业与市场之双重属性,成为一种新型产业形式。② 基于此,这种特殊的资源配置机制要求平台型企业必须改变传统企业中科层式的组织结构形式。在科层制组织中,组织结构的基本理念为遵从指令、服从执行和明确行为边界。而平台型企业却有所不同,它们更加注重协调合作、资源互补、价值共享和集成创新等理念。在数字经济背景之下,信息技术的快速发展使得传统科层制组织结构无法适应快速变化的外部环境。因此,新技术与新时代使得平台型企业必然趋向于选择扁平化、网络化、虚拟化的组织结构,逐渐淡化的等级制度,减少纵向分工以及增强横向协调的网络化组织结构。

平台型企业似乎并不受到企业边界的严格限制,其一方面可以对传统的企业内部行为进行"外包",另一方面可以通过生态式成长实现平台的无限扩展。这些企业可以实现非常大的规模,形成庞大复杂的生态圈。平台型企

---

① 郑志刚:《如果科斯醒过来,会怎么想数字经济》,http://www.sohu.com/a/204955761_352307,最后访问时间:2019年6月25日。
② 王建平:《工业4.0战略驱动下企业平台生态圈构建与组织变革》,载《科技进步与对策》2018年第16期。

业实现了规模性增长的目标,同时避免了主要资本投资(汽车)的所有权成本以及作为雇主对司机工资和福利的责任。就连原本属于传统制造业的海尔也充分认识到"互联网时代下你不是拥有平台,就是被平台拥有",提出用"互联网变革企业",一是企业要成为互联网的节点,二是企业的无边界,要打造生态圈,促进互利共赢。因此,在平台经济中,传统上看似泾渭分明的企业与市场的边界已经不那么清晰可见,这反过来也导致关于平台型企业性质的认知无法达成一致。有观点认为所谓的共享形式只是组织和协作性生产网络的一种不同方式,诸如 Airbnb 和 Uber 不过是一个纯粹的"科斯式企业",即传统的公司,它们拒绝接受将其房东和司机正式视为员工是为了逃避其作为雇主应当承担的责任。事实上,许多监管者和一些批评者都认同这一观点。另一种解释是,以平台型企业为核心建构的复杂的正式合同网络占据了企业和市场之间相对明确的中间地带,因此,可以将这些描述为特许经营。

三、企业平台化改变了商主体的信用基础

在传统企业中,资本信用或资产信用始终是企业参与市场经营活动的基础保障。譬如在有限责任公司和股份责任公司中,以股东的法定出资义务为核心的公司资本制度始终是公司法律制度框架中的重要组成部分。与此形成鲜明对照的是,"轻资产、重关系是平台企业的本质特征"[①]。在平台型企业中,由于企业平台化演进的目的指向之一是降低运营成本,在互联网信息技术高度发达的今天,市场主体之间的信息获取与传递十分便利,这就使得资本或资产这一债权担保形式的作用微乎其微。更为重要的是,当市场交易信息通过电商平台这一便利的途径得以获取时,平台型企业与市场交易主体之间在信息充分对称的情况下建立起来的相对稳固的法律关系就成为平台型企业最有价值的资本积累。除此之外,由于互联网时代信息获取便利度的陡然提升,平台型企业与相关市场主体之间通过缔结契约的方式建立民商事法律关系的概率也可获得极大提升。总体来看,企业的平台化在一定程度上弱化了传统企业的资本或资产信用基础,转而以建立可信赖的契约关系来保障平台的稳健运营发展。

---

① 宁光杰、林子亮:《信息技术应用、企业组织变革与劳动力技能需求变化》,载《经济研究》2014 年第 8 期。

四、企业平台化冲击了商主体的类型界定

（一）独立企业 vs. 契约关系 vs. 企业联合

已经有学者注意到,伴随互联网技术的高速发展和数字经济时代的到来,传统的企业组织模式已经受到了前所未有的冲击,基于互联网信息资源共享理念所创生的平台型企业应当被定义为一种新型的组织模式。① 虽然平台型企业被称为"互联网时代的新型组织形式"②,但其法律内涵和性质并不十分清晰。在实践中,监管机构在近年来的监管行为中也越来越倾向于将平台型企业的法律责任界定为"主体责任"。然而,当我们对"主体责任"这一概念进行简单的规范性分析之后便可发现,这一法律概念的含义并不十分明确,也因此可能会导致对平台责任限度的忽视。③

关于平台型企业作为独立企业的争议,主要是围绕其边界的确定,具体问题聚焦在参与平台提供产品或服务者与平台型企业之间是否构成雇佣关系。在美国,有一些针对 Uber 的诉讼提出 Uber 司机不是真正独立的承包商或与 Uber 签订合同的企业,而是雇员。④ Uber 司机也在马萨诸塞州和加利福尼亚州提起诉讼,想要要回被 Uber 扣留的小费,他们认为 Uber 对司机保留小费的能力的限制做法能够说明 Uber 公司作为成百上千名司机的事实雇主的地位,而不仅仅是为小企业网络提供技术平台的中间人。

理论界的观点也莫衷一是。其中有一种观点提出疑问,认为美国联邦地区法院判决虽然认为 Uber 公司与司机之间存在劳动关系,但这一判断所依据的 Borello 测试体系并不能代表判断劳动关系的标准。成文法系国家在劳动关系判断中提炼出的"从属性"概念并以此为基础构建的审查标准,已经经过了司法实践的检验。据此提出,在我国现行制度框架下,不宜将互联网平台与劳务提供者之间的法律关系界定为劳动关系,应避免劳动关系的泛化。⑤ 然而,与此完全对立的一种观点则认为,互联网平台已经成了"现代包买商",他们利用自身的市场接入权而形成垄断的格局,从而获得剩余控制权。在这些平台型企业中,数据和算法的运用也使得它们能够对劳务提供者

---

① 刘心雨、刘丽娜:《企业从传统模式向平台型组织转型的研究述评》,载《环渤海经济瞭望》2017 年第 8 期。
② 胡国栋、王晓杰:《平台型企业的演化逻辑及自组织机制——基于海尔集团的案例研究》,载《中国软科学》2019 年第 3 期。
③ 叶逸群:《互联网平台责任:从监管到治理》,载《财经法学》2018 年第 5 期。
④ Berwick v. Uber Techs., Inc., No. 11-46739 EK (Cal. Labor Comm'r June 3, 2015).
⑤ 王天玉:《基于互联网平台提供劳务的劳动关系认定——以"e 代驾"在京、沪、穗三地法院的判决为切入点》,载《法学》2016 年第 6 期。

的劳动过程进行深度介入,就这一维度来说,网约车平台与全职司机构成了事实上的雇佣关系。① 也有观点提出,现代工作场所继续随着高度依赖智能手机社会的发展而发展,法律必须与技术保持同步,因为随需应变的经济需要继续存在,所以需要解决随需应变的就业分类问题。② 与此同时,也有学者选择了较为折中的观点,认为面对当前社会不断出现的新型劳动形态,我们始终应当以保护劳动者权益为解决问题的重心,淡化法律关系定性,在未来探索建立中间类别劳动者保护的制度。③

就平台型企业的法律形态界定而言,有观点认为互联网平台角色的模糊性与多样性引致了其主体责任认定的困难。即便部分互联网平台的业务范围实际上已经突破了信息中介的身份,而介入了实质交易,同时却仍然逃避作为经营者的主体责任。因此,有学者提出,应当通过分析组织结构、风险与利润分配等经济实质,认定平台具有垂直性组织体的经营者身份,并据此追究其主体责任。④

(二) 自营商人 vs. 商中间人 vs. 技术服务提供商

Airbnb 是一家酒店连锁、一家租赁代理还是一家网络服务提供商? Uber 是一家雇用了成百上千名司机的出租服务公司还是一家应用程序开发商? 那些通过 Airbnb 租赁房屋或通过 Uber 驾驶车辆的是"雇员"还是利用公共资源的独立经营者? Kickstarter 是一个投资顾问还是一个为小企业提供的便于其与有兴趣为其成功投资的个人建立联系的门户网站? 这些问题至今仍然未解。面对可能被施加的监管成本,组织个人房东参与的中介机构通常辩称他们不是酒店,一些机构辩称他们只是帮助这些服务市场发展和繁荣的软件提供商。

Uber 与消费者的服务条款将该平台确立为"技术公司",并在消费者和乘坐服务的第三方提供商之间建立"匹配服务"。Uber 的驾驶合同[在 Uber 网站上称为"条款和条件"(Terms and Conditions)]同样将 Uber 在交易中的功能限定为"为乘客共享或点对点客运服务的独立提供商创造商机",司机需要"认可并同意公司是一家不提供运输服务的技术服务提供商"。Uber 进

---

① 齐昊、马梦挺、包倩文:《网约车平台与不稳定劳工——基于南京市网约车司机的调查》,载《政治经济学评论》2019 年第 3 期。
② Crank, Ashley L., "O'Connor v. Uber Technologies, Inc. : The Dispute Lingers—Are Workers in the on-Demand Economy Employees or Independent Contractors", 39 *American Journal of Trial Advocacy*, 609-634(2016).
③ 王茜:《互联网平台经济从业者的权益保护问题》,载《云南社会科学》2017 年第 4 期。
④ 徐可:《互联网平台的责任结构与规制路径——以审查义务和经营者责任为基础》,载《北方法学》2019 年第 3 期。

一步规定了管理 Uber 和司机双方关系以及司机和乘客之间的合同关系的条款，主要包括：Uber 服务的使用要求；基于评级的合同终止；Uber 在确定默认票价和收取这些票价方面的角色；司机作为独立承包商的地位；Uber 对驾驶的有限控制。在"Uber 服务的使用"这一标题下，驾驶员合同还规定了驾驶员和乘客之间的交易条款，其中包括驾驶员和乘客之间的通信；驾驶员根据运输协议提供设备和服务的义务；驾驶员运输服务动物的义务；驾驶员对乘客的评级和乘客对驾驶员评级的权利；对驾驶车辆的要求；根据乘坐地点收取"默认"票价；根据当地市场因素调整票价；根据驾驶员行为调整票价，包括低效路线。特别要注意的是，Uber 司机合同规定了默认票价，司机可以主动协商。该协议没有说明协商后的票价在现实中是如何运作的，并且有一些证据表明，向下的票价是否定的。但是，Uber 定价机制的轮廓不是静态的，可以预期票价会发生变化。2017 年 6 月，Uber 增加了允许乘客给司机小费的功能，其结果是现在可以通过小费向上协商乘坐的总成本。

与 Uber 一样，Airbnb 也将自身描述为一个用于将服务提供商与服务消费者进行匹配的"平台"。平台对其服务收取费用，这些费用主要是针对服务提供商而非消费者征收。Airbnb 在服务交易财务方面的其他作用包括向消费者收款，向供应商付款，并向消费者收取额外的损害赔偿费。Airbnb 不给所提供的服务定价。

CouchSurfing（沙发冲浪）的使用条款强调："我们的服务为会员提供了一个相互了解、安排住宿和旅行、参与活动和相互交流的平台。CouchSurfing 不是您与任何其他成员、个人或组织之间的任何通信、交易、互动、争议或任何关系的一方，不参与其中或保有利益，不对其作任何代表或保证，也不承担任何责任。您只负责与我们服务的其他成员进行交互。我们保留权利，但没有义务监督您和我们服务的其他成员之间的互动。记住，CouchSurfing 服务只是一个平台，使您能够与世界各地的其他人交流和互动。我们对您与其他俱乐部会员之间的互动不负责任，因此在使用我们的服务时，请使用良好的判断力并牢记安全。"

大多数人都知道 Airbnb 不同于酒店连锁店，也不同于含早床铺的预订服务，但我们可能无法确定原因。由于这些公司在传统市场体系中履行着传统上由"雇主""出租车公司"或"投资顾问"履行的某些职能，监管机构得出结论，这些公司应接管所有职能和相关责任。监管部门的理由似乎是，如果Uber 愿意接受为其司机提供福利的成本，或者 Uber 是一家试图避免注册成本的出租车公司，那么它没有理由不接受雇主的标签。

五、企业平台化延展了商主体的经营场所

在传统商法理论中,商主体得以参与市场活动的一个必备要素是有实体经营场所。而在数字经济背景之下崛起的平台型企业则依托于互联网这一虚拟化技术,使得实体经营场所成为或然性选项。尤其是在交易平台型企业中,实际上承载商事经营行为的场所即是线上虚拟平台。虽然即便是在平台型企业中,也不乏实体经营场所的存在,但是其至多只是交易履行行为的发生场所,而非交易关系的发生场所。因此,在企业的平台化过程中,实体经营场所俨然已经成为一项非必需条件。

六、企业平台化模糊了商主体的责任界分

在合伙企业、公司法人等传统商主体类型中,主体内外部关系的界限十分明晰,法律适用的指向性也非常明确。以公司为例,当涉及公司内部法律关系时,商组织法便要发挥功用,而当涉及公司外部法律关系时,则要依靠商行为法或合同法规则来解决。反观平台型企业的内外部关系,由于平台型企业存在企业与市场、组织与契约的交叉融合地带,所以其内外部关系常常难以被明确区分。在此前提下,企业的平台化演进使得原本属于企业内部组织范畴的营业行为外部化。正如有学者指出的,在传统企业向平台型企业过渡的过程中,企业的组织业务流程发生了根本性的改变,传统企业业务运作的中心主要在企业组织内部,企业所创造的价值也在企业的内部完成;而在平台型企业模式下,这种传统运作方式已经发生了变化,企业的业务流程已经超出了企业的边界,将运作中心转移到了组织外部,而价值生成也扩展到了整个平台生态圈内完成。① 由此产生的一个问题是,内外部关系边界的模糊化导致了平台型企业在责任承担上的不确定性,在滴滴出行平台的法律责任承担方面的争议不断便是典型适例。②

平台型企业的"轻资产"和营业"外在化"特性对商主体的信用基础和内外部关系产生了巨大挑战。传统商主体强调以"资产/资本"作为其信用基础,以资产和内部权力作为其边界判断标准,由此导致平台型企业的信用能力以及义务与责任范围变得模糊不清(如滴滴公司对"顺风车司机"的行为是否该承担责任的争论)。互联网平台角色的模糊性与多样性导致了对其

---

① 王建平:《工业 4.0 战略驱动下企业平台生态圈构建与组织变革》,载《科技进步与对策》2018 年第 16 期。

② 新华网:《女孩乘滴滴顺风车遇害　五问滴滴平台安全》,http://www.xinhuanet.com/legal/2018-08/26/c_1123328973.htm,最后访问时间:2019 年 6 月 20 日。

行为责任认定的困难。① 很显然,确定平台型企业的责任限度是一件相当困难的事,不仅需要考虑政府介入平台监管和平台配合监管的必要性问题,还需要考虑平台型企业是否能够预知负外部性的发生。②

实际上,在许多平台网络中,平台型企业只承担与雇主、酒店业务或投资顾问等自由市场类别相关的一部分任务。Uber 和 Airbnb 等公司创建了一个小型企业网络,这些企业充当供应商,并保留了其中一些任务。例如,在 Uber 和 Lyft 等汽车共享服务的情况下,驾驶员提供他们自己的资产(汽车)以便出售乘坐服务;在通过 Airbnb 出租房屋的情况下,也是如此。这些绝非无关紧要的细枝末节:关键资产的所有权由个人,而不是由可能是"雇主"的企业提供,这足以将这些模型与传统企业运营方式的科斯范式进行显著区分。这种区分当然不能达成结论认为诸如 Airbnb 和 Uber 等平台型企业对这些服务的消费者或服务提供商不负责任,但却能够合理得出下述结论,即这些平台型企业不应该承担我们传统理解的企业的所有责任。

---

① 徐可:《互联网平台的责任结构与规制路径——以审查义务和经营者责任为基础》,载《北方法学》2019 年第 3 期。
② 叶逸群:《互联网平台责任:从监管到治理》,载《财经法学》2018 年第 5 期。

第六章　组织虚拟化及其对商主体体系的挑战

数字经济时代,具有变革性理念的区块链技术脱颖而出,应用领域不断扩展。区块链技术在 2008 年被首次应用于比特币的设计中,计算机科学家、加密爱好者和无政府主义者一致认为这项技术的潜力对于期待已久的关于金钱的"密码朋克"梦想的实现具有突破性的价值。"密码朋克"理想中的金钱是不受国家和商业银行等第三方的控制,区块链系统创造的加密货币正好迎合了此种需求。不过,区块链技术的可能适用领域远远超出了以新的方式发行货币,智能合约(一个自动执行的数字契约)的出现标志着其正在从货币领域走向法律领域。[①] 从区块链并不久远的应用发展历史来看,其已经呈现出从应用技术到治理机制的扩展轨迹,在依托于以太坊的"去中心化自治组织"(The DAO)正式运行之后,更多具有组织形态的区块链社区日益勃兴。"去中心化自治组织"之类的虚拟性组织对商主体形态法定原则和实体观念带来了巨大挑战。本部分将在简要描述区块链组织发展状况的基础上,对区块链系统作为治理机制的可行性进行分析,随后归纳区块链组织的主体特征,揭示其对商主体体系提出的挑战。

第一节　数字经济背景下的区块链组织发展状况

一、区块链组织的产生背景

(一)区块链技术的兴起

数字经济背景下,企业组织与网络社会日益交融,区块链即将成为未来网络社会的重要基础性设施。事实上,区块链在融入大数据、云计算、人工智能等技术要素后,能够迅速地与金融、法律、科技、管理、环保和能源等应用场

[①] Quinn DuPont & Bill Maurer, "Ledgers and Law in the Blockchain", http://kingsreview.co.uk/magazine/blog/2015/06/23/ledgers-andlaw-in-the-blockchain/,最后访问时间:2024 年 3 月 24 日。

景广泛结合。① 这将深度变革人们的经济关系网络和社会活动时空,物理世界——数字世界、现实生活——虚拟生活、物理空间——电子空间的双重构架得以形成,二者相互影响、相互嵌入、相互塑造,形成了虚实同构的经济、文化、社会、法律关系。

区块链技术(Block Chain Technology),又称分布式账本技术(Distributed Ledger Technology),是一种去中心化、去信任化的分布式数据库技术方案,该数据库由参与系统的所有节点集体维护,具有分布式、防篡改、高透明、可追溯等特性。② 该概念最先在中本聪 2008 年发表的论文《比特币:一种点对点的电子现金系统》中作为支撑比特币交易的底层支撑性技术出现,其分布式、去中心化的特性可以很好地解决双重支付的问题。③ 2009 年,中本聪制作了比特币世界的第一个区块"创世区块"并挖出了第一批比特币,此后,数字虚拟货币市场逐渐兴盛起来,区块链技术也进入了大家的视野。

区块链技术是一个变化的概念,诸如比特币、以太坊、R3 和 Ripple 都是建立在这样一个基础技术之上,但它们的具体样态又显著不同,每个区块链技术应用都是服务于特定的用途,从数字货币发行、定式服务到存续性组织功能的自动执行,因而难以对其加以一般性界定。理解区块链技术的最便捷方法就是将其视为一种基于互联网的、用于存储权利的分布式数据库或账本,其中具有相同的本构价值的副本由每个网络参与者持有。该数据库使每个参与者能够通过向数据库软件发出相应指令来对存储的权利进行交易,然后该数据库软件将自动地且不可逆地实现网络参与者持有权利的相应变化。这是区块链技术应用于比特币的初衷。

国内方面,2015 年微众银行就开始探索区块链技术,目前已研发了两大区块链开源底层平台。其中一个是联合万向区块链与矩阵元共同推出的企业级联盟链底层平台 BCOS(Be Credible, Open & Secure)。BCOS 之后在 2017 年 7 月完全开源。另外一个是联合金链盟开源工作组的多家机构共同研发并开源了 BCOS 的金融分支版本——FISCOBCOS。基于 FISCOBCOS 平台,数十家企业已经开始聚焦区块链应用场景的落地,在包括供应链、票据、数据共享、资产证券化、征信、场外股权市场等场景进行实践。2017 年 1 月,国内的众享比特团队发布了号称全球首个基于区块链技术的数据库应用平

---

① 蒋健豪、文丹枫等主编:《数字经济时代区块链产业案例与分析》,经济管理出版社 2018 年版,第 26 页。
② 何蒲、于戈、张岩峰、鲍玉斌:《区块链技术与应用前瞻综述》,载《计算机科学》2017 年第 4 期。
③ Satoshi Nakamoto, Bitcoin: "A Peer-to-Peer Electronic Cash System", https://bitcoin.org/bitcoin.pdf,最后访问时间:2023 年 10 月 15 日。

台 ChainSQL,将区块链技术与传统数据库技术结合,打造不可篡改、安全、一致、低成本的数据库,推动了数据库技术的演进。① 同年 4 月腾讯发布了可信区块链平台 TrustSQL,基于该核心技术,腾讯旨在打造领先的企业级区块链基础服务平台。②

(二) 区块链应用的不断扩展

区块链的最初形态仅仅是作为一项技术应用在电子现金支付系统中。关于此点最早可以追溯到中本聪共识中对比特币的描述。在《比特币白皮书:一种点对点的电子现金系统》,中本聪将其描述为这样一种电子支付系统,它基于密码学原理而不基于信用,使得任何达成一致的双方,能够直接进行支付,从而不需要第三方中介的参与。

不同于比特币的去中心化电子支付,以太坊拥有了更完善强大的功能。以太坊通过一套图灵完备的脚本语言(Ethereum Virtual Machine Code,简称 EVM 语言)可以更为自由、迅速地编写形形色色的"智能合约"。它类似于汇编语言,在以太坊里的编程并不需要直接使用 EVM 语言,而是类似 C 语言、Python、Lisp 等高级语言,再通过编译器转成 EVM 语言。③ 智能合约的出现使得两个人不只是可以进行简单的价值转移,还可以设定复杂的规则,由智能合约自动、自主地执行,极大地扩展了区块链的应用空间和实用价值。股票或债券可以在区块链网络上发行、交易和结算,从而替代证券交易所、结算机构等。事实上,这项技术可以用来进行各种支付,央行可以通过这种方式发行法定数字货币。④ 以太坊的目的是以通用的方式来实施区块链与加密担保交易相结合的典型范式。这表明,它试图为任何类型的分散区块链应用程序生成软件标准(如电子邮件协议),这可能包括从另一个加密货币到用于管理"智能合约"的应用程序,即各种衍生合约都可以在区块链网络内生成、管理和解决,如区块链触动的民事婚姻合同⑤、房地产合同和

---

① 工业和信息化部信息中心:《2018 年中国区块链产业白皮书》,2018 年 5 月发布。
② 同上。
③ 安信证券研究报告:《区块链:互联网的诗和远方》,第 18 页。
④ 2017 年 10 月 16 日,俄罗斯总统普京宣布俄罗斯发行官方数字货币"CryptoRuble"。CryptoRuble 无法通过挖矿来获得,而是像普通货币一样由政府发行和跟踪。这就消除了加密货币最主要的吸引力之一。不过,CryptoRuble 似乎以区块链为基础。这至少带来了一定的去中心化,并有助于预防网络欺诈。资料来源:http://www.cs.com.cn/xwzx/hwxx/201710/t20171016_5516525.html,最后访问时间:2024 年 7 月 18 日。
⑤ 2014 年 10 月 5 日,David Mondrus 和 Joyce Bayo 在 Blockchain 公共登记处登记,并在佛罗里达州奥兰多迪斯尼世界的私人比特币会议上举行婚礼。双方为了使婚姻合法化,不得不扫描和确认 QR 码,然后直接写入 Bitcoin Blockchain。这对新婚夫妇的誓言是:"生命不是永恒的,死亡可以分开我们,但是 Blockchain 是永远的。"资料来源:http://www.fx168.com/fx168_industry/news/broker/1711/2383651.shtml,最后访问时间:2024 年 7 月 18 日。

金融工具。①

2015年,R3区块链联盟成立,其成员包括巴克莱银行、澳大利亚联邦银行、高盛、摩根大通、瑞银集团等42家知名金融机构,他们致力于研究区块链技术在金融行业中的应用。同年12月,由Linux基金会主导发起了超级账本(Hyperledger)开源区块链项目,其中包括Fabric、Burrow、Iroha、Sawtooth项目,旨在推动区块链的跨行业应用。2016年2月,BigchainDB公司发布了可扩展的区块链数据库BigchainDB,该数据库既拥有高吞吐量、低延迟、大容量、丰富的查询和权限等分布式数据库的优点,又拥有去中心化、不可篡改、资产传输等区块链的特性,因此被称为在分布式数据库中加入了区块链特性。同年4月,R3公司发布了面向金融机构定制设计的分布式账本平台Corda。② R3声称Corda不是传统意义上的区块链平台,而是受区块链启发的去中心化数据库。这是因为R3认为区块链中每个节点拥有全部数据是不合理的,区块链应当注重保障数据仅对交易双方及监管者可见,这样才能够保证其隐私性。③

二、区块链组织的演进发展

(一) 去中心化自治组织(DAO)的产生

2014年以太坊的概念提出以后,人们开始意识到区块链技术的广大前景,区块链组织就是其中之一。区块链不仅可以作为如比特币之类的权属流转业务的支撑性技术,同时也能在上面运行图灵完备的自定义业务,能够成为一个"全能"的去中介化平台。④ 探其究竟,区块链的核心技术包括分布式账本技术、非对称加密算法以及智能合约等⑤,借助于这些核心技术,区块链可以保障交易过程中的信任和安全问题,同时能够基于较低的成本和风险实现跨部门、跨区域的信息协同与资源共享,具有传统的数据存储和交易方式

---

① V. Buterin, "A Next-generation Smart Contract and Decentralized Application Platform", http://www.fintech.academy/wp-content/uploads/2016/06/EthereumWhitePaper.pdf, 最后访问时间:2018年5月8日。
② Kyle:《巴克莱银行在伦敦活动中演示了R3的新分布式账本Corda》, https://www.8btc.com/article/87106,最后访问时间:2019年6月8日。
③ 邵奇峰等:《区块链技术:架构及进展》,载《计算机学报》2018年第5期。
④ 王博:《企业区块链平台中的治理机制与激励机制设计》,载《信息通信技术与政策》2019年第1期。
⑤ 杨现民、李新、吴焕庆、赵可云:《区块链技术在教育领域的应用模式与现实挑战》,载《现代远程教育研究》2017年第2期。

无可比拟的独特优势。① 在2015年6月,Slock.it开始开发分散的自治组织框架,以太坊创始人Christoph Jentzsch于2016年3月15日发表了相应的白皮书,提出了运用区块链基础创建去中心化自治组织DAO(Decentralized Autonomous Organization)的可能性。DAO使用了图灵完整编程语言与智能合约处理功能集成的技术。该方法首次尝试使用区块链技术创建组织,其中:(1)参与者直接实时控制投入资金;(2)使用软件正式化、自动化和强制执行治理规则。以太坊延续了比特币的区块链设计,依靠分布式账本技术来进行去中心化、点对点的价值转移。

2016年5月,DAO通过发售代币(或投票权)的方式筹集到了1.5亿美元。它通过集体投票进行运作,购买DAO代币的持有者就是其股东。我们可以将DAO理解为智能合约的集合体,多个智能合约结合起来,组建成为一个全数字化的公司。它不存在于现实世界中的任何地点,而是建立在"区块链"上——这是一个分布在全球的总账,也是比特币等加密货币的基石。可惜的是,在2016年的6月,DAO被黑客攻击,利用两个代码漏洞创建子合约提取了360万个以太币。② 因此在分布式自治组织的风险预防上仍然还有很多需要完善的地方。

国际上比较著名的案例还有Dash和DigixDAO。③ 达世币(Dash)实际上是世界上第一个落地的分布式自治组织。在达世币的系统下,每个人都有权直接向达世币网络提交项目方案。任何有助于达世币发展的提案,例如市场营销和研发等,都可能获得资金支持。也就是说,达世币为自己的发展和应用推广注资,由此保证了网络共识的达成和网络用户的可靠性。④ DigixDAO是一个智能合同套件,由DigixGlobal公司部署在区块链上,目标是与社区一起治理并建立21世纪以太坊金本位金融平台。DigixDAO代币持有人能直接对那些致力于DigixCore黄金本位平台成长和宣传的决定产生影响。该代币是一项基于以太坊的资产,代表DigixDAO的股权。代币持有者将享有公司决策的参与权,并以投票的方式参与,并且还会收到数字黄金代

---

① 许振宇、吴金萍、霍玉蓉:《区块链国内外研究热点及趋势分析》,载《图书馆》2019年第4期。
② 区块链安全档案:《区块链安全事件回顾:The DAO被黑事件》,https://www.huoxing24.com/newsdetail/20180803184955152335.html,最后访问时间:2019年6月12日。
③ 资料来源:http://ency.chaoxing.com/detail/1E14920EFC63817A43A7BE8591B846EC,最后访问时间:2019年6月26日。
④ Hyrik:《三分钟了解主流币之达世币(DASH)》,https://www.jianshu.com/p/d9a8d9599e52,最后访问时间:2019年6月12日。

币交易费中的一部分作为股权回报。①

随着比特币、以太坊、EOS(Enterprise Operation System)等区块链应用的发展与日益兴盛,区块链技术的优势也被越来越多的个人与团体所认知,其在金融、教育、医疗、政府管理等各个方面的巨大潜力也日益彰显。实际上,区块链的本质在于其去中心化、分布式的特质,这种特质可以避免传统高度中心化系统易于被攻击的缺点,从而保证数据的真实性。区块链的应用模式具体包括公有链、私有链和联盟链。② 公有链是指任何人都能够参与的区块链,而私有链则恰恰相反,私有链的记账权限仅仅掌握在一个人或一个机构手中。至于联盟链,其账本的公开程度介于前两者之中,是由联盟内部的多个机构共同管理的。联盟链是区块链组织的前身,脱胎于区块链技术去中心化的本质,使得不同企业法人在不必取得信任的情况下即可实现数据的可信互换。共识机制限制预定节点但访问权限由应用场景决定的联盟链可以称作企业区块链。企业区块链将不同的企业法人通过区块链和智能合约关联起来,打造了一个独立于原各企业的DAO③,也就是区块链组织。不同于传统公司复杂和缓慢的机制,DAO就像一个完全自动运行的公司,任何一个人都可以随时加入和退出。而公司的代币成为系统中运行的唯一货币,并让收入、利润这些概念完全消失。公司运作的结构被大大简化,只剩下投资者和生产者,这会极大地提高公司的运作效率,每一个DAO,如上市公司一样,其发行的代币是可以高速流通的,这意味着其价值在一开始就将完全由市场决定的,无须在通过漫长而复杂的融资和审核成长为一个上市公司后再由市场决定。区块链组织就此应运而生。

(二) 区块链组织的新近发展

区块链组织是一个没有单一领导者的分布式组织,它没有实体,理论上只要有互联网连接,它就可以存在,它本质上是依附于区块链底层技术而存在的分布式自治组织。区块链技术的逐渐发展与完善,给区块链组织创造了最为肥沃的土壤。2019年是DAO分布式自治组织的元年。DAO在不同的领域逐渐崭露头角。比较有代表性的案例有④:

---

① 火币网:《DigixDAO-DGD项目介绍》,http://www.dayqkl.com/1794.html,最后访问时间:2019年6月7日。
② 谷俊、许鑫:《人文社科数据共享模型的设计与实现——以联盟链技术为例》,载《情报学报》2019年第4期。
③ 王博:《企业区块链平台中的治理机制与激励机制设计》,载《信息通信技术与政策》2019年第1期。
④ 链得得:《2019,分布式自治组织(DAO)元年开启,技术之矛指向何处?》,http://www.sohu.com/a/291582510_100217347,最后访问时间:2019年5月22日。

第一，在创造新型工作形式方面，比较具有代表性的案例有 Gitcoin、Espresso、PlanningSuite、Pando。它们在回答问题、共享文件、协调资源、整合创意项目等各个方面都有着不俗的表现。第二，在需要协调的利益相关方网络方面，Giveth 正致力于为去中心化利他社区创建一种架构，这种架构能够允许人们围绕公益事业组织并协调分配资源。另一个热门项目是 Moloch，一种允许社区为共享基础设施提供资金的开源方式。第三，在去中心化金融领域的实例非常多，如 MakerDAO、复合金融、Dharma。DeFi（去中心化金融）领域的创新几乎能够超越你所能想象的组织架构的极限。第四，在治理领域方面，2019 年被认为是实验治理从理论走向实践的寒武纪大爆发，去中心化的交易协议 0x 正在向社区治理过渡，推动协议治理和允许代币持有人安全地对协议升级进行投票。Melon 公布了更多关于其拟议治理方式的信息。第五，去平台化的趋势也在渐渐兴起，现有的社交网络出现了一些替代品，如 Gab 和 Mastodon 都试图成为 Twitter 的替代品。第六，DAO 的使用在政府管理和社会组织方面的作用和效果还有待观察。现有的实例如 Giveth 项目正在致力于基础设施建设。

区块链技术正在衍生为新业态，成为经济发展的新动能。① 区块链应用在我国越来越受到重视，多地政府工作报告中都提到了应当加快落地区块链应用，促进产业升级转型。如重庆市政府工作报告指出，要促进智能产业、智能制造和智慧城市加速发展。推动区块链技术创新应用，促进区块链产业健康发展。这也是题中应有之义了，因为无论是区块链还是区块链组织的本质都决定了它们在各种领域的应用前景都将非常可观。从区块链技术的初现端倪到区块链组织的蓬勃兴起，区块链组织的发展可归纳为三个阶段的变迁：区块链 1.0 阶段是"货币"，以比特币为代表，解决了货币和支付手段的去中心化问题；区块链 2.0 是智能合约，以以太坊为代表；区块链 3.0 阶段体现为更高的性能和扩展性的 EOS，涉及与物联网结合、知识产权登记甚至社会治理等更广泛的应用。② 未来的区块链组织将拥有更为完整强大的功能。

三、区块链组织的技术特征

区块链技术最初应用于比特币，由此形成了一个去中心化的支付系统，如今，区块链技术已经超越全球支付领域而迈向公司治理、社会制度、民主参

---

① 工业和信息化部信息中心：《2018 年中国区块链产业白皮书》，2018 年 5 月。
② 邓建鹏、孙明磊：《区块链国际监管与合规应对》，机械工业出版社 2019 年版，第 11 页。

与和资本市场等广阔天地,开创了一个变革的新时代。① 但无论区块链的现实应用如何千变万化,支持其在不同领域产生颠覆性影响的都是其内在的核心技术特征。这些技术特征对传统的法律关系建构理论与方式产生了极大的影响,导致了区块链系统内部关系在传统法律的视野下变得扑朔迷离、难以被清晰判定。

(一) 分布式数据存储

理解基于区块链的分布式数据存储技术的最佳途径是与传统的集中式数据存储或者说集中式账本方式相比较。集中式账本是目前在金融领域最为常见的数据存储方式。在集中式账本中,数据存储在一个权威性的集中账本上,由受信任的管理员负责进行维护,在收到适当验证的通知后,对资产的变化进行记录。这种方式所存在的主要风险是集中式账本可能会被损毁,或者受到黑客攻击而被破坏,从而使得原始数据被控制以实施勒索或者被更新而丧失准确性。

基于区块链技术的分布式账本通过增加操纵存储数据的障碍来解决上述问题。区块链在信息存储上采用了时间戳和工作量证明机制,即信息的写入和保存没有特定主体,而是由链上节点通过计算机运算能力去计算某个符合条件的哈希值并通过一定的时间序列来取得记账权并记账,进而将区块信息向全网广播,接受其他节点验证后最终被接受成为有效区块。数据也不是单独存储,而是分布式存储在与其他数据捆绑的区块中。区块充当多个数据点的容器,所有的区块以特定的顺序存储,形成所谓的"链"。每个区块包含一个时间戳和一个与前一个区块的链接,要实现对一个区块中的多个数据集的捆绑控制,需要所发起的网络攻击能够操纵整个数据块以及被攻击区块之前和之后的区块。简言之,在分布式账本模式下,许多数据存储点(节点)都是相互连接并且同时存储所有数据,它们作为一个整体共同构成了分布式账本。所有存储节点共同构成公共账本,能够完整呈现系统中所有人(包括人类和以太坊账本情境下的人造代理)被记录到账本中的交互或交易,从而使它们成为可审查验证的信息。总体上看,与在同等安全的集中服务器上存储的数据相比,存储在分布式账本上的数据在一般情况下难以被操纵或篡改。

---

① Aaron Wright & Primavera De Filippi, "Decentralized Blockchain Technology and the Rise of Lex Cryptographia", http://papers.ssrn.com/abstract=2580664,最后访问时间:2018 年 3 月 21 日。

(二) 数据的不可更改性

区块链作为一种开放的分布式账本,它是以不可改变和可验证的方式记录各方的交易。在分散的点对点网络上运行的区块链系统中,信息存储在公共分类账户(不需要许可账户)或者私有分类账户(需经许可账户)中,包含所有的执行事务。与传统的集中式账本不同,在没有可信任的中介的情况下,交易的验证依赖于所有参与方或者节点之间协商达成一致的过程。因此,区块链账本中的每一项新交易都与其他已确定交易组合在一起,并以线性和时间顺序的方式添加到区块链系统中,以确保每个交易的不可更改性。向区块链添加区块是由"矿工"完成的,他们通过在复杂代码中进行竞争性求解来验证交易。每个区块包含前一个区块的记录,各个区块通过这种方式被连接在一起,为了改变一个交易,不仅一个相关的区块要被修改,其后所有的区块都要修改。因此,一旦完成了一个区块,它就被认为是不可更改的,并永久性地进入了分布式账户。

(三) 可自动执行性

区块链是一台任何人都可以上传程序并让程序自行执行的超级系统,在该系统中,每个程序的当前和以前的状态都是公开可见的,并且带有一个非常强大的加密安全保证,运行在链上的程序也可以继续按照区块链协议指定的方式自动执行。在实践中,区块链系统的可自动执行性主要是通过"智能合约"来实现。所谓"智能合约"是使用分散密码机制来实现自我执行的数字交易。[1] 2017年3月,美国亚利桑那州立法机关通过HB 2417法案修改了该州的《电子交易法》(AETA),使区块链签名合法化,并承认了智能合约的可执行性。该法案对于智能合约所作的界定是:"智能合约"是指一种事件驱动程序,它具有一个分布式的、分散的、共享的、复制的分类账,它可以在分布账上保管和指引资产的转移。从核心特征来看,智能合约是一种"在区块链平台上以软件代码形式存在的协议,基于预先确定的一套要素确保了智能合约条款的自治性和自我执行性"。[2]

---

[1] Kevin D. Werbach & Nicolas Cornell, "Contracts Ex Machina", 67 *Duke Law Journal*, 313 (2017).

[2] Alexander Savelyev, "Contract Law 2.0: 'Smart' Contracts as the Beginning of the End of Classic Contract Law", 2 *Information & Communications Technology Law*, 116-134 (2017).

第二节　区块链系统作为治理机制的可行性分析

一、区块链系统发挥治理功能的技术性基础

作为信息技术又一次飞跃发展之代表的区块链技术进入应用领域不过十年光景,但其独特的思维理念与运行逻辑已经在众多领域产生颠覆式的震撼,使得支持者、反对者抑或是不以为然者都无法真正对其置若罔闻。区块链原本承载的愿景仅仅只是"密码朋克"的自由主义"乌托邦",但其却激发起了对于中心化信任机制优越性与不可替代性的深入反思;区块链原本应用的意图仅仅是以新的方式发行替代法币的交易媒介,但其却在政治、经济、社会等各个领域显示出卓越的可适用价值;区块链原本展现的特质仅仅是一种基于计算机和互联网的信息存储技术,但其却表现出能够对传统合同、企业组织和市场等主要治理机制实现更为高效的功能性拓展乃至替代。因此,区块链并不是一种单纯意义上的技术,它还提供了重新审视政治、经济与社会组织的广阔视域,包括创造、管理和维持投票权、财产权和其他法律协议的新颖方式。有鉴于此,一些研究已经将基于区块链的系统程序称为"区块链治理"。[①] 不过,仅就现阶段而言,区块链功能的现实体现仍然主要限于技术应用层面,其作为治理机制的有限尝试甚至因弊端丛现而遭到质疑。

从单纯的技术层面看,区块链可以被描述为具有时间戳的公共交易记录,这种记录通过分散的"矿工"[②]的计算工作而得到加强。这种公共记录通常被称为"通用账本""公共账本"或者"分布式账本"。最有助于体现区块链能够发挥治理功能的核心特质包括:一是区块链系统的分布式存储,区块链是一种数字化存储的、公共的、人们可以据以与他人订立合同的分布式账本;二是区块链系统的可自动执行,区块链可以通过计算审查来自动执行已验证的交易或合同。从区块链已有的实践应用来看,以太坊社区的运行最有助于解释前面提到的区块链的两个核心特征。任何区块链都包含带有时间戳的"区块",这些区块是在一定的时间范围内(在比特币系统中是每10分

[①] 这方面的主要研究包括:R Beck, C Müller-Bloch & J L King, "Governance in the Blockchain Economy: A Framework and Research Agenda", 19 *Journal of the Association for Information Systems*, 1-41(2018); Tessa Hoser, "Blockchain Basics, Commercial Impacts and Governance Challenges", 68 *Governance Directions*, 608-612(2016); Wessel Reijers, Fiachra O' Brolcháin & Paul Haynes, "Governance in Blockchain Technologies & Social Contract Theories", 1 *Ledger*, 134-151(2016); David Yermack, "Corporate Governance and Blockchains", 21 *Review of Finance*, 7-31(2017).

[②] "矿工"指控制正在验证交易的计算节点的人员。

钟)在系统中进行验证的交易的集合。在区块链范围内的所有交易都可以公开查询,从"开始时间"(第一个区块被赋予时间戳)到当前时刻。这至少在理论上意味着所有与某个区块链应用程序交互的实体都可以拥有公共区块链的副本,并控制新交互的有效性。因此,在给定的区块链中,所谓的"智能合约"可以被公开验证,并且可以通过一个分散的节点网络来执行,这些节点理论上可以包括区块链的所有用户。在以太坊的白皮书中,有人认为分布式账本和分散的交易执行系统这两个特点解决了传统社会治理机制中的两个重要的政治谜题:防止人们通过欺诈和伪造的手段腐蚀系统,以及将人们从国家和银行等中心化力量中解放出来。① 因此,区块链的核心技术性特征表明,在没有第三方机构的情况下,个人群体也能够以复杂的方式自我组织起来。换言之,区块链技术可以作为一种替代的治理机制,通过该机制,追求自治的个人能够创建一个自治的社区(或多元社区),这样的社区具有可执行的交互规则,而不需要任何集中式的、层级化的权力结构。

二、区块链作为治理机制可行性的理论分析

治理机制所指向的是特定系统中基于信任障碍而产生的不确定性问题。威廉姆森认为,信任是经济活动的基石,他将信任分为算计性的信任、个人的信任、制度的信任,并发现根本不存在信任,而是存在承诺的不同等级的可信性。如若可信承诺无法确立,双方要么无法交易,要么发生兼并或收购。正是并购行为才催生企业去建立"治理结构",而不同的治理结构(市场、层级制与混合制)基于不同的合同法系,在解决不同利益的协调问题时发挥着特有的作用。② 作为一种新技术,人们对现有公司和行业使用区块链的方式非常感兴趣,而对于其作为一种可与传统的企业组织相媲美的治理机制却关注不多。实际上,区块链作为治理机制的可行性不独能从其具体应用和技术特征上直接感知,也能够从政治学、经济学和社会学的理论体系中获得充分的正当性支持。

(一)区块链作为治理机制的政治学分析

1984 年,马奇和奥尔森发表了《新制度主义:政治生活中的组织因素》一

---

① V. Buterin, "A Next-generation Smart Contract and Decentralized Application Platform", http://www.fintech.academy/wp-content/uploads/2016/06/EthereumWhitePaper.pdf,最后访问时间:2024 年 5 月 8 日。
② [美]奥利弗·E.威廉姆森:《治理机制》,石烁译,机械工业出版社 2016 年版,推荐序(张军)。

文,他们指出,由于行为主义的影响,作为政治生活基本因素的组织被忽略了,而实际上,"现代经济和政治体系中的主要行为者是各种正式的组织,法律制度和官僚机构是当代生活的支配性角色",换言之,组织和法律制度是现代政治生活的主导者。① 新制度主义理论的核心内容之一是制度变迁理论。新制度主义认为,制度变迁的动力来源于作为制度变迁的主体——"经济人"的"成本—收益"计算,因此,制度变迁不是泛指制度的任何一种变化,而是特指一种效率更高的制度替代原有的制度。制度变迁的模式可以分为诱致性制度变迁和强制性制度变迁,"诱致性变迁指的是现行制度安排的变更或替代,或者是新制度安排的创造,它由个人或一群(个)人,在响应获利机会时自发倡导、组织和实行",它受利益的驱使,是一种自下而上的制度变迁;"强制性制度变迁由政府命令和法律引入和实行",它由国家强制推行,是一种自上而下的制度变迁。②

区块链并不是一种"中立"的非政治技术,相反,作为一种极富变革潜质的制度性技术,区块链提供的应用具有极强的诱致制度变迁的效应,可以重新配置货币、经济、法律和更广泛的社会政治关系,因此,其政治意义是极其重大的。正如有研究指出的那样,比特币"作为软件的一部分,充满了从某种政治框架中汲取的思想"。③ 这样一种政治框架挑战了比特币的技术中立性的工具主义观念。至少在理论上,在区块链治理中,区块链社区的所有成员都可以提出自己的智能合约,并就其他人提出的合约进行投票。因此,区块链系统的主权是以一种分散的、民主的方式实现,所有的节点一起执行交易有效性的确认。区块链所提供的加密的共识机制,除了应用于金融、经济和法律领域之外,下一步的重要应用必然是在政治领域,即推动实现一种加密民主。区块链技术能够低成本地、安全地防止对政治民主中采用的一人一票规则的篡改,提高人们对投票机制和结果的信任。加密民主也可以改变对民主的有效利用,例如可以进行更频繁的全民公决,也可以扩大民主的有效规模。基于区块链的治理是高度可伸缩的,因此可以在最高和最低层级的政治权威中启用集体选择。一个自组织社区能够基于区块链治理机制而非固有的资源禀赋来进行规模调适,因此,传统组织中常见的多数暴政、盘剥和少数恐怖主义、理性冷漠等痼疾都可能会大大减轻。当然,区块链系统下的民

---

① James G. March & Johan P. Olsen, "The New Institutionalism: Organizational Factors in Political Life", 78 *The American Political Science Review*, 734-749(1984).
② 〔美〕R.科斯等:《财产权利与制度变迁——产权学派与制度学派论文集》,上海三联书店、上海人民出版社 1991 年版,第 384 页。
③ V. Kostakis & C. Giotitsas, "The (A) Political Economy of Bitcoin", 12 *Triplec*, 431-440 (2014).

主与传统意义上的基于多数决原则的民主有很大的不同,其是一种充分保障了每一参与者的自由选择的民主,有学者据此认为,建立在区块链上的网络代表了一个"严重反民主"的政治框架,并服务于"一个新自由主义议程"。①

(二) 区块链作为治理机制的经济学分析

"制度提供人类在其中相互影响的框架,使协作和竞争的关系得以确定,从而构成一个社会特别是构成了一种经济秩序。"②在一个经济体中,制度的有效组合将由寻求节省交易成本的代理人来塑造,节约生产成本能够形成有效地分配资源的市场制度结构,节约交易成本能够形成高效的经济组织和治理的企业制度结构。这些认知也塑造了法律经济学的分析方法以及更富解释力的组织理论。制度经济学的基本分析单元是交易,科斯运用市场交易成本的概念有效地解释了企业组织因何会存在。③ 威廉姆森借助于契约的视角进一步推动了科斯的组织经济学,他认为,治理问题始于不确定性,不确定性主要是因当事人的有限理性而导致的契约的不完全性。而且,由于存在资产专用性,组织中就存在机会主义运作的空间。机会主义风险可以通过有效的治理结构来防范。市场机制通常是现货合约的有效治理机构,但经济活动往往需要通过时间进行协调投资,这或者体现为交易双方之间的持续关系,或者涉及非合约交易,在这种情况下,作为市场机制的替代性治理机制,包括层级结构和关系契约,可以有效地应对机会主义的风险。④

区块链是一种关于公共数据库或者数字化信息的新技术,似乎当然应当归入信息通信技术革命的一部分。但区块链的基本分析单位也是交易(即可执行合约),这充分体现了区块链不应当仅仅被视为一种新的信息和通信技术,它实际上更应被理解为一种协调人际关系的制度性的或社会性的技术,理解为在制度、组织和治理方面的一场革命。易言之,对于区块链的经济分析并不仅仅是有学者认为的信息、创新和技术变革的经济学(因为区块链是一种颠覆性的新技术)或者是货币经济学(因为区块链支持比特币)的范畴⑤,而应当是一项新的制度经济学和公共选择经济学的工作。区块链技术

---

① David Golumbia, "Bitcoin as Politics: Distributed Right-Wing Extremism", https://ssrn.com/abstract=2589890,最后访问时间:2024 年 4 月 23 日。
② 〔美〕道格拉斯·C.诺思:《经济史中的结构和变革》,厉以平译,商务印书馆 1992 年版,第 227 页。
③ Ronald H. Coase, "The Nature of the Firm", 4 *Economica*, 386-405(1937).
④ Oliver E. Williamson, "Transaction Cost Economics: The Governance of Contractual Relations", 22 *Journal of Law and Economics*, 233-261(1979).
⑤ Rainer Böhme, Nicolas Christin, Benjamin G. Edelman & Tyler Moore, "Bitcoin: Economics, Technology, Governance", 29 *Journal of Economic Perspectives*, 213-238(2015).

的本质不同于经济学家对新技术建模的标准方式,即作为总生产函数的一种转变。区块链技术也可能具有这种效应,即促进多因素生产率的增长。但区块链技术更具变革性的一面是,它可以使新型合同和新型组织成为可能,从而催生了新的组织性的和制度形式的经济和社会治理。

(三) 区块链作为治理机制的社会学分析

区块链治理的哲学基础最初是与无政府主义和自由主义社会秩序理论紧密结合的,因而与传统的社会契约不同。① 但是,区块链治理正当性理由的一些基本方面与社会契约理论提供的理由有着明显的相似之处。按照卢梭的论述,社会契约所要解决的根本问题是"要寻找出一种结合的方式,使它能以全部共同的力量来卫护和保障每个结合着的人身和财富,并且由于这一结合而使得每一个与全体相联合的个人又不过是在服从其本人,并且仍然像以往一样地自由"②。因此,通过对社会契约理论的讨论可以促进我们对区块链技术能够发挥治理功能的深入理解。区块链治理的正当性与社会契约理论提供的治理正当性之间具有一些惊人的相似之处。

首先,区块链系统立足于类似于"社会契约"的基本协议框架。在关于区块链技术的一些核心论著中,"社会契约"通常被概念化为基于规则的分布式系统,其中包含了智能合约所基于的分布式账本。因此,在这些论述中,智能合约和社会契约的关键区别是智能合约适用于执行建构于底层协议依赖系统(如以太坊)之上的特定合同的协议框架,这种协议框架在整体上可以被称为"社会契约"。因此,区块链技术的社会契约可以理解为基于区块链的交互治理的底层模型。

其次,区块链系统针对类似于社会契约论者描述的"自然状态"而构建。霍布斯和卢梭的社会契约理论都是在假定一个概念上的"自然状态"的基础上证明一个合法政府存在的正当性,即,"当时自然状态中不利于人类生存的种种障碍,在阻力上已超过了每个人在那种状态中为了自存所能运用的力量"③。区块链系统也是针对一种类似于"自然状态"的"前区块链"社会而构建,不过区块链系统所呈现的原初的"前区块链"社会的成因有所不同,即不受欢迎的"前区块链"社会是由我们的制度现实定义的,而不是一种缺乏任何形式的政府的自然状态。有学者在论及"前区块链"社会的不如人意

---

① 许多无政府主义和自由主义的传统思想家,如诺齐克等,就强烈反对社会契约的概念。参见〔美〕罗伯特·诺齐克:《无政府、国家和乌托邦》,姚大志译,中国社会科学出版社 2008 年版。
② 〔法〕卢梭:《社会契约论》,何兆武译,商务印书馆 2003 年版,第 19 页。
③ 同上书,第 17 页。

时认为,美国政府和主要支付机构在 2010 年对维基解密进行的支付封锁等事件,一直是他认定的"密码朋克景象"的重要促成因素,表明了使用比特币作为替代支付系统是合理的。① 因此,区块链治理的正当性源自一种意念中的原初的、不受欢迎的境况,这种境况是由现有的集中化机构所构成的制度化现实所限定的,这些制度受制于人的裁决,存在诸多不足,可以由区块链系统来改善甚至替代。

再次,区块链系统植根于社会契约论者所描述的人性假设和交往方式。霍布斯关于国家存在的正当性的论证是基于对人性的一种相当负面的评价,即自利和潜在的腐败,并倾向于将社会交往方式降格到博弈论层面来描述。对霍布斯来说,自然状态的一个核心特征是,它导致其居民要面对的高度具有不确定性,由于他们不能相信所有相关方都会遵守协议,因此,人们无法在某些问题上达成一致。这就导致了"所有人反对所有人的战争状态"持续的可能性②,这种战争状态对于生活在其中的个体而言并非其所望,从而为他们组成政府提供了理由。从负面人性观和博弈论的角度,也可以很好地理解前区块链世界所具有的一种"原初状态"以及区块链治理的内在逻辑。在以太坊网络中生成的"社会契约"也可以被看作是一种博弈型机制,它是所有社会互动的基础,只需要由区块链技术来正确地预测人类"如其所是"的行为,在一个如同游戏环境运转的虚拟环境中推动社会互动。

最后,区块链治理能够基于自身的技术中立性来满足平等需求。罗尔斯构建了一种假设的"平等的原初地位",但将缔约个体孤立地置于观念上的"无知之幕"背后。③ 在"原初状态"下,这样孤立的个人同意集体放弃一些个人权利,以形成一个超个人的政府结构。就区块链而言,其作为一种技术,本身就具有一种中立的"无知之幕"的功能,因为它不像许多传统机制那样可以对其参与者施加各种歧视。据此,有学者认为,正如罗尔斯的原初状态可以被用作网络中立的辩护一样,区块链治理可以借助于"技术中立性"来获得正当性。④

---

① D. J. Roio, *Bitcoin, the End of the Taboo on Money*, Dyne. org Digital Press, 2013. 资料来源:https://files. dyne. org/readers/Bitcoin_end_of_taboo_on_money. pdf,最后访问时间:2024 年 6 月 18 日。

② Hun Chung, "Hobbes's State of Nature: A Modern Bayesian Game-Theoretic Analysis", 1 *Journal of the American Philosophical Association*, 485-508 (2015).

③ J. A. Rawls, *A Theory of Justice*, Harvard University Press,1971, p. 11.

④ A. Schejter & M. Yemini, "Justice, and Only Justice, You Shall Pursue: Network Neutrality, the First Amendment and John Rawls's Theory of Justice", 14 *Michigan Telecommunications and Technology Law Review*,137-174 (2007).

三、区块链作为治理机制的自身优势与局限

通过前文的论述能够发现,不论是从技术特征和实践应用还是基于理论分析,都显示出区块链具有成为一种治理机制的基础。区块链与传统的组织和市场一样,都是能够发挥治理功能的规则系统。区块链是在组织和市场的背景下展开的,组织是集中的,市场是分散的。区块链在创造经济性的意义上与组织竞争,但其实际上并不是组织,因为它不服务于某个特定的目的,而是有助于实现一些不被共知的个人目标;区块链有类似于市场的属性,但其也不是市场,区块链不仅仅可以进行交换,还可以促进交易和各种交互。从交易成本经济学的角度来看,值得考量的问题不是企业和市场将如何利用区块链技术,而是区块链作为一种新生的和正在发展的治理机制,在与传统的企业组织和市场的竞争中,具有哪些优势和不足?

(一) 区块链作为治理机制的优势

首先,区块链治理可以降低因契约的不完全性而引发的交易成本。不完全契约理论是在科斯、威廉姆森等人开创的交易成本理论的基础上进一步发展而来的,该理论认为,当事人的有限理性、信息的不完全性及交易事项的不确定性,使得明晰所有的权利义务的目标难以实现,且成本过高,因此,不完全契约是必然和经常存在的。不完全契约通常会引发以下主要交易成本:(1) 订立合同的成本;(2) 执行合同的成本;(3) 不确定性或不可预见的偶然性所导致的成本。契约的不完全性及其引发的交易成本是经济组织和治理问题产生和研究价值存在的起源,因为在一个零交易成本的世界里,所有的合同都是完整的,所有的经济交易都是市场交易,组织不具有存在的必要,治理问题更无从谈起。从技术上说,区块链驱动的智能合约有可能将大量低概率情形纳入合同框架中,从而可以大大提升契约的确定性。在某种程度上,这些功能可以像开放的源代码库一样嵌入到机器可读取的合同中,而编写合同的复杂性成本仅仅只会线性扩展,因此,区块链可以降低交易成本。①另外,合同的不确定性指向的也是信息问题,如信息不足、信息失真、信息不对称等,区块链驱动的智能合约也能够减少信息问题所引发的交易前的逆向选择,并降低交易后的道德风险。

其次,区块链治理能够降低机会主义。契约的不完全性赋予了合约双方从事机会主义行为的能力,由此导致市场交易和组织行为的效率损失。威廉

---

① 不过,合同磋商和议价的成本,无论是事前发现还是事后重新谈判,都可能不会受到区块链技术引入的影响。执行合同的成本将取决于人类的自由裁量在交易中的保留程度。

姆森用"要挟问题"来解释机会主义导致的交易费用来源,即合约一方可以利用他方投入了沉没的专用性资本来要挟不与之交易,或威胁与他人交易。机会主义有其相近原因和根本原因。相近原因主要是由于资产专用性的存在,在所有经济生产中都需要对专用性资产的共同偿付进行协调,资产的专用性越强,其所有者在和相对人进行谈判时的"筹码"也就越少,也更容易诱发他方的机会主义行为。机会主义产生的根本原因是源于代理人或相对人擅用信任的意图和能力,威廉姆森称这是"带欺骗性地追求利己",并强调其与有限理性的联系。[1] 在完全理性、完整信息和无成本交易的情况下,所有的代理和交易都可以进行全面的缔约,因此不需要依赖信任。但如果信息是不完善的、交易不是无成本的(即在有限理性的条件下),那么信任就会在经济活动中占有不可或缺的重要地位。当有限理性、资产专用性和机会主义结合起来时,有效治理的问题就凸显出来。威廉姆森认为,组织形式在很大程度上是由控制机会主义的需要所塑造的,层级组织是控制机会主义的一种有效方法,产生了高于市场的层级效率和关系契约效率。相较于传统的层级组织和关系契约,区块链治理则是一种更加有效的控制机会主义的机制,其对于机会主义的控制本质上是通过彻底公开透明的、基于密码的共识机制,再加上智能合约的自动执行,以此消除交易和交互对于人身性和制度性信任的需要,也就是说,在基于区块链所创制的分布式自治组织中,机会主义或无立足之地。从表面上看,这具有一种革命性的意蕴,它颠覆了层级制度和关系契约的经济效率超越市场的理论基石。因为区块链如果真的能够消除机会主义,那么它将超越传统的组织层级和关系契约,从而在实际上扩展了市场的界域而缩小了组织的领地。

最后,区块链治理能够改善传统的团队监督机制。在委托—代理关系范式下,监督成本是指委托人为监督代理人所花费的非生产性的额外成本,主要包括监督过程中投入的人力、物力、时间资源。监督成本的高低与监督对象的数量及其生产的特点等有关,监督对象的数量越大,生产过程越复杂,监督成本越高。[2] 阿尔齐安和德姆塞茨提出了另一个关于组织与市场的经济效率的假设,即监督成本在团队生产中的作用。[3] 当共同投入的生产模式要比单独投入的生产模式更有效率时,那么更为适宜的做法可能是构建起一套协议来将企业作为某一方具有中心地位的、利用共同投入的生产团队,而

---

[1] Oliver E. Williamson, *The Economic Institutions of Capitalism*, Free Press, 1985, pp.64-67.
[2] 陆雄文主编:《管理学大辞典》,上海辞书出版社 2013 年版,第 63 页。
[3] Armen A. Alchian & Harold Demsetz, "Production, Information Costs, and Economic Organization", 62 *American Economic Review*, 777-795 (1972).

不是使用市场机制来管理这些交易。因此,阿尔齐安和德姆塞茨的监督模型可以作为集中监督效率的论据。然而,区块链破坏了企业组织在生产的通常效率和分散投入的情况下具有比较效率的这一主要论据,区块链系统呈现的是一种分布式或分散监督的全新景象,而这种分散监督机制具有成本更低、更不易失灵的优势。

(二)区块链作为治理机制的局限性

首先,区块链治理机制对于平等原则的贯彻与实现仍然是有限的。区块链治理似乎有能力支持罗尔斯的第一个正义原则,即平等自由原则,因为理论上,所有的用户都能在享受尽管有限但却同等的数字权利和自由的同时,与他人进行交互和交易。区块链不会根据用户的身份歧视用户。不过,尽管人们通过区块链应用程序进行的交互理论上可以通过"无知之幕"进行操作,他们在这种意义上可以享受一种高程度的假名,技术结构上无法基于他们的身份对他们进行歧视,但是,区块链中的治理权依然是不公平分配的。这是因为,在区块链系统中,权利或权力总是预先定义好的,罗尔斯的原初状态所界定的"中立性"是无法实现的。2013 年 3 月 11 日,由于比特币 0.7 与比特币 0.8 的不兼容,一个不经意创建的硬叉几乎破坏了比特币区块链的存储价值。最终,核心开发者说服了一个重要的交易所来重新安装旧版本。由于该交易所控制着比特币系统内足够的计算能力,从而能够将多数共识机制转移回版本 0.7。[1] 这个例子说明了核心开发者和比特币区块链中算力集中在系统中依然具有举足轻重的地位。简言之,区块链会导致缔约各方之间的不平等成为技术性的结构性特征,从而使"平等的原初地位"无法真正实现。

其次,区块链治理机制立足于完全契约的理想情境,从而使得其与不完全契约普遍存在的客观现实之间存在明显的不适应性。如前所述,区块链只能在完全性契约基础上展现其治理优势,而诚如哈特所言,这个世界上的大多数交易和组织都是由不完全契约构成的。[2] 即使是区块链技术支持的智能合约的条款设计,在不计成本地力求严密的同时也难免百密一疏。这一点在最近的"DAO 攻击事件"之后变得异常明显。"DAO"是运行在以太坊协议框架下的一个单独的项目,可以被看作是第一个实际运行的"分布式自治组织"。个人可以在 DAO 中安排智能合约,并通过"DAO 通证"来加入他们,这

---

[1] Angela Walch, "The Bitcoin Blockchain as Financial Market Infrastructure: A Consideration of Operational Risk", 18 *N. Y. U. Journal of Legislation & Public Policy*, 837, 865-867 (2015).

[2] Oliver Hart, "An Economist's Perspective on the Theory of the Firm", 89 *Columbia Law Review*, 1757-1774 (1989).

些"DAO通证"也可以用来进行投票。后来,网络攻击者通过在DAO的源代码中的一个Bug,也就是利用了源代码框架的不完全性,成功地获得了一个相当于6000万美元的以太加密货币。虽然加密货币是通过利用源代码的弱点获得的,但是攻击者在系统中获得了"合法"(符合代码确定的系统规则)的"以太币"。针对以太坊社区的分叉提议,一些成员认为应该允许攻击者保持他的"工作奖赏",而其他成员认为DAO的基本代码应该被重写以防止攻击者对在攻击中获得的"以太币"主张权利。这种观念冲突实际上隐含着一个颇值探究的问题,即在缺乏外部治理结构来检查验证技术力量的情况下,诸如DAO这样的区块链技术,是否可以真正提供一个合理的治理结构?

再次,区块链治理机制难以基于适当的差别对待而实现矫正正义。任何治理机制都难谓尽善尽美,企业组织如此,市场也不例外。正如奥地利学派经济学家指出的那样:"市场经济可能被看成是一个存在明显不足的社会系统,这种不足要求一种仁慈的政府有意地实施某些矫正性的措施。一种与人们的正义直觉相抵触的收入分布模式可以由合适的再分配政策来矫正。"[1]但在区块链系统中,没有人能够对权利和资产进行重新分配,因为只有技术结构上支持的分配才会是节点交互产生的均衡结果;对于权利和资产分配上的巨大不平等没有任何限制,特别是因为任何个人或组织都可以在系统中拥有多个节点;没有向所有人开放的"政府机构"能够干涉权利和资产在其成员之间分配的方式。区块链的设计除了促进自治的个体之间的契约,并未能将卢梭的"共同意志"理念纳入其中,在区块链治理中实现的"全体意志"只不过是其成员个人意志的总和。区块链系统也未能实现罗尔斯认为的对克服原初状态至关重要的分配正义的条件。以太坊社区内部关于DAO事件应对举措的分歧同样体现了完全基于自由主义理念而建构的区块链治理的不足。当人们同意遵守DAO的内部规则时,存在的交互机制是验证交易的唯一机制,攻击者据此就可以享有对攻击所得的权利。然而,基于公认的公平正义观念,被攻击后的以太币的分布是不公平的,因此多数人支持以太坊用"硬分叉"来恢复被攻击前的以太币分布,这实际上是绕过了当前区块链系统的主权,是对自由主义理念的否定。在该次攻击事件中,攻击者是唯一的受益人,而受损的一方不只是那些失去部分投资的人,还有整个以太坊网络,该网络已经彰显的治理价值因为被攻击而大大减损。

最后,区块链治理机制并不能完全解决信息存储与保护的难题。分布式账本所维持的信任以及数据验证归根结底仍取决于数据的来源和系统的设

---

[1] 〔美〕伊斯雷尔·柯兹纳:《市场过程的含义》,冯兴元等译,中国社会科学出版社2012年版,第9页。

计。客观而言，分布式账本并不能够让不准确的数据变成准确数据，不准确的数据即使通过分布式账本存储仍然是不准确的，即存在所谓"垃圾进，垃圾出"的困境。① 同时，所有系统都面临着因陈旧过时和令人厌倦而失效的风险，假如没有一个节点共同体来运行协议和验证交易，系统就会停止工作；如果所有的成员都转移到了一个新的系统，存储在区块链上的数据也就不复存在。另外，分布式账本能够提高数据的安全性，但其也并不是无懈可击的，分布式账本的某些固有特性可能会导致不如人意的数据分布、数据丢失或数据操控，所有这些都可能引发义务和责任问题。

四、区块链作为治理机制蕴含的法理学意义

法理学旨在研究法律的普遍性，即法律的最一般的理论问题，如法的基本概念、法的构成模式、法的价值等；同时，法理学也致力于建构或设计法的世界观，将和平、发展、公平、正义、民主、自由的价值理念嵌入到法律秩序的建构中。这两个方面是法理学永恒的目标和追求。区块链作为一种全新的治理机制，其必然会对既有的法的一般理论产生挑战和推动变革。本部分将结合区块链作为治理机制运行的基本逻辑，尝试对其中可能蕴含的法理学意义进行初步探求。

（一）区块链运行的共识机制将变革信任基础与行为方式

治理机制的核心价值在于对不确定性进行有效管理，而对不确定性的管理在一定程度上就是对信任的管理。在一个治理系统中，包括交易在内的各种交互活动的开展都需要基于由信息加工处理过程而建立的信任机制，信任表征着交互各方的价值共识。在一个基本的社会层面上，信任可以成为社会关系建构的基础，基于信任，委托人可以将自己的资源交给另一人（代理人），以代表自己谋求某种不确定的未来回报。区块链系统的基本理念是将人类的本性，尤其是人类社会中的"信任"概念视为当代文明的腐蚀因素。中本聪在他的关于比特币的白皮书中概述了这个问题，认为这是商人和消费者之间的"成本和支付不确定性"的问题②，由此导致彼此的不信任。这种预

---

① 这种情况下就便于被滥用，因为真与假的信息之间的界限是模糊的。例如，一个匿名人威胁美国前总统候选人 Mitt Romney 说除非向他支付一定数额，否则就公布其纳税申报情况。但难点在于并不能确定税收数据是否准确。参见 Sarah Gruber, "Trust, Identity, and Disclosure: Are Bitcoin Exchanges the Next Virtual Havens for Money Laundering and Tax Evasion?", 32 *Quinnipiac Law Review*, 135 (2013).

② Satoshi Nakamoto, "Bitcoin: A Peer-to-Peer Electronic Cash System", https://bitcoin.org/bitcoin.pdf，最后访问时间：2017 年 10 月 15 日。

设与霍布斯对人性的否定观点是一致的,霍布斯认为,如果人类为了自身利益服务,就会从事腐败行为。这种主张表明对人的信任是不可取的,应该用一种不同的信任来取代它,即"代码信任"。区块链正是旨在用建立在不会腐败的代码之上的信任机制取代对可能腐败的人类的信任。

区块链技术是不依赖于传统的中心化信任机制的,它使用具有密码经济激励的强大的共识机制来验证数据库中的交易的真实性,无须第三方提供验证,由此形成了一种基于技术理性的、由代码架构定义的全新的共识性信任机制。这种信任机制的优点在于:(1)引导传统中介和交易结算系统的脱媒,从而可以产生更大的安全性和透明性。区块链技术通过预先确定的共识机制所达成的同意来向众多节点分布数据,从而确保了数据的有效性。(2)提高交易的效率,降低交易成本。相比其他的技术,区块链技术可以保证数据存储不受操纵,也可以确保从事交易的当事人对转移资产在总账中拥有权利,并且一项资产不能被重复转移给各自独立的买主。(3)区块链技术可以有效地增强市场准入。

区块链技术也能够改变人们的行为方式,促使其主动信守规则。在区块链技术中构建的共识性机制确保了通过区块链应用程序进行交互的人必须遵守其规则。尽管由一个"矿工"控制的单一节点可以自由地违背区块链的"一般意志",但区块链对于违规者的自动排除功能会阻止其这样做,因为一旦这样行事,该节点和其他遵循相同策略的节点最终将被排除在系统之外;或者更准确地说,被排除在区块链之外而在另一个没有价值的链上工作。当然,需要考虑的是一个区块链中隐含的排斥是否具有足够的威慑力,以确保其所有成员在任何时候都遵守其规则。这一点可以从一个区块链支配社会生活的一个或多个方面的程度来解决。设想一下,假如在不久的将来,物联网的产权是通过一个主要的区块链应用程序来组织的,那么,被排除出这种区块链将意味着被排除的个人拥有的物理设备可能停止运作,这种排除的惩罚将足以阻止人们单独违反区块链规定的规则。

(二)区块链运行的代码架构将扩展规则范畴与规则体系

在传统法理学的观念中,社会规则的重要表现形式之一是法律,法是"为了实现人的关系中的某种……秩序"①"由某种最高政治权力所执行的有

---

① 〔美〕博登海默:《法理学—法哲学及其方法》,邓正来等译,华夏出版社1987年版,第173页。

关人类外部行为的一般规则"①,是"一批权威性的律令"②。除此之外,社会规则还包括章程、约定、惯例、习俗等。传统社会规则运行中普遍存在的共性难题是语义模糊和执行困难。区块链治理的重要特征和优势在于其依靠代码可以实现高度的准确性和自动执行,从而能够破解传统法律文本和合同文本的共性难题。以智能合约为例,尽管从基本的成立要件上看,其与传统合同并无实质区别,但在表现形式和履行方式上却存在显著差异。传统合同可以被描述为两个或多个缔约方之间的、由文本表达的自愿协议,这些协议往往要求由裁判人进行验证、审查和执行。因此,在传统合同中,合同双方所规定的条款是由文本界定的但并不直接约束缔约双方,因为需要第三方的裁判者来保障合同的有效性和强制执行。智能合约则被有的学者定义为"一种涉及数字资产和两个或两个以上的当事人的机制,在其中,部分或全部当事人置入财产并且根据合同形成时的特定数据开展的计算在各方当事人之间自动重新分配"。③ 因此,一份智能合约意味着所有合同条款都是机器可读的,并且可以通过计算审查的方式进行绑定,而不需要人为干预,一旦一个人通过区块链与别人签订了合同,他除了遵守规则外别无选择。正如有学者所言,智能合约"用自动执行的代码取代了社会的和心理的艰难缔约工作"。④ 当然,即使在智能合约的情境下,"缔约工作"的一个重要部分,即就特定的约定事实达成合意的行动,仍然存在于社会交往之中,授权给技术的方面只是合同条款的确认、存储和执行。

当代社会政治经济的协调是由组织和机制的结合来实现的,例如,企业组织、社会组织、政府机构、公共机构以及市场机制、货币机制、法律机制等,所有这些组织和机制都属于基本的治理规则体系。而区块链系统则是一种有别于企业、市场等传统机制的新的协调机制和规则体系。有学者曾在没有提到任何账簿、加密货币、哈希值或交易的情况下,为区块链下了一个令人鼓舞的定义:"区块链是一种任何人都可以上传程序并将程序自动执行的神奇的计算机,所有程序的所有状态都是公开可见的,而且它带有非常强大的加密担保,保证运行在区块链上的程序将继续按照区块链协议指定的方式执

---

① 〔美〕博登海默:《法理学—法哲学及其方法》,邓正来等译,华夏出版社1987年版,第116页。
② 〔美〕庞德:《通过法律的社会控制》,沈宗灵译,商务印书馆1984年版,第22页。
③ V. Buterin, "A Next-generation Smart Contract and Decentralized Application Platform", http://www.fintech.academy/wp-content/uploads/2016/06/EthereumWhitePaper.pdf,最后访问时间:2024年5月8日。
④ Quinn DuPont & Bill Maurer, "Ledgers and Law in the Blockchain", http://kingsreview.co.uk/magazine/blog/2015/06/23/ledgers-andlaw-in-the-blockchain/,最后访问时间:2024年3月24日。

行。区块链并不是要给世界带来任何一个特定的规则集,而是要创造一种自由,用一个新的规则来创建一个新的机制并将其推出。它是建立经济和社会机构的乐高思维风暴。"①

从应用范围上看,正如比特币一样,通过区块链进行交易的对象并不一定是大量的金钱,也可以是文本或者某些基于规则的协议,诸如产权制度、保险合同,甚至所谓的"分散自治组织"都能够通过区块链技术加以组织和管理。例如,在物联网的背景下,可以在区块链上组织产权,在这种情况下,连接到网络的每个特定设备的所有权都也存储在区块链上并加以标识以便使用。② 区块链技术与会计规则和法律等传统的验证、维护和执行人与人之间的契约的社会系统也显著不同,因为"密码契约倾向于在系统内构建社会性和功能性产权"。③ 换言之,对于那些需要外部的律师和法官通过执行法律法规和公证来验证某些具有法律约束力的合同的情形,区块链允许在不需要第三方裁决的情况下对智能合约及其执行进行系统内验证。由于这些特性,以太坊平台的开发人员认为区块链可以作为任何类型的在线交互的基础,甚至可以作为一种法律框架,并声称:"从未来来看,如今的法律体系似乎完全是原始的。我们拥有法律图书馆,但那只是充斥着无人阅读、含义不清的语词的建筑物,即使对那些强制执行法律的法院也是如此。我们的私人合同仅意味着模糊的个人承诺和尊重其是的愿景。以太坊第一次提供了另一种选择,即一种新型的法律。"④这意味着,和那些必然需要与人类验证者和执行者相结合的传统规则相比,区块链技术能够建立和维护自我维持的组织形式和规则体系,从而大大扩展社会规则甚至是法律的内涵和外延。

(三) 区块链运行的高度自治将推动权力分布与私序建构

人类社会的复杂治理系统的演化大多呈现出从集中到分权的一般特征。系统的构建实际上就是一种规则体系或者知识结构的形成,系统的构建要从集中化开始,因为这是迅速创设和实施规则或形成知识结构的最有效方式。

---

① Vitalik Buterin, "Visions Part I: The Value of Blockchain Technology", https://blog.ethereum.org/2015/04/13/visions-part-1-the-value-of-blockchain-technology/,最后访问时间:2024年3月24日。

② Aaron Wright & Primavera De Filippi, "Decentralized Blockchain Technology and the Rise of Lex Cryptographia", http://papers.ssrn.com/abstract=2580664,最后访问时间:2024年3月21日。

③ Quinn DuPont & Bill Maurer, "Ledgers and Law in the Blockchain", http://kingsreview.co.uk/magazine/blog/2015/06/23/ledgers-andlaw-in-the-blockchain/,最后访问时间:2024年3月24日。

④ Ethereum, "What is Ethereum?", http://etherscripter.com/what_is_ethereum.html,最后访问时间:2024年3月24日。

集中化可以建立明确的等级制度,最大限度地减少重复,并且能够对于可能的争端进行裁决。但这同时也意味着,随着权力擅用可能性的不断增加,集中化的成本也会不断开始累积。在现实的政治、经济和社会系统中,集中化的成本和负面影响通常表现为不断攀升的通货膨胀和难以遏制的权力寻租,尤其是后者最能体现集中化系统的弊端。集中化的实现首先需要建构一种中心化的信任,这是系统得以运行的基础;但当这种信任在系统之中得以形成时,又可以被利用来创造租金。因此,从系统的角度看,寻租可以被理解为集中化系统普遍存在的、利用信任来追求租金而导致系统资源耗散的一种功能障碍。集中化为系统带来了一种看似井井有条的秩序,但这种秩序却可能是僵化的、低效的和脆弱的。集中化系统寻租问题产生的根源既在于人性也在于建构信任的机制。因此,当作为系统运行基础的信任可以通过加密技术而非政治途径来建立时,分权就成为解决上述系统功能障碍的一种行之有效的救治手段。当然,分权也会产生沟通协调成本,不过,相对于集中化的成本会随着寻租擅用的轨迹而节节攀升,分权的成本往往会因为技术进步而逐级下降。区块链作为一种以高度透明、有弹性、高效的分布式公共账本的形式出现的新的"通用技术",恰恰体现了复杂系统从集中到分权的发展需求,因此可以用来颠覆任何协调有价值信息的集中系统。[①]

基于区块链的治理机制可以通过 DAO 模式完全自动化地成立和执行智能合约,但合同执行的合法性问题仍然存在,特别是当这些合同可能没有被政府许可因而缺乏法律系统看护的时候。[②] 因此,区块链系统自发形成的治理秩序类似于在无政府状态或地下经济条件下出现的私人秩序。[③] 同时,区块链所形成的也是一种竞争性的私序,一个或多个区块链系统的可自由进入相当于参与者可以"用脚投票"来加以选择。由于可能自发出现的冲突被最小化或者可以对秩序争端规则进行适当调整[④],区块链系统所构建的私人秩序的可行性是值得期待的。从社会契约论的角度理解,不论公序还是私序,都是"社会契约"构建的结果。诚如有学者所言,"社会契约"是"策略的均衡配置,每个公民都拥有其一。当社会契约运作时,每个公民在遵循他的策略

[①] Aaron Wright & Primavera De Filippi, "Decentralized Blockchain Technology and the Rise of Lex Cryptographia", http://ssrn.com/abstract=2580664,最后访问时间:2024 年 3 月 21 日。
[②] 当私营机构在寻求避免政府在税收、法规或其他约束方面的掠夺时,这种相对于政府的不可见性可能是提高效率的来源。
[③] David Skarbek, "Governance and Prison Gangs", 105 *American Political Science Review*, 702-716 (2011).
[④] C. D. Mildenberger, "Virtual World Order: The Economics and Organizations of Virtual Pirates", 164 *Public Choice*, 401-421(2015).

所规定的行为规则时都将是最优化的"。① 基于区块链技术而建构的以太坊,可以被视作为其用户提供了区块链协议中硬编码的"策略的均衡配置",在此均衡配置文件中,参与者相互作用并在默认情况下同意在特定智能合约中约定的规则,系统内的秩序由此自发形成。

值得注意的是,智能合约结构上的不可违背性只存在于在区块链上运行的系统中,运行该软件的参与者可以通过不再使用特定的区块链技术或在不同的区块链技术之间切换来规避它。同时,自动运行和私人秩序也并不意味着不需要外在的或者权威性的监督机制。DAO 被攻击事件已经充分说明了这一点。正如有学者指出的那样:"与分权模式的根本性错误相关的区块链治理的问题之一,是未能在'矿工议会'之上建立审议机构。"② 相对而言,DAO 的问题仅是发生在相对较小的规模和范围内,在攻击之时运行的合约较少。假如在未来,实现社会治理的关键基础部分,比如身份或产权注册、资产交易,都是以 DAO 的形式进行组织,那么诸如攻击事件所导致的冲突就可能引起巨大的社会动荡与对抗以及对区块链主权的频繁挑战。

(四) 区块链运行的对等网络将重塑组织构造与内外关系

企业以及其他商业网络等治理机制的一个典型特征就是具有明显的权力中心和层级性,由此呈现出一种自上而下的层级性的或者自中心到周围的辐射状的结构外观,常见的如股东会作为公司最高权力机关、董事会作为公司治理的中心、控股公司位于企业集团的顶端等。特别是在大型企业集团中,许多附属企业之间往往并没有直接的关联,而是通过终极的控制企业来建立间接的联系。与此不同的是,在区块链系统中,所有节点的联系并不是间接地通过一个中心,而是直接连接在一起,它们在共识程序中进行沟通,以此决定通过"共同账本"存储的数据是对还是错。这种直接连接消除了传统商业网络那种从中心到周围辐射式的结构特性所派生出的层级关系,所有节点的链接都是在相同层级上被界定的。从法律的角度来看,区块链中的链接提供了在传统商业网络中所缺失的网络伙伴彼此之间的直接关系,展现出"对等网络"的应有特征。

在法学的意义上,节点之间的直接联系是区块链系统从一个由自利实体组成的松散集合蜕变成一组有机联结在一起的实体的临界点。有学者总结

---

① K. Binmore, *Game Theory and the Social Contract* (3rd ed.), MIT Press, 1998, p.355.
② Curtis Yarvin, "The DAO as a Lesson in Decentralized Governance", https://urbit.org/blog/dao/,最后访问时间:2018 年 6 月 20 日。

了区块链系统的若干个重要特征①,从中不难发现其具有联合控制的特性:(1)分布式(distributed),体现了各个节点对数据的联合访问;(2)公共性/透明度(public or transparent),指向的是关于系统运行信息的联合占有和使用;(3)去中心化(decentralized),体现了对整个账本系统的共同管理;(4)共识性(consensus),体现了对系统的联合开发与建设,如果想改变基础代码就需要依赖共识机制,没有一个单独的节点可以决定结果。从联合控制特征可以推断出的是,每个区块链系统都拥有自身的一个共同目的或目标,即追求对系统服务的联合执行,因此,区块链系统超出了单纯的经济利益范畴而具有准组织特征,可能引发相对于第三人或者在节点内部的某种连带责任、单独责任或者比例责任。责任的具体类别取决于区块链系统的细节,特别是其由特定代码构建的共识机制,以及具体适用的法律规则。

第三节 区块链组织的内外部关系分析

区块链系统不独可用于数字货币的生成与交易,更是在更广泛的金融活动、公司治理以及社会管理中日渐发挥其独特功能。据此,关于区块链系统的监管以及可能引发的法律责任也成为理论研究的重心。而不论是因监管所产生的公法性责任,还是因系统运行而引发的私法性责任,归责的一个重要前提都是要对系统内部关系的性质进行清晰界定。但是,区块链系统是由诸多网络节点按照代码规则组成的技术性构造,其内部关系并非一目了然,且尚未有立法予以专门规定,一些理论研究认为区块链系统在现有法律体系下既难以被界定为财产构造,也难以被归为合同构造或者其他法定的治理构造。进而言之,由于缺乏对区块链系统内部关系性质的明确界定,既有法律原理与规则就缺乏对区块链系统加以调整的切入点,学界热议的监管和归责也就缺乏必要的前提。而区块链系统无法消除的风险和责任又使得对其内部关系的界定成为监管机构和司法机关无法回避的问题。

一、区块链组织内部关系界定的必要性考量

区块链技术作为信息技术领域的又一次飞跃,正在诸多领域引发创新浪潮。区块链系统作为一种有别于传统的企业组织和市场的新型治理机制的重要价值也受到学界关注。但同时,对区块链系统内部关系进行界定的必要

---

① Quinn DuPont & Bill Maurer,"Ledgers and Law in the Blockchain",http://kingsreview.co.uk/magazine/blog/2015/06/23/ledgers-andlaw-in-the-blockchain/,最后访问时间:2024 年 3 月 24 日。

性并没有随着其技术特征的颠覆性发展而变得无关紧要或者彻底消失,反而因区块链系统同样存在的运行风险和归责需求而进一步凸显。

(一) 系统运行风险与责任具有不可消除性

尽管基于区块链技术而建立的分布式账本要比集中式账本更为可靠和安全,但其并不会消除可能存在的风险与责任。因为区块链中的智能合约仍然是由人类进行编码,其漏洞在所难免。然而,在基于区块链的"智能合约"世界,没有法律介入提供默认规则的空间和法律干预的基点。① 另外,区块链网络依然可能出现隐私侵犯、身份盗用、数据存储前的造假、内幕交易、滥用操纵、暴力攻击和欺诈等问题。区块链技术所强调的透明性虽然有利于增强数据完整性和真实性,但它也便于通过窃取身份信息来访问存储在区块链上的资产;特别是资产的转让仅仅需要使用私钥并且没有中央记账机构能够在接到失窃通知的情况下来阻止非法访问,那么私钥本身就会成为非法行为旨在获得的目标。在 2016 年,由一系列的以太坊智能合约组成的、众筹超过 1.5 亿美元的分布式自治组织 The DAO 遭受黑客攻击,价值超过 5300 万美元投资资产的以太币被转移到一个第三方控制的账户。最终,以太坊采取了硬分叉的技术手段重新获得了大部分丢失的以太币。但这样带来的后果是以太坊从此分叉成了如今的以太坊和以太坊经典。同年,立足于香港的世界上最大的比特币交易所 Bitfinex 因其多重签名账户受到黑客攻击而损失了 119756 比特币,当时的市场价值约为 6600 万—7200 万美元。该交易所最终决定将失窃的损失分摊到所有客户和资产上,即不限于那些多重签名账户的持有人,这种做法实际上是扩大了受损失影响群体的范围,结果是该交易所当时的全部客户都损失了 36%的比特币。②

(二) 系统内部关系的明确界定是责任承担的基础

法律具有普遍调整的特质,应当涵盖人与人之间以及由他们拥有和控制的事物之间所引发的所有关系。即使区块链系统具有良好的自我调适乃至自治特性,但任何法域的立法机关都不可能将区块链作为法外空间、网开一面,因为这样做会促使那些控制分布式账本系统的人肆意妄为而不被追责。

---

① Usha Rodrigues,"Law and the Blockchain",104 *Iowa Law Review*, 5(2018).
② Stan Higgins,"The Bitfinex Bitcoin Hack:What We Know (And Don't Know)",http://www.coindesk.com/bitfinex-bitcoin-hack-know-dont-know/,最后访问时间:2024 年 3 月 16 日;"All Bitfinex Clients to Share 36% Loss of Assets Following Exchange Hack",https://www.theguardian.com/technology/2016/aug/07/bitfinex-exchange-customers-receive-36-percent-loss-tokens,最后访问时间:2024 年 3 月 16 日。

更由于区块链系统同样存在风险与责任的不可消除性,也没有哪个法域可以承担起赋予其法外特权的风险。最常见的情形是,假如一个系统因攻击或故障而被破坏,或者是不准确的数据或者隐私数据被存储在系统区块中,由此引发的显而易见的难题包括:该系统中的合作者应当对技术性的系统失败共同负责吗?在所有节点中应当由谁对系统黑客攻击承担法律责任?整个系统的外部责任如何在内部进行分摊?从纯风险的角度而言,将预防措施和责任集中在一个对区块链系统拥有法律权利的单一实体中可能是最好的解决办法。不过,这种集中的设计在一家集团的子公司中能够轻易实现和良好运行,但对于各自独立的机构来说,可能不愿意以这种方式放弃对客户数据的控制。因此,对于大多数区块链系统来说,对其内部关系进行性质界定的必要性仍然存在。不过,仅仅立足于区块链本身来回答这一问题显然殊非易事,因为区块链只是一种技术性构造,而非一个法律框架,区块链的实践运作也已经表明并没有现成的法律制度可以为其提供支持。因此,由代码创建的合作类型具有法律意义①,应当被归入某种法律关系,以此才能为监管、法律调整和责任界分提供必要的基础。

二、区块链技术对传统法律关系建构的影响

(一) 区块链技术改变了作为法律关系建构之前提的权利界定的方式

权利界定是法律关系建构的一个重要前提,也是法律调整的支柱之一。传统的交易或组织关系中,权利界定的方式都是外在的和集中化的,即由权威性的第三方来进行界定,以此确立权利合法性和信任基础。常见的如不动产物权、股权、知识产权的权属和变更登记,证券的集中托管,以及金钱财产权的国家信用保障等。基于对权利合法性的信任,市场参与者才能就相关事实达成共识。而区块链系统的权利界定则是内在的,在这里,网络中的每个参与者("节点")实际上都是一个由市场参与者控制并安装有相关区块链平台软件的计算机服务器,它可以维护过去交易的完整记录,也会不断更新最新交易信息。因此,所有交易信息都可以在任何时间点的任何节点上获得,它们内容一致,并具有相同的本构价值(constitutive value),即没有主记录和从属记录之分。

(二) 区块链技术改变了作为法律关系建构之基础的信任机制

信任机制是法律行为发生和法律关系建构的基础,传统的信任机制主要

---

① Koulu, "Blockchains and Online Dispute Resolutions: Smart Contracts as An Alternative to Enforcement", 13 *Scripted*, 40, 54 (2016).

是依赖于人身性信任机制与制度性信任机制。现代市场交易中,制度性信任机制运行的中心是银行。银行作为金融领域的信息中枢,具有成为制度性信任机制中心的关键优势,并且在中央银行体系下,银行所提供的信用具有了主权信用的意蕴,即银行成了金融交易乃至整个市场经济活动有主权保障的信任机制。与此不同的是,区块链技术是由多实体(分布式节点)共同提供认证来实现信任增强功能,易言之,借助区块链的算法证明机制,参与整个系统中的每个节点之间进行数据交换无须再经过建立信任的过程。由此可见,区块链的核心是去中心化,通过技术背书而非中心化信用机构来进行信用创造,把对中心(央行)的信任转化为对数字对群体对多维的信任,从而在根本上有别于传统的中心化的制度性信任机制。

(三) 区块链技术改变了法律关系建构的方式

区块链很早就被视为"颠覆性"技术之一,被看作是有可能瓦解传统组织和市场结构的典型的互联网平台。区块链消除了制度经济学所揭示的组织与市场的界限。以区块链技术目前应用最多的金融领域为例,传统的金融市场最为典型的特点是中介的存在,例如,在法定货币世界里,交易的支付结算被概念化为一种三角支付结构,这种三角结构里包括付款人、收款人和充当"中间人"的银行。在这种结构下,投资者与融资者之间要借助银行、证券公司之类的中介机构才能分别建立起投资关系和融资关系,公法意义上的金融监管和私法意义上的法律关系构建都是以金融中介作为重要支柱。而在区块链系统中,交易在各个节点之间直接发生,交易一旦被记录在有效区块链中就成为最终交易,同时也成为能够从多种路径证明其真实存在的一种交易。这就消除了对中介的需求,能够在投资方与融资方之间建立起直接的法律关系,同时,在网络内部也就缺少了现有金融监管和私法范式适用的重要支柱。

三、区块链系统内部关系性质界定难点分析

区块链是一个极富变化的应用技术,诸如比特币、以太坊、R3 和 Ripple 都是建立在这样一个基础技术之上,但它们的具体样态又显著不同,每个区块链技术的应用都是服务于特定的用途,从支付融资、身份识别、成员投票到存续性组织功能的自动执行等。因此,对它们的内部关系结构及其法律性质加以一般性概括也必然存在诸多困难。

(一) 区块链系统可能缺乏清晰的成员构成与边界

主体是法律关系中的权利享有者和义务承担者,是法律关系构成的核心

要素,也是法律关系性质判定的重要环节。传统的合同关系或组织关系构造都具有较为明确的主体/成员构成和较为清晰的边界,由此形成的系统具有较强的封闭性。而区块链系统既可能是封闭的(需经许可的)也可能是开放的(无须许可的)。需经许可的区块链系统本质上是私人的网络数据系统,数据权限取决于预先定义的服务器协议。需经许可的区块链系统需要一个组织和治理结构来负责管理谁能够被允许参与该系统及其被允许参与的一般依据。例如,基于分布式账本技术的 P2P 数字支付网络 Ripple,就使用了一种可信任参与者(确认节点)网络模式,以此来对参与者的交易记录不断进行比较。从一定意义上说,需经许可的区块链系统,特别是在金融机构中建立的区块链网络,往往将访问权限定于特定联盟中的成员,实际上偏离了区块链技术最初的自由主义理念,因为这些网络意味着节点之间需要某种程度的信任。因此,区块链网络的"许可"模式不仅是因为它需要访问许可才不同,实际上是因为这些网络是基于与原始区块链技术不同的基本假设。[1]

无须许可的区块链系统是作为一个开放的网络而存在,任何拥有必要的硬件和软件的人都可以依循严格的逻辑作为节点加入比特币、以太坊和其他网络。尽管这种开放性可能允许欺诈者加入,但其安全性所立基的观念是:遍布全球的几乎无限的计算能力储备在理论上可以提供给网络总是大于潜在攻击者的计算能力,因此能使网络具备防篡改和防抵制验证的性能。换言之,如果网络规模足够大,任何人或组织都无法通过控制大多数节点来控制验证过程。如果说需经许可的区块链系统具有和传统的系统相类似的封闭性和相对清晰的成员与边界的话,那么,无须许可的区块链系统(如比特币)则缺乏这种清晰度。无须许可的区块链系统是以公共域软件运行的,允许任何人下载和运行软件以实现参与,服务的开展取决于谁在什么时间进行了连接,没有哪一单个节点本身是必不可少的。在某些情况下,甚至可以在公共域中进一步开发代码应用。在这种系统中的参与者可能不知道在某个时刻作为一个节点运行一个服务器的是谁,网络用户是未知的,用户群也是不稳定的。

(二) 区块链系统参与者的主体身份难以判定

一方面,区块链系统的参与者在网络空间中被化约为数据与节点,交易

---

[1] G.W. Peters & E. Panayi,"Understanding Modern Banking Ledgers Through Blockchain Technologies: Future of Transaction Processing and Smart Contracts on the Internet of Money", https://papers.ssrn.com/sol3/Papers.cfm? abstract_id = 2692487,最后访问时间:2018 年 3 月 16 日。

者的主体形态与独立人格等都难以准确识别。区块链系统中的节点已经实现了技术上的"人格化",但技术意义上的独立却与法律意义上的独立相去甚远。区块链系统中的节点与法律意义上的主体并不一定存在一一对应的关系,从归属上看,作为节点运行的多个服务器既有可能属于同一个合法实体(公司或个人),也有可能属于一个由若干独立实体组成的金融集团,更有可能分属于多个不相关的所有者。另一方面,交易的开展可能是以一种匿名化的方式,交易主体的民事行为能力难以直观确定。因为区块链系统的节点间没有再行构建互信的需求,所以节点间不需要公开身份,系统中的每个参与的节点都是匿名的。参与交易的双方通过地址传递信息,即便获取了全部的区块信息也无法知道参与交易的双方到底是谁,只有掌握了"私钥"的人才能开启自己的"钱包"。

(三) 网络节点之间建构权利义务的意思表示模糊

对于合同关系或组织关系而言,判定其存在的一个重要因素就是达成合同关系的合意或者建立组织关系的共同意思,正是这些合意或共意产生了有约束力的权利义务。但在区块链系统中,往往难以发现这种合意或共意的存在。有学者在对基于区块链技术而发展起来的比特币进行分析时强调,比特币并不能以股权或合伙权益那样的方式去代表一种交易性的或组织性的权利,其所赋予的仅仅只是对一定数量的比特币的一个密钥的知悉,而不存在针对相关人员的请求权,也没有人据此负有义务(除了一般意义上的不侵害义务)。他们和该人没有任何明示或默示的合同关系。那些运行比特币软件的人可以自由地忽视某人试图把比特币转移到一个新比特币地址的尝试,他们可以无视该人的存在,也可以基于技术的理由来质疑该人对比特币的所有权。因此,比特币并非相对于比特币网络其他任何使用者的权利。[①]

(四) 区块链系统缺乏容易辨识的治理构造外观

传统的法律关系构造,都具有较为明显的结构性外观,如合同关系中的当事人及其互相对应的权利义务安排,组织关系中的成员构成与层级结构等,据此可以较为容易地进行法律性质判定。但区块链技术设计本身没有告诉我们任何其所涉及的实体和它们的治理角色。特别是在无须许可的区块链系统中,普通节点的所有者通常甚至不知道区块链的其他组成部分是谁,而真正对整个系统起主导作用的可能是一些核心的应用开发者。不同用户

---

① Shawn Bayern, "Dynamic Common Law and Technological Change: The Classification of Bitcoin", 71 *Wash & Lee Law Review*, 31-33 (2014).

可能会在相关网络中扮演不同的职能角色,例如对网络功能没有贡献的"被动"节点,或者作为"活跃"节点贡献资源如计算能力,这将使他们对有关的治理决策的影响越来越小或越大、越来越非正式或正式。节点在其他方面也可能是不相似的,例如它们所在的国籍或住所可能不同、产生的交易量有高有低、加入网络的时间点有早有晚、参与的其他网络有多有少,等等。这些差异可能都会导致其在网络中具有不同的作用和重要性。

相对而言,需经许可的区块链系统则可能具有高度发达的复杂治理结构。例如,借助于区块链技术,可以构建一种去中心化自治组织,组织的参与者甚至可以不用谋面,仅借助智能合约编纂治理规则和实施行动。① 这种非正式的组织在某些方面可以类似于一个传统的合伙企业或公司,例如,它可以根据每个成员的贡献量确定每一方的投票权、可以在不需要人工监督的情况下创造收益以及使用智能合约按照投票权实时向成员分配利润;但在其他方面却与传统的企业明显不同,如可能没有法律意义上的实体、没有明显的内部层级构造、可以由系统自动赋予和取消成员权利或资格等。正是由于这些有别于传统组织的特殊性,现行立法关于组织体的主体形态难以将其涵盖其中,从而也使得对其治理构造的识别缺乏统一的标准。

(五) 区块链系统的非集权设计初衷与集权控制现实存在背离

有研究指出,多发的数字货币危机表明,这些区块链系统缺乏强有力的治理框架,因此容易重新走向集权的模式:它们被强大的参与者联盟非正式控制,这些联盟在生态系统内可能违反了区块链社区的基本规则,但却不承担责任或不受制裁。② 例如,比特币最初被认为是一个可以与基层民主相媲美的网络。它的自由主义的、反制度的设计初衷非常迎合那种向所有人开放的、不受限制的网络的概念,在这种网络中,所有信息都是公开的,用户通常是匿名的,强大的密码学和安全流程使得人与人之间的"信任"变得多余。然而,从利益相关者理念和私人利益保护的角度来看,比特币不可能长期处于孤立状态,并且其独立性会由于技术运行的社会和文化环境变化而逐渐减

---

① 这种类型中最有名的项目就是 The DAO。The DAO 是去中心化自治组织的简称,旨在成为一个由用户控制的风险投资基金,它通过出售代币的方式来筹集资金,给予代币持有者某些治理系统中的权力。然后代币持有者对提交给 The DAO 的提案进行投票,决定如何投资。The DAO 没有法律实体,没有银行账户——其治理完全通过区块链代码进行。这是一个大胆的计划,不幸的是,严重的代码安全漏洞导致攻击者转移了 The DAO 的资金,摧毁了人们对这个项目的信任。不过,它却展示了一种新型组织和治理系统变为现实的可能性。

② Philipp Hacker, "Corporate Governance for Complex Cryptocurrencies? A Framework for Stability and Decision Making in Blockchain-Based Organizations", https://ssrn.com/abstract = 2998830,最后访问时间:2018 年 2 月 13 日。

损。特别是该系统发展至今,新区块的验证和新比特币的创建("挖掘")已经发展成为一项产业,该产业目前的特点是利润率较低,因此市场高度集中于一些非常强大的玩家,由此导致少数比特币矿业实体或协会客观上能够有效控制网络,并在该网络的进一步发展中拥有很大的话语权。此外,一群IT精英专家从技术角度运行该系统,基于其优越的专业知识和他们作为用户共识和计算机代码之间的"看门人"角色,这些专家比普通节点更有影响力。因此,比特币系统实际上已经演变成一个高度集中的网络,一种越来越呈现为由寡头控制的市场结构。

(六)由代码所建构"关系"的法律效力存疑

区块链系统的运行基础是由代码构建的算法,在系统中,资产的处置和获取以及智能合约的执行过程完全由区块链网络的内部规则决定。这些规则直接以计算机代码的形式规定,没有人类语言中的"合伙协议""章程"或类似文件,内部规则也可以根据相关的内部程序进行更改。由于算法可以直接产生相关的效果,所以,在第一代区块链应用中,交易几乎是匿名的,交易关系通常也在系统中结束,因而事实上没有办法以实物或金钱请求起诉对方。系统各方也有可能事先同意建立内部争端解决机制,例如,对于用比特币支付的在线收购确实存在争议解决机制。但是,由于经过验证的交易和智能合约的执行无法在记录中撤销,系统内部的争端解决机制最终形成的结果也必然要与区块链网络的归责逻辑兼容,因此,该类机制也是适用系统的代码规则,而非适用法律规则。诚然,正如有研究指出的那样,设计良好的代码本质上是可信的,在网络时代,计算机代码是新的监管者,代码规制优于文本中的法律。①甚至有学者认为技术驱动的规则可以被区块链用户和立法机关视为一种"技术法"(technological law)。② 但从现有的立法体系来说,制定统一规则的权力是由特定法域的正式立法机构承担,因此,代码并不能直接等同于法律,基于代码规则所建构的"关系"也不当然具有法律规则意义上的"效力"。

四、区块链系统内部关系构造具有准组织性

区块链系统中的节点和交互的分布式存在需要我们重新考虑法律的适用,因为在该系统中,一个交易或交互的"行动者"的概念可能不再直接表征

---

① Richard Thompson Ainsworth, Musaad Alwohaibi, Mike Cheetham & Camille Tirand, "A VATCoin Proposal Following on The 2017 EU VAT Proposals-MTIC, VATCoin, and BLOCKCHAIN", https://ssrn.com/abstract=3151465,最后访问时间:2024年6月13日。

② Aleksei Gudkov, "Control over Blockchain Network", 42 *Nova Law Review*, https://ssrn.com/abstract=3105859,最后访问时间:2024年6月13日。

着有形个体,而是系统中聚合的、开放的和变化的部分。不过,这些事实尽管可能会使法律的适用变得困难,但不会改变在区块链系统中同样需要法律来分配权利、义务和责任的事实。通过借助既有理论所揭示的契约与组织的联系与区别,我们能够揭示出区块链系统所具有的"准组织"特性。

(一) 区块链系统内部关系具有"团队生产"和"合同的联结"之特性

商事共同体主体资格的生成过程实质上是一个从契约到组织的演进过程,组织体的独立性是其主体资格产生的内生动力。经济学上一般从成本角度来解释契约与组织的区别,认为组织是对契约的替代。古典经济学理论将企业视为一个由古典合约来组织经济活动的、无差异的"黑箱"。[1] 科斯将企业归结为一种通过职权和指令完成资源配置的市场机制的替代安排。[2] 阿尔齐安和德姆塞茨认为企业是一种进行团队生产的工具。[3] 詹森和麦克林认为,企业只是一种作为合同关系之联结的法律拟制形式。[4] 威廉姆森进一步指出,由于存在协商成本和机会主义,通过"私秩"(Private Ordering)的努力打造组织化的治理结构以减轻契约僵局与瓦解发生的概率,就显得意义重大。[5] 于是,在促进合作和节约成本的合力推动下,一些持续性、多边性的契约关系开始发生从量到质的变化,组织由此得以在"合同的联结"的基础上生成。

在区块链系统内,真正的当事人并不是作为电子代理的非人类的计算机,而是通过所有权、管理权或者其他方式对非人类代理实施控制的人,这些人控制着节点在系统这个"生产团队"中发挥着各自的功能。其中有大量的明示的或者默示的合同关系存在,例如区块链系统所据以构建的底层框架本身就是一个基础性协议,所有参与到该系统的节点都必须接受和遵守;区块链系统所公布的规则也是建构合同关系的依据,特别是在比特币区块链系统中,那些希望加入该网络的个体通过下载免费的比特币软件并在个人电脑上运行的做法已经表达了其对系统所公布规则条款的同意;在一个区块链系统中,基于 IT 的信息和交易相互结合,一个节点发送的任何消息都是一个交易

---

[1] William W. Bratton, "The New Economic Theory of the Firm: Critical Perspectives from History", 41 *Stanford Law Review*, 1471-1527(1989).
[2] Ronald H. Coase, "The Nature of Firm", 4 *Economica*, 386-405(1937).
[3] Armen A. Alchian & Harold Demsetz, "Production, Information Costs, and Economic Organization", 62 *American Economic Review*, 777-795 (1972).
[4] Michael C. Jensen & William H. Meckling, "Theory of the Firm: Managerial Behavior, Agency Costs, and Ownership Structure", 3 *Journal of Financial Economics*, 305-360(1976).
[5] Oliver E. Williamson, "The Theory of the Firm as Governance Structure: From Choice to Contract", 16 *The Journal of Economic Perspectives*, 171 (2002).

的意向和对交易的促成；通过区块链系统执行的单个交易也是合同，无论是以代码还是以文字记录，都可能引发各种相应的后果。这些大量存在的合同关系充分表现出区块链系统具有"合同的联结"之特性，从而也为其内部关系的准组织性质证成提供了客观基础。

(二) 区块链系统具有"共同目的"

组织的判定存在两种标准，即法律判定和事实判定。① 法律判定是指实在法对于事实上已经存在的组织的独立性的立法确认与主体资格赋予，区块链系统目前显然不具备进行法律判定的可能，因此对其准组织性的证成只能依循事实判定路径。事实判定又可以进一步区分为实质要件和外观要件。实质要件强调的是组织的共同目的，即一个或一组契约关系中，在以当事人的义务为表征的对价之外，是否还存在共同目的，如果存在，其就从契约上升为组织。而所谓的"共同目的性"，即将个体成员联结在一起的已经不仅仅是简单意义上的互不相同的所谓"对价"，而是一个共同追求的目标。

在每一个区块链系统中，至少都拥有自身的一个共同目的或目标，即追求系统服务的联合执行。因此，区块链系统超出了单纯的经济利益范畴，而具有准组织特征。例如，一个旨在进行结算的区块链系统要依靠所有节点相互合作来识别真实的交易，这就应当被视为是具有了一个共同目的，按照民商法原理，这至少构成一种合伙组织。因此，基于系统可能承担的外部责任考量，区块链网络不应当被简单视为双边合同的集合，而应被视为一个类似于非法人组织的多边合作系统。特别是如果在一个许可性区块链中，验证节点的网络向付费的第三方用户提供网络服务，那么该系统就应当被视为一个合伙组织。关于组织的成员构成，至少应当包括平台的创建者（往往也是负责代码的开发设计和对系统进行事实上的管理的核心成员）、验证节点（为验证目的而运行系统代码的服务器的所有者）以及为实现特定目的而使用区块链系统的机构或个人。

(三) 区块链系统体现出节点之间的"联合控制"

组织与契约的另一个重要区别是契约关系中仅仅存在合同权利，而组织

---

① 组织的判定包括事实判定和法律判定。事实判定又可以进一步区分为实质要件和外观要件。实质要件强调的是组织的共同目的，即一个或一组契约关系中，在以当事人的义务为表征的对价之外，是否还存在共同目的，如果存在，其就从契约上升为组织。外观要件强调的是组织为实现共同目的而开展活动所必需的物质基础、名称、机构等。法律判定是指实在法对于事实上已经存在的组织的独立性的立法确认与主体资格赋予，又可以进一步分为实体法判定与程序法判定。详见汪青松：《主体制度民商合一的中国路径》，载《法学研究》2016年第2期。

关系中还存在一种相对独立于成员权利的"控制权"。学者们一般认为公司控制权是公司法中各项权利的核心①,甚至有学者认为公司的控制权是一种权力。② 尽管能够单独控制一家公司的情形并不鲜见,但现行法律体系下的大多数组织体都具有一种"联合控制"的特征,如商事组织基本上是由其出资人进行"联合控制",合作社是由其成员进行"联合控制"等。从某种意义上说,"控制权"或者说"控制"事实的存在是判断组织生成的一个重要表征。

区块链系统的技术特征表明其实现了一种由节点共同行使的去中心化的联合控制,甚至有学者认为私法需要对网络系统基于软件运行的"事实上的合并"予以肯认。③ 而合同法、侵权责任法、合伙法或者公司法的一般原理都表明,联合控制可能引发相对于第三人或者在节点内部的某种连带责任、单独责任或者比例责任。责任的具体类别取决于区块链系统的细节,特别是其由特定代码构建的共识机制,以及具体适用的法律规则。如果因不准确或不安全的数据存储而导致第三方利益受损,第三方应该可以直接基于侵权责任法或相关法律中的特殊责任规则向所有节点提出赔偿请求;在系统内部,应当根据其由特定代码构建的共识机制以及具体适用的法律规则来确定各参与者的比例责任。

第四节 区块链组织的主体特性分析

一、组织结构节点化

区块链组织存在于虚拟空间,呈现出去中心化、点对点的去中心化网络的结构样态,这与传统的商事组织迥然有别。

(一) 区块链组织的用户节点和矿工节点

区块链组织中其实并不存在依托信用机构的"账户",而只有去中心化的用户节点。以比特币为例,每个用户都可以在节点上建立自己的地址。用户可以在区块链上开设无限多个钱包地址,用户拥有的比特币数量是所有的钱包地址中的比特币总和。每个用户拥有一对公钥与私钥,地址是公钥的哈希值,通过私钥与地址进行交互。每人有一个钱包,钱包中存储的是私钥。

---

① 林全玲、胡智强:《公司控制权的法律保障初论》,载《社会科学辑刊》2009 年第 4 期。
② 梅慎实:《现代公司机关权力构造论——公司治理结构的法律分析》,中国政法大学出版社 1996 版,第 50—54 页。
③ Philipp Paech, "The Governance of Blockchain Financial Networks", 80 *Modern Law Review*, 1073-1110 (2017).

图 6.1　区块链组织的去中心化节点式分布结构
资料来源：36Kr，国泰君安证券研究。

两个人在相互转账比特币时，可以通过各自的钱包软件直接进行。账本存放在由众多节点组成的去中心化网络中，不再有一个中心化机构来帮助用户管理账户、处理交易，用户管理自己的钱包，交易由分布式账本来记录。

除了用户节点，区块链组织中还存在另外一种重要的矿工节点。如果把区块链组织的分布式网络比喻成一个巨型账本，那么矿工的工作就是记录账本。对于矿工而言，抢到记账权就意味着获得比特币的财富，记账权通过矿工挖矿获得。在区块链的分布式网络中，挖矿不需要矿工亲自动手，实际是由电脑在执行特定的运算，对于矿工来说只要保证矿机电力供应和网络连接就可以了。矿工的主要工作是交易确认和数据打包。当代币持有者发起一笔比特币转账后，交易将广播至全网，矿工所在的节点接到这笔交易后，先将其放入本地内存池进行一些基本验证，例如该笔交易花费的比特币是否是未被花费的交易。如果验证成功，则将其放入"未确认交易池"（Unconfirm Transaction），等待被打包；如果验证失败，则该交易会被标记为"无效交易"（Invalid Transaction），不会被打包。当矿工通过挖矿取得记账权后，将从"未确认交易池"中抽取近千笔"未确认交易"进行打包，形成新的区块。

（二）区块链组织的"区块+链"结构

区块（block）包含有数据库中实际需要保存的数据，这些数据通过区块包装组织起来被写入数据库。数据通过称为区块的文件，被永久记录在数字货币网络上。它们好比是一个股票交易账本。新的区块会被添加到记录（区块链）的末端，而且一旦书写就很难修改或移除。区块的结构一般包括块头和块身两部分，其中块头是该区块与前一个区块的索引以及该区块的相关情况，块身则记录了该笔交易的信息。当一笔交易发起时，该交易系统内的所有节点都可以参与交易的响应。将一段时间内的所有交易信息记录下来并形成一个区块,按时间前后相连就形成区块链。因此,区块(完整历史)与链(完整验证)相加便形成了区块链(可追溯完整历史),其存储了该交易系统从第一笔交易发起至今的所有历史数据,并为每一笔数据提供检索和查找功能,能够逐笔验证。

二、组织资产数字化

(一)区块链组织的数字化货币

纵观人类商业文明的发展史,私人财产的承认使物物交换成为可能,从以物易物到以牛羊、布帛或者贝壳作为交换媒介,货币逐步诞生,大大地提升了交换的频率和交换的方式。货币的演进也相应经历了实物货币、金属货币、纸质货币、电子货币四个阶段。① 在区块链组织中,货币将有可能进化为更高级的数字货币。

在比特币系统中,区块链交易的货币还仅仅表现为比特币这种数字货币样态。但在此后不久,市场实践中形形色色的改良版个性化数字货币层出不穷。暗黑币将数字货币突出至顶点,基于 11 种加密算法,实现了更高程度上的匿名性和安全性。点点币是最早、最有影响力的改良型币种,旨在解决比特币存在的 51% 攻击下的不安全问题和以 POS 机制重新定义数字货币的获取。鲨鱼币基于 6 种加密算法,9 轮运算,安全性很高。② 截至 2019 年 6 月,市场上交易流通的数字货币已经多达 2144 种。③

(二)从"货币数字化"到"资产数字化"的飞跃

"Token"是各种数字货币的简称,在以太坊诞生后,DAO 交易的"Token"呈现出种类繁多、百花齐放的样态。有人将 Token 翻译成为"通证",意思就是"可流通的加密数字权益证明"。通证在以太坊的出现,不仅仅扩宽了数字货币的类型,并且彻底改变了区块链组织的交易客体,最明显的变化在于实现了"货币数字化"向"资产数字化"的飞跃。作为通用的价值代表物,通证将数字世界中的价值表示功能铺陈开来。

其一,借助通证,各种权益和资产可以赋予价值进行交易,大大扩展了

---

① 赵磊:《论比特币的法律属性——从 HashFast 管理人诉 Marc Lowe 案谈起》,载《法学》2018 年第 4 期。
② 东兴证券研究报告:《区块链互联网时代的货币风暴——东兴中小市值专题系列》,第 10 页。
③ 根据 coinmarket 网站数据整理。资料来源:https://coinmarketcap.com/zh/,最后访问时间:2019 年 6 月 26 日。

交易的自由度,提升了资源配置的效率。在区块链组织中的价值表示物已经不局限于数字货币,实物资产通过通证也可以进行价值表达。通证的种类有很多种,包括产品或服务通证(Use of Product)、奖励通证(Reward Token)、权益通证(Equity Token)和资产通证(Asset Token)。当它们表现在链上,可称之为"数字资产"。如果是链下的资产,通常需要预言机等工具来连接线上、线下的资产,然后通过智能合约在链上交易。事实上,通证可以代表一切权益证明,从身份证到学历文凭,从货币到票据,从钥匙、门票到积分、卡券,从股票到债券,人类社会全部权益证明,都可以用通证来代表。如果这些权益证明全部数字化、电子化,并且以密码学来保护和验证其真实性、完整性、隐私性,那么对于人类商业文明将是一个巨大的革新。

其二,通证通过区块链进行权利确认和资产的交易,提高了交易效率,降低了交易成本,保障了交易安全。区块链技术赋予了通证真实性、防篡改性、保护隐私等能力,由密码学予以保障。每一个通证,就是由密码学保护的一份权利。这种保护,比任何法律、权威机构、军队枪炮提供的保护都更坚固、更可靠。在区块链上,通证实现了最大化的流通,在分布式网络中自由流动,随时随地可以验证。由于通证是可编程的并可以代表各种权益,如果通证由成员以股权、合伙份额的方式持有,可以利用通证和共识机制进行社区的链上治理,区块链形态的合伙企业和公司组织正在兴起。

三、组织决策自治化

与传统公司、合伙等商事组织的成员会议决策机制不同,区块链组织的决策是采用高度自治的共识机制。量子信息理论可以对共识机制的正当性进行解释,在系统的熵降低之后,能够产生有序的市场价值。市场是一个麦克斯韦妖式的智能系统。消费者在进入市场以后,进行购买时一定挑更好的商品,这就对商品的"空间"进行了一次压缩,起到了优胜劣汰的作用。消费者每一次购买行为都是对这个系统的"减熵"作用,他们都充当了麦克斯韦妖。在分布式组织中,每个节点都有决策能力,充当了系统的麦克斯韦妖,使得系统的熵值减少了。[①]

(一)组织节点化引发的女巫攻击和拜占庭容错

因为区块链网络的开源性特质,任何人无须许可都可以进入网络。在

---

① 韩锋、张晓玫主编:《区块链:量子财富观》,机械工业出版社2017年版,第76页。

去中心化的网络中,节点保证同步一致,这就需要共识机制。共识指网络参与者确信其分类账准确一致。大多数数字化系统共识的达成方法都有一个通病,即很容易产生大量虚假网络节点,也就是所谓的"女巫攻击"(Sybil Attack)。即使大部分的实际用户都是诚信的,攻击者仍可伪造足够的节点控制网络,并在系统执行错误的共识,这就是著名的"拜占庭将军问题"(Byzantine Generals Problem)。拜占庭将军问题又称为拜占庭容错。假设有10个军队去攻打敌人,除非至少6支军队同时进攻才能有胜算,但是将军们无法确定所有的士兵都是忠心耿耿的,一旦军队中混入奸细,无法全力战斗,胜算将大为降低。

(二) 区块链组织的自治共识机制

为解决这一问题,基于工作量证明的 PoW 共识机制应运而生。工作量证明是区块链账本的安全机制,保证了区块链上的数据可靠性。比特币系统要求矿工解决涉及单向函数的密码问题,即哈希计算。解决上述问题需要巨大的且不断增长的计算能力,这一硬件要求令"女巫攻击"难如登天。[①] 因为交易的记账权需要竞争才能获得,即通过挖矿来计算一个复杂的数学问题,即找到随机数。通过提高寻找这个随机数的难度,可增加所需的计算量,这种计算量就构建了一个工作量的证明机制。如果想要修改某个区块内的交易信息,就必须完成该区块及其后续连接区块的所有工作量,这种机制大幅提高了篡改信息的难度。同时,工作量证明也解决了全网共识问题,全网认可最长的链,因为最长的链包含了最大的工作量。除了工作量证明机制 PoW,其他常见的共识机制还包括以下几种:

权益证明机制(PoS)——与工作量证明机制不同,权益证明要求证明人提供一定数量的加密货币所有权即可。这种共识机制可以缩短达成共识所需的时间,但本质上仍然需要网络中的节点进行挖矿运算。

股份授权证明机制(DPoS)——是一种新的保障网络安全的共识机制。它在尝试解决传统的 PoW 机制和 PoS 机制不足的同时,还包含民主的色彩。与董事会投票类似,该机制拥有内置的实时股权人投票系统,就像系统随时都在召开永不散场的股东大会,所有股东都在这里投票决定公司决策。基于 DPoS 机制建立的区块链去中心化依赖于一定数量的代表,而非全体用户。在这样的区块中,全体节点投票选举出一定数量的节点代

---

① 〔美〕凯文·沃巴赫:《信任,但需要验证:论区块链为何需要法律》,林少伟译,载《东方法学》2018年第4期。

表,由他们来代理全体节点确认区块、维持系统有序运行。同时,区块链的各个节点还可以通过投票让现任节点失去代表资格,重新选举新的代表,实现实时民主。股份授权证明机制可以大大缩小参与验证和记账节点的数量,达到秒级的共识验证。①

Paxos——是一种基于选举领导者的共识机制,领导者节点拥有绝对权限,并允许强监管节点参与,性能高,资源消耗低。

PBFT——与 Paxos 类似,也是一种采用许可投票、少数服从多数来选举领导者进行记账的共识机制,但该共识机制允许拜占庭容错。该共识机制允许强监管节点参与,具备权限分级能力,性能更高,耗能更低。②

因为每一种共识机制各有千秋,不同场景选用适当的共识,才能更好地决策和治理。于此方面较为典型的是百度的 XuperChain 共识机制,其采用可插拔共识机制。所谓可插拔主要体现在两个方面:一方面,XuperChain 不同的平行链允许采用不同的共识机制,以此来满足不同的共识应用需求,用户可以通过 API 创建自己的区块链,并指定初始的共识机制。另一方面,XuperChain 还支持在任意时刻通过投票表决机制实现共识的升级,从而实现共识机制的及时合理转换。XuperChain 的共识机制包括但不限于 PoW、PoS、DPoS、PBFT 等。

1. XuperChain 提案和投票机制

XuperChain 的提案和投票机制为区块链的社区治理提供便利的工具,以保证未来系统的可持续发展。具体实现方法如下:第一步,提案者(Proposer)通过发起一个事务声明一个可调用的合约,并约定提案的投票截止高度,生效高度;第二步,投票者(Voter)通过发起一个事务来对提案投票,当达到系统约定的投票率并且账本达到合约的生效高度后,合约就会自动被调用;第三步,为了防止机制被滥用,被投票的事务需要冻结参与者的一笔燃料,直到合约生效后解冻。

2. XuperChain 共识和系统的升级

XuperChain 提供可插拔共识机制,通过提案和投票机制,升级共识算法或者参数。此外,通过提案和投票机制,区块链自身的运行参数也是可升级的。包括:block 大小、交易大小、挖矿奖励金额和衰减速度等。

---

① 唐文剑、吕雯等编:《区块链将如何重新定义世界:区块链可以用来做什么?》,机械工业出版社 2016 年版,第 73 页。
② 蒋健豪、文丹枫等主编:《数字经济时代区块链产业案例与分析》,经济管理出版社 2018 年版,第 50 页。

第六章 组织虚拟化及其对商主体体系的挑战 193

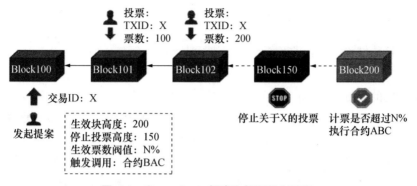

图 6.2　XuperChain 提案和投票机制流程
资料来源：百度区块链白皮书。

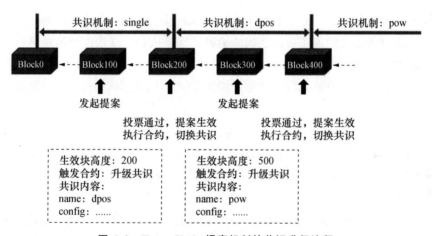

图 6.3　XuperChain 提案机制的共识升级流程
资料来源：百度区块链白皮书。

四、组织契约智能化

（一）从传统契约到智能合约

区块链组织的智能合约可以实现完全的智能化，普通合同无法实现的自动成立、自动生效、自动履行在智能合约上都将成为现实，由此可以通过智能合约进行链上数字资产交易。例如，DAO 出售以太币为例，买方向智能合约地址转入 10 个比特币，即为发起购买邀约，智能合约担任第三方保管的角色，卖方把以太币转入买方地址，智能合约自动将比特币款项转入卖家账户。

(二) 智能合约的特点

区块链组织运营的智能合约有如下特点:

第一,智能合约的完备性。图灵完备的特征赋予智能合约执行任何可计算问题的能力,足以适应复杂多样的事务和交易。

第二,智能合约的逻辑性。智能合约以计算机代码为基础,最大程度消除了自然语言的歧义,并经由严密的逻辑结构加以呈现。

第三,智能合约的权威性。智能合约有着独立于第三方权威的自治性。它发展出了一种自身的信任机制,去中心化的共识。去中心化的共识最大化地实现了契约的信用保护。

第四,智能合约的自治性。表现在智能合约强大的执行能力。在给定的事实输入下,智能合约必然输出正确的结果,并且其输出的结果能够在显示视界中被具象化。① 换言之,智能合约可以自动实施预设的合约内容。智能合约和其他形式的电子协议之间的关键区别是执行。缔约方使用加密技术"签署"智能合约并将其部署到分区块链,当满足代码中的条件时,程序触发预设的操作。一旦商品或服务交付,智能合约可以通过区块链强制自动执行支付。②

第五,智能合约的贯通性。智能合约实现了链上链下的时空一体化,智能合约本身成为连接链上世界和链下世界的纽带。当交易的不是链上的数字资产时,智能合约和预言机是一对必备的组合。智能合约在链上,预言机在链下,它可以与链上的智能合约进行通信。当卖家把货物发送给买家,买家确认之后,连接链上和链下的预言机就发出消息通知智能合约。在接到消息后,智能合约执行后续步骤,把数字货币转入卖家钱包。

五、组织交互去中心化

(一) 区块链组织的交易机制

在区块链形成的去中心化的节点网络中,所有的交易都是自动化、去中心化进行的。发送方和接收方直接交易,它们之间不需要中介机构的介入,实现了完全的自主和自动。比特币系统交易时,交易者需要拥有地址、私钥、钱包。买家在钱包中用私钥对自己的比特币签名,无须卖家许可,向卖家的

---

① 许可:《决策十字阵中的智能合约》,载《东方法学》2019 年第 3 期。
② 陈吉栋:《智能合约的法律构造》,载《东方法学》2019 年第 3 期。

地址中转入一笔比特币,从而发起一笔交易。通过区块链网络,交易信息向网络各个节点进行广播。区块链网络中的矿工节点按照规则进行加密哈希计算,以竞争获得生成新区块的权利。某个矿工节点将这个交易打包进候选区块,进行哈希计算(挖矿)来赢取记账权。矿工节点在计算成功后就获得记账权。某个节点挖矿成功,向全网广播,候选区块被成功添加到区块链的尾部,成为最新的区块,此时交易完成,矿工获得比特币的挖矿奖励。通常在增加六个区块后,该交易被永久留存,也可认为是被完全确认。

(二) 双花问题的克服

如果希望完全实现交易的去中心化,离开对第三方中介机构的依赖,还需要解决的是"双花"(双重支付)问题。现有的数字签名技术虽然提供了部分解决方案,但如果还需要经过一个可信的第三方机构来防止虚拟货币的双重支付,那就丧失了虚拟货币的主要好处。针对双花问题,中本聪在比特币系统中用点对点的网络技术提供了一个解决方案。该网络给交易记录打上时间戳,对交易记录进行哈希散列处理后,将之并入一个不断增长的链条中,这个链条由哈希散列过的工作量证明组成,如果不重做工作量证明,以此形成的记录无法被改变。

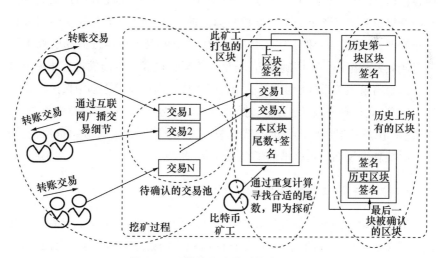

图 6.4　区块链和比特币的挖矿原理
资料来源:广发证券发展研究中心。

第五节 区块链组织对商主体体系的挑战

一、区块链组织弱化了商主体法定原则

(一) 商主体法定原则的传统范式

商主体的法定性代表法律对商主体人格之肯认。虽然商事法律制度最初起源于中世纪商人习惯法,在古老的香槟集市、泥足法庭,由自发秩序产生的商事习惯法、判例法形成了源源不断的法源供给,对商业活动的形态创新赋予最大限度的尊重与包容。但是经历资产阶级革命的洗礼,民族国家得以建立,迫切需要通过法典化来完成对社会的整合。民法法典化运动促成了民法向一般私法的转型,民法法典化旨在产生民法对私法的统合力、凝聚力,在此基础上提炼出一般私法的内涵、原则、规则、体系,勾勒出一般私法的边界。概念周延、逻辑严密、体系完备的潘德克顿体系得以形成,而私法的"外延"正是因为这一集合评价机制而获得了立法的圈定。① 在法典化的语境之下,传统的商事法律制度也呈现出了封锁闭合的状态。各国立法采用了大量的强制性法规对商主体的资格予以严格控制,形成了商主体法定原则。其基本内容包括:首先,商法对于商主体的类型作出明文规定,商主体的创设或变更只能严格依照法律预定的主体类型和标准进行,法律禁止在法定类型之外创设非典型或"过渡型"商主体。其次,商法对于可以进行经营活动的商主体的财产关系与组织关系明确规定,当事人不得创设或变更形成具有非规范性财产关系与组织关系的商主体。最后,商法规定商主体成立必须按照法定程序予以公示,以便交易第三人及时知晓;未经法定公示不得以其对抗善意第三人。② 法定的组织形式提供了默认规则,节省了当事人的缔约费用,不同组合的缺省性规则的组合增加了交易选择。③

(二) 商主体法定原则无法涵摄区块链组织

既有理论采用商主体法定原则作为主体资格正当性的基础,导致完全建构于区块链网络之中的"去中心化自治组织"无法成为法律意义上的主体。一方面,去中心化自治组织 DAO 的法律特征与传统的法人制度、合伙制度迥

---

① 张力:《民法转型的法源缺陷:形式化、制定法优位及其校正》,载《法学研究》2014 年第 2 期。
② 范健、王建文:《商法论》,高等教育出版社 2003 年版,第 143 页。
③ 李清池:《商事组织的法律结构》,法律出版社 2008 年版,第 71 页。

然有别,区块链组织存在的时空、组织资产、组织结构、交易结构较之公司、合伙企业显然有重大差异。实证法层面的商法人与商合伙的法律逻辑、法律规则不能对区块链组织完全地涵摄,将区块链组织简单地认定为商法人、商合伙缺乏依据。另一方面,由于商主体类型、内容、公示有着严格的立法限定,区块链组织未经登记注册,无法取得国家认可的法律主体资格。但在组织运营的实然层面,其成员基于通证持有权益,运用智能合约机制,围绕特定目的事业形成有效的组织运行状态,使在去中心化的环境下共营同一事业的目标得以实现。区块链组织的法律主体资格模糊,使得这种类商事组织样态游走于法律调整的灰色地带,无法援用商事法律制度进行调整,大大降低了交易预期和交易安全,这种混乱无序的状态甚至会对市场秩序造成消极的影响,对实体经济构成破坏。

二、区块链组织消解了商主体实体机理

传统的商事组织是具有实体机理的法律构造:组织具有团体性或者集合性;组织拥有共同的经营目的;组织具有整体的功能性,分布着层级分明的治理结构;组织本身具有独立的法律人格,独立的资产,独立的意志,独立的名称和经营场所。① 传统的商事法律关系构造都具有较为明显的结构性外观,如合同关系中的当事人及其互相对应的权利义务安排,组织关系中的成员构成与层级结构等,据此可以较为容易地进行法律性质判定。但是区块链技术设计本身并没有告诉我们任何其所涉及的实体和它们的治理角色。② 区块链组织则完全脱离了商事组织的实体化,实现了虚拟化交易、虚拟化运营贯穿始终。

(一) 区块链组织的分布节点淡化了商主体的层级分明的内部结构

正式的、法定的公司治理模式是构筑在一个金字塔般的登记制度之上,位于这个金字塔塔尖的并非个人,而是一个小型的协同机关董事会。③ 公司的经营运作在董事会的指挥下进行,在某种程度上,董事会位于公司契约束的中心。避免滥用职权的防线必然是有效负责的董事会。每个企业都在一种特定的和综合的平衡行为中运行,鼓励和激励创新以及财富创造,满足资本提供者的需要并禁止浪费和公司帝国的产生。董事会必然具有广泛的自

---

① 汪青松:《主体制度民商合一的中国路径》,载《法学研究》2016年第2期。
② 汪青松:《区块链系统内部关系的性质界定与归责路径》,载《法学》2019年第5期。
③ 〔美〕斯蒂芬·M.贝恩布里奇:《理论与实践中的新公司治理模式》,赵渊译,法律出版社2012年版,第15页。

由度来制定企业的战略并决定如何运用公司的资源。① 但这种结构的弊端是可能会导致权力滥用、寻租和渎职行为等次优结果。相比之下,在 DAO 的分散环境中,对组织施加的影响和结果不是由层级创造的,而是由持有代币的成员对项目成功所做贡献的价值决定的。此外,如果一个代币持有者为 DAO 增加了实质性价值,其他代币持有者将希望在相同的背景下增加他们的技能,从而将代币持有者的努力集中在尽可能高的价值主张上。② 比如,在火币公链中,参与社区治理和决策的主体就包括公链领袖、领袖团队成员、专家顾问团及其成员、理事会及当选理事、社区成员等。总之,在区块链组织中,层次分明的序列逐渐消融,组织结构趋向扁平化和开放化。

(二) 区块链组织的社区自治替代了商主体的代理范式

传统的公司组织中,为了试图克服由所有权和经营权分离引发的代理问题,很大程度上依赖于在契约关系中赋予管理层信义义务和违反义务的责任。在 DAO 结构中,这种义务与责任是不需要的。区块链组织提供了一种替代的治理机制,通过在被代理人和代理人之间的合同关系中建立信任,消除代理成本。区块链组织的契约表现为智能合约,为交易的执行提供了交易担保,这种担保确保任何主体都无法规避区块链代码嵌入的规则。由于代码中嵌入了治理保证,在区块链组织中,被代理人无须对代理人的代理成本进行监督和监控。由此,区块链全面解决了现代金融和公司治理中固有的代理问题。区块链技术有助于大幅提高代理关系的效率,并降低代理成本。因为取消公司治理中的制衡、对代理人的监控、审计要求、披露制度、市场压力、执行代理人薪酬方案等,必然会使代理关系和公司治理的整体效率发生质的转变。

(三) 区块链组织的透明结构颠覆了商主体的商业账簿制度

在传统的公司组织中,商业账簿是财务会计制度和信息披露制度得以正常发挥功能的基础。在区块链上,任何股东、贷款人、债权人或其他利益方都可以立即看到公司的分布式账本。任何人都可以在任何时候将公司的交易汇总成损益表和资产负债表的形式,他们不再需要依赖公司及其审计师编制

---

① 〔美〕玛克丽特·M. 布莱尔:《所有权与控制:面向 21 世纪的公司治理探索》,张荣刚译,中国社会科学出版社 1999 年版,第 290 页。
② Wulf A. Kaal, "Blockchain Solutions for Agency Problems in Corporate Governance", *Economic Information to Facilitate Decision Making*, Edited Book, Editor-Kashi R. Balachandran, World Scientific Publishers (2019). 资料来源:https://ssrn.com/abstract = 3373393 or http://dx.doi.org/10.2139/ssrn.337439,最后访问时间:2019 年 6 月 26 日。

的季度财务报表。股东将不需要聘请成本高昂的审计师来保证公司账簿和记录的准确性。消费者不需要依赖于审计师的判断和管理者的诚信。他们可以确定地信任区块链上的数据。区块链上的关联方交易实施时,观察员能够立即发现可疑资产转移和其他有利益冲突的交易。

三、区块链组织变革了商主体资产形态

（一）区块链组织资产的匿名性

区块链组织催生了一种全新的资产形态,在区块链组织中交易和运营的财产主要是数字货币和数字资产,这意味着资产形态由传统的实物逐步走向虚拟化,资产形态虚拟化引发的最大的问题是匿名性,一旦资产匿名化交易,将为金融市场和现有法律体系带来巨大的外部性。

（二）区块链组织资产匿名性产生的影响

其一,是对金融系统和实体经济的影响。区块链组织的投融资行为,大多数是通过区块链虚拟网络进行,发行交易的虚拟货币并非法定货币,发行过程也完全游走在监管的灰色地带,去中心化发行的虚拟货币有可能削弱中央银行控制货币供应和宏观调控的能力。同时,对虚拟货币的投机炒作会带来资金空转、脱实向虚,产生巨大的经济泡沫,不利于实体经济发展。

其二,是对现有法律体系的影响。大多数虚拟货币因为具有匿名性,一开始就极易被非法交易或灰色交易利用,成为恐怖融资、洗钱等犯罪活动的工具,也被用来绕开资本管制。[1] 许多区块链组织所流通的数字货币由于匿名性和去中心化,成为洗钱、贩毒、贩卖人口以及贩卖军火等暗网交易的热门支付手段。[2] 数字货币交易平台基本没有投资者适当性和反洗钱反恐措施,甚至允许投资者开立匿名账户,并以较低的标准诱导更多的投资者进场投机或从事非法活动。

在我国,近年来随着以 ICO 为名行非法集资、传销等违法违规活动的项目越来越多,其危害性已远远超出最初设想的虚拟社区创业融资便利。为保护投资者合法权益,防范化解金融风险,2013 年中国人民银行等五部委联合印发了《关于防范比特币风险的通知》(银发〔2013〕289 号)。2017 年 9 月 4 日,监管部门发布了《关于防范代币发行融资风险的公告》,2018 年 8 月 24 日,北京市互联网金融协会发布了《关于防范以"虚拟货币""区块链"名义进

---

[1] 刘旭光、李贺:《ICO 的发展演变与国际监管趋势研究》,载《清华金融评论》2018 年第 6 期。
[2] 郑戈:《区块链与未来法治》,载《东方法学》2018 年第 3 期。

行非法集资的风险提示》。这两个文件的基本精神是,比特币应当是一种特定的虚拟商品,不具有与货币等同的法律地位,不能作为货币在市场上流通使用。代币发行融资本质上是一种未经批准非法公开融资的行为,涉嫌非法发售代币票券、非法发行证券以及非法集资、金融诈骗、传销等违法犯罪活动,因此,应当禁止各类代币发行融资活动。但是这种"运动式证券执法"也引起了一些疑虑。如有观点指出,在没有对一种违法违规行为的性质清楚认识之前,如此匆忙地动用"刑罚"这一重器是否适当呢?[1] 区块链组织的数字货币本质是市场要素的技术创新,熊彼特的创新理论中,技术创新可以产生颠覆性力量,如果善加引导,数字货币、数字资产的交易也许会另辟蹊径,成为经济增长的动力引擎。

四、区块链组织重塑了商主体交易方式

区块链组织的智能合约改变了传统商主体基于合同法遵循的交易范式和权利义务模型,甚至构成智能合约技术基础的代码某种程度上替代了法律的传统规制角色。

(一)智能合约具有独特的订立和生效时间

在智能合约的订立过程中,要约人将自己的意思表示发布在区块链网络上,这一内容将会被"矿工"打包进入对应时间线上的区块中,而后所有人均可查看这一信息,并可调用并执行合约。因此,这一时间应视为智能合约的到达时间,而合约到达即生效。[2] 智能合约的本质是通过区块链技术的应用,在传统合同意思表示的基础上,附加了担保功能。智能合约将合同内容代码化,并部署于区块链之上,使得合同效果指向的财产利益能够得到确定的移转。这实际上实现的功能是确保当事人的债权能够优先于普通债权人进行偿付。从时间上来看,合同生效即转移;从事实上来看,相应债权具备了优先性。[3]

(二)智能合约具有独特的履行机制

智能合约一旦签订,其进一步履行不再取决于其当事人或第三方的意愿。它不需要他们额外的批准或行动。计算机验证所有条件,转移资产,并在区块链数据库中记录此类转移。因此,智能合约在技术上对其所有当事方

---

[1] 彭冰:《重新定性"老鼠仓"——运动式证券监管反思》,载《清华法学》2018年第6期。
[2] 陈吉栋:《智能合约的法律构造》,载《东方法学》2019年第3期。
[3] 蔡一博:《智能合约与私法体系契合问题研究》,载《东方法学》2019年第2期。

具有约束力,他们不再依赖于任何人的中介,这将避免受到错误和主观自由裁量权的影响。

(三)智能合约具有独特的权利义务配置

智能合约不产生法律意义上的义务。这导致了与"义务"概念相关的所有法律制度都不适用的结论。这一结论适用于与履行方式(履行地点和时间、第三方履行等)和不履行后果有关的规则。这符合智能合约的性质:一旦所有条款都由技术规范强制执行,就不需要有旨在规范人类互动的条款。智能合约本质上是平等的,因此,智能合约架构不允许确保对较弱方(如消费者)的保护。与消费者法和不公平合同条款有关的相关法律规定不适用于智能合同。

(四)智能合约具有独特的内容设计

由于智能合约是由计算机代码来控制的,几乎不会受到传统契约不完备的影响,传统的合同解释规则、合同漏洞填补规则也很难适用。当然,客观上而言,智能合约会自动地受到各种各样的缺陷和错误的影响,这些缺陷和错误可能伴随着任何一个计算机程序。

五、区块链组织颠覆了商主体治理结构

(一)区块链组织共识治理的脆弱性

不同于传统公司治理致力于从董事会、管理者激励、监督和约束来降低代理成本,区块链组织主要诉诸各种共识机制来进行组织内部事务的决策和治理。尽管共识机制在一定程度上实现了区块链组织的去中心化存续运营,但是这种治理结构存在不稳定性和脆弱性。

中本聪对"拜占庭将军"问题提出了有力的解决方案,但仍无法解决51%攻击的问题。若某人能够控制网络内超过一半的挖矿能力,他们就可以控制系统。如果发生这种攻击,比特币社区可能会设计防御系统,但冲突和过渡将是混乱的,可能会破坏对比特币的信任。[①]

51%以上攻击典型案例是 DAO 的攻击事件。2016 年 6 月 18 日,DAO 受到黑客袭击。攻击者利用 DAO 编写的智能合约中有一个 splitDAO 函数的漏洞,从 DAO 项目的资产池中分离 360 万个以太币并投入黑客自己建立

---

① Rainer Böhme, Nicolas Christin & Benjamin Edelman, "Bitcoin: Economics, Technology and Governance", 29 *Journal of Economic Perspectives*, 313-238(2016).

的子 DAO 中,子 DAO 与 DAO 有着同样的结构。由此导致以太币价格从 20 多美元直接跌破 13 美元。很多人都在尝试从 DAO 中脱离出来,以防止以太币被盗,但是由于慌乱的局面无法在短期内达成共识获得所需票数。最后,为了挽救 DAO,以太坊基金会被迫于 7 月 20 日执行了硬分叉,此次硬分叉将以太坊划分为以太坊(ETH)和以太坊经典(ETC),让所有的以太币回归原处,不接受此改变的将加入以太坊经典。对于分叉,黑客在《致 The DAO 和以太坊社区公开信》中指出"其任何分叉行为都会对以太坊造成损害,并破坏其声誉和吸引力"[1]。因为区块链分叉使得有不同意见的参与人都可以按照自己的意见运营,但是分叉本身也影响了区块链社区的发展。如果把区块链社区理解成一个虚拟"国度",那么就可以把区块链分叉理解成"国度"的分裂。分裂时,所有公民取得双重国籍。但是,多数参与人由于时间资源所限只能在一个社区活动,分裂后的社区导致力量的分散,从而根本性地影响社区的发展。由此,如何避免区块链组织产生分叉是区块链治理需要考虑的重要问题。

(二)区块链组织共识治理民主性的减弱

即便是去中心化的区块链社区,也存在着跟公司治理同样面临的小股东不愿参与投票管理的"搭便车"问题。即使 PoW 这样的共识机制,虽然表面是依赖算力投票,但是投票还是在相当大程度上受到"大股东"或者说在社区有很大权威的参与人的意见支配。在投票表决之前,"大股东"们已经在谋求某种共识。这种共识机制本身已经渗入了非民主的因素。[2]

---

[1] THE DAO 攻击者公开信中表明:我获得的以太币是合法并正当的。资料来源:https://mp.weixin.qq.com/s/--VNFY-cbKdIrcagVFz47Q,最后访问时间:2019 年 6 月 26 日。
[2] 刘晓蕾:《区块链社区:一种新型的组织模式》,载《人民论坛·学术前沿》2018 年第 12 期。

第七章 回应数字经济发展的商主体体系创新的理论重构

传统私法主体制度的建构以特定历史阶段的社会伦理为基础,然而在数字经济时代营业性构造演进的轨迹下,社会伦理与商主体再体系化需求之间有明显的不适应性。回应数字经济发展的商主体再体系化理论重构的一个前提是要实现商主体"市场理性构造"本质的回归。在此基础上,应当对商主体资格判定的"营利性"标准、商主体法定原则的法律内涵以及商事登记制度的方式等进行重新阐释;同时,针对个人众创化、公司集团化、企业平台化和组织虚拟化的不同需求,为其制度创设奠定有针对性的理论基础。基于此,本部分将在前文所述的商主体体系化理论与数字经济背景下营业性构造演进实践之间的不适应性的分析基础上,致力于对商主体体系进行理论重构。

第一节 数字经济时代商主体的本质回归

一、商主体制度与传统民事主体制度的主要差异

从传统私法主体制度演进的历史脉络来看,主体制度实质上是基于特定社会对主体内涵的伦理共识而由立法者所进行的一种价值判断,或者说是一个基于社会伦理观念的法律选择。一直以来,商法上的主体制度设计以民事主体制度为基础和蓝本,至今尚未真正形成自己的独特理论框架。不过,这并不能否认两种制度之间所存在的明显差异。准确把握这种差异,对于符合市场理性的商主体制度的建构具有重要的基础意义。

(一)两种制度所依存的社会背景存在差异

首先,商主体制度与传统民事主体制度所运行的社会界域有所不同。传统民事主体制度尽管可以被视为是与政治国家之间关于个体私权确认与保护的约定,但其运行的主要社会界域则几乎与政治国家无关,而是以个体的自然人为主要构成的市民社会。实际上,不独民事主体制度如此,几乎整个

民事法律制度都是为了调整市民社会中所发生的各种社会关系。也正基于此，徐国栋教授早就指出，"民法"一词实属误译，有必要为其正名，回复为"市民法"。① 市民社会的基本特性是其伦理性，正如黑格尔所言，"唯有客观伦理是永恒的，并且是调整个人生活的力量""也只有在伦理中，个人才实际上占有他本身的实质和他的内在普遍性"。②

与传统民事主体制度主要依存于伦理性的市民社会不同，现代意义上的商主体制度虽然也运行于市民社会之中，但主要是在其中的商业社会层面，同时，其也几乎无时无刻不与政治国家相关联。③ 早期的商人法在经历其独立于政治国家的自治法阶段之后，最终还是在重商主义的推动下被逐步统一到国家法层面④，开始了从商人法向商事法的现代化转向。其中，商主体的设立无疑是政治国家向市民社会渗透最为深入的一个领域。特别是以组织体为基本形态的商主体的建构，更是需要市场和政府的合力作用。政治国家原本就是理性的产物，无论是亚里士多德在论述希腊城邦起源时所提出的人类自然本性论还是霍布斯、卢梭等基于个人权利让渡所归纳出的社会契约论，抑或是马克思、恩格斯基于历史与现实的统一而提出的阶级冲突论，实质上都强调了政治国家的产生是特定群体成员的全部或一部分为了解决生存困境和构建合理生存秩序而作出的理性选择。市场则更与理性息息相关，各国民法典一致要求进入市场从事交易的民事主体应当达到相应的理性标准（具有行为能力），商事立法更是要求商主体的发起设立人应当具有完全民事行为能力。如我国《合伙企业法》第 14 条中规定"合伙人为自然人的，应当具有完全民事行为能力"。

(二) 两种制度所追求的价值目标存在差异

传统民事主体制度以实现社会伦理所认可的人人平等作为其所追求的价值目标，这一目标得以实现的关键是要清晰界定个体与国家的关系。如果从近代民法典产生的时代背景来看，传统民事主体制度实质上就是一种个体与主权国家之间的身份契约，是个体之间在为了设立国家而进行的第一次立

---

① 徐国栋：《市民社会与市民法——民法的调整对象研究》，载《法学研究》1994 年第 4 期。
② 〔德〕黑格尔：《法哲学原理》，范扬等译，商务印书馆 1996 年版，第 165—172 页。
③ 需要说明的是，商法产生的初始阶段曾经经历了一个相对独立于政治国家的所谓"商人法"时期，但那时的商事立法的主要工作是将商事习惯、惯例加以固定化、一般化，较少涉及到主体构建的内容。因此，其并不属于现代意义上的商事组织法，而更类似于商事行为法。
④ 重商主义在 16 世纪之后逐步成为欧洲近代国家的普遍政策，其本质在于把资本主义的营利观点灌输到政治上。重商主义对于商事主体立法的影响可以归结为：一是表明了以国籍来区分商人的意义；二是促使国家对商人的设立与行为提供国家权力的支撑；三是推动国家将行会正式置于政府的控制之下。

约之后的二次立约。按照社会契约论的一般原理,社会契约的核心要义就是"每个结合者及其自身的一切权利全部都转让给整个集体"①,这个集体就是主权国家。同时,为了避免个体不至于沦为自身所立约建构的集体的奴隶,在这一社会契约的基础上还应当进行二次立约,本次立约旨在明确个体与其所归属的主权国家之间的身份关系并要求主权国家确认和保障个体的基本权利,或者更确切地说,是确认和保障个体的平等权利。因此,传统民事主体制度以及据其所展开的民事权利体系正是起到了这样一种身份契约的作用,这一功能也反过来充分体现了其价值目标的伦理特质。

商主体制度尽管也会实现一定的身份性功能,比如界定商主体的国籍归属和公法义务指向,但其主要目的并非在此,而是在于促进财产的利用和推动经济活动的开展,即所谓营利目标。因此,商主体制度在本质上是一种目的契约,"这种目的契约既不影响当事人的身份,也不产生新的同志关系,仅仅是为了以特定的(尤其是经济的)履行或结果而进行交换"②。换言之,商主体制度是以发挥、延伸和扩张自然人民事主体的理性为目标。商主体的设立人要求具有完全民事行为能力,而行为能力主要与个体意志的健全状态或者说理性思维相联系。它的前提是理性的个人是自己利益的最佳的看护者、判断者,在此前提下法律认可私人之间的意思表示。同时,借助于商主体,传统民事主体也能够很好地实现其行为能力在经济领域的扩张。商主体制度的价值目标在各国商法典关于商主体(商人)的界定上都有明显体现,如《德国商法典》第1条总括性地将商人定义为"从事商营业的人"。

(三)两种制度所遵循的立法技术存在差异

传统民事主体制度以抽象人格作为立法工具,实现了对自然人主体资格的无差异确认,同时借助于拟制技巧将主体人格扩展到部分组织体之上。总体而言,传统民法所遵循的主体资格判定标准是抽象的、恒定的、一劳永逸的。其立法技术可以概括为一种一般认可模式。首先,对于作为民事主体之基本形态的自然人,一经出生即为民法所认可的民事主体,不需要再经过其他任何特别确认程序;其次,对于组织体,传统民法确定了以独立责任为核心的法人判定标准,但法人设立所需的特别程序却是由其他法律所规定,一旦完成这些规定而成立,即当然取得民事主体资格,民法也未对其施加任何特别确认程序要求。这种立法技术对于自然人平等地位的实现具有无可比拟

---

① 〔法〕卢梭:《社会契约论》,何兆武译,商务印书馆1980年版,第19页。
② 〔德〕马克斯·韦伯:《论经济与社会中的法律》,张乃根译,中国大百科全书出版社1998年版,第105页。

的优势,但却在组织体层面造成了非法人团体主体地位模糊不清的尴尬困境,因为这些组织体不满足成为民事主体的独立责任标准。

如前所述,商主体制度是以促进财产的利用为目标,而在追求这一目标的过程中,也要实现个体人格与组织体人格不同程度的分离。如果从个体对其财产占有和使用的视角审视,从纯粹的自然人个体占有、使用到按份共有、共同共有、民事合伙,再到普通合伙企业、有限合伙企业、有限责任公司、股份有限公司,这样的一个序列就是个体成员人格与共同体人格分离的程度越来越大(或者说是组织体独立性越来越强)的递进序列。在这个序列中的各种法律形态的商主体,其设立条件和成员间的权利、义务、责任安排都不尽相同,因而难以找到一种具有普适性的抽象判定标准。因此,商主体制度采取的是一种特别认可模式,即针对不同形态的商主体分别设计法律条件和程序,并经过相应的商事登记制度实现对特定形态商主体资格的法律确认。通过对各种商主体设立条件的比较分析,我们能够发现,尽管在具体要求上存在诸多差异,但其隐含的逻辑却是共同的,即这些条件要求的设定动机已经与私法主体最初立足的伦理之维关联甚微,而是旨在构建每一种商主体从事营利活动所应当具备的市场理性。这一点可以从商个人的立法变化中得到充分体现,早先的商法典并不禁止未成年人从事营业活动,只是予以一定限制,如《韩国商法典》第 6 条要求经过法定代理人同意并进行登记,《日本商法典》第 5 条也要求进行登记。这种关于自然人由民化商的制度设计更多的仍是基于伦理考量。而 2007 年修订的《西班牙商法典》第 4 条则明确要求"商个人须为成年人,并能自由支配其财产",此种立法所表达的理念显然是将理性的行为能力作为商主体的必备要件。

二、社会伦理逻辑对组织体人格构造的现实难题

传统私法主体制度的建构是立足于特定历史时期的社会伦理之上的。实际上,自罗马法开始,关于私法主体资格的界定一直都是采用"人格"(权利能力)这一深刻反映社会伦理发展进程的伦理性标准。[①] 随着社会伦理的演进,人生而平等的观念开始由自然伦理转变为社会伦理,自然人逐渐在民法上获得平等的人格。直观地看,社会伦理之维似乎能够为私法主体制度的建构提供坚实的逻辑支撑,但当主体人格从自然人向组织体延展时,社会伦

---

① 传统民法理论认为人格与权利能力相等同。不过,近年来也有学者提出不同观点,认为人格既不等同于法律主体,也不类似于权利能力,而是法学、法律上具有独特内涵的专门范畴。参见胡玉鸿:《围绕"人格"问题的法理论辩》,载《中国法学》2008 年第 5 期。

理逻辑就会面临诸多困境。①

(一)社会伦理逻辑无法为主体人格向组织体延展提供有效的逻辑支撑

在大陆法系,将建构于社会伦理基础上的权利能力作为界定是否属于民事主体的唯一标准是近现代各国民法的一般原则。但这种将伦理与理性相割裂,即权利能力脱离行为能力的一维性民事主体界定方式是否具有实际意义也受到一些质疑。比如,有人认为权利能力的规定是消极的,而有意义的应当是从行为能力中派生出权利能力。② 这一观点的代表人物法布里齐乌斯认为:权利能力是指人或者其他被认可为权利主体的社会组织能有效地为法律行为或者能够由其受托人、代理人或者机构为此行为的能力。③ 我国也有学者认为主体之所以为主体,是因为有人格,但说到底是因为有意志。意志是主体的核心,主体的灵魂。主体资格就是意志资格,即实践或形成自己的意志的资格。④ 如果一个人不能行使权利,并就权利的客体实现自己的意愿,这样的人就不应当享有权利。⑤ 德国学者赫尔德甚至更激进地认为:私权的本质在于与权利人的愿望相结合,所以这种权利的主体从法律上讲与那些其意志毫无意义的人是不同的。这些无行为能力人不是自身权利的主体,而是一种外在的法律力量的客体。⑥

同时,关于自然人格与法律人格的关系也引起了学者的反思。自然人格决定于意志的独立以及由此派生的不同个体意志间的固有平等关系。意志的内容是主观的,但意志的独立以及不同个体意志间的固有平等关系是客观的,不以意志本身为转移,因此自然人格是客观人格。法律人格决定于立法者的意志,是主观人格。法律人格取代自然人格,是主观对客观的背离,这只是人格的第一次否定。自然人格取代法律人格,是人格从不平等到自觉平等的过程,这是人格的否定之否定。经过人格的两次否定,人类最终将解决个体的资格问题,步入成年时代。⑦

上述对伦理一维性的民事主体范式的质疑主要是立足于自然人视角。

---

① 实际上,基于伦理之维而建构的传统民事主体制度在自然人人格的延展问题上也已经引发诸多争议,如胎儿的主体地位赋予以及死者名誉的法律保护都难以在伦理层面实现理论认知与制度设计的高度统一。
② 〔德〕迪特尔·梅迪库斯:《德国民法总论》,邵建东译,法律出版社2004年版,第781页。
③ 〔德〕卡尔·拉伦茨:《法学方法论》,王晓晔等译,法律出版社2003年版,第120页。
④ 李锡鹤:《论作为主体资格的人格》,载《思想战线》2005年第3期。
⑤ 〔美〕阿拉斯戴尔·麦金太尔:《谁之正义,何种合理性?》,万俊人等译,当代中国出版社1996年版,第122页。
⑥ 梁慧星:《民法总论》(第二版),法律出版社2004年版,第122—123页。
⑦ 李锡鹤:《论作为主体资格的人格》,载《思想战线》2005年第3期。

如果从组织体的角度分析,社会伦理逻辑则根本无法为组织体的民事主体资格提供有说服力的理论支持。在私法理论与制度都极为发达的古罗马时期,众多现实存在着的各类组织体并没有取得法律上的独立主体资格。在罗马法及罗马法学家看来,诸如乡村、城市、宗教团体、商业团体、船业团体等仍然是数目众多的人,它只是在对外与第三人的民事关系方面,才被认为是统一体。团体的财产,与其说是从组成团体的自然人中独立出来的财产,不如说是他们的共有财产。1804 年的《法国民法典》突出强调了个人权利本位,没有创造出组织体人格。组织体主体资格的系统构建直到《德国民法典》才得以完成,但其实际上仅是借助于法律拟制的技术通过权利能力的概念转换将人格引入到组织体之上。自此以后,围绕着法人的本质,拟制说、实在说与否定说的理论之争从未尘埃落定。换言之,潘德克顿式的精妙思维虽然部分地解决了组织体在法律上的主体地位问题,但却无法消弭社会伦理逻辑与组织体人格之间的理论鸿沟。

(二) 社会伦理主导下的二元能力范式对于组织体主体资格的判定不具有实际意义

传统民法立足于自然人的伦理与理性的分离而设计出民事主体制度的二元能力范式。自然人的民事权利能力,以生存为条件,一经出生就当然具有。但法律只对有一定理性判断力的人赋予民事行为能力。自然人虽然一经出生就具有民事权利能力,可以成为民事法律关系主体,但要独立从事民事活动,实施民事法律行为,为自己取得权利和设定义务,还必须具备民事行为能力。徐国栋教授将现代民法的主体制度比喻成"内外二合型"的:一方面,以行为能力制度表征某人的理智状态,关注人的内在状态;另一方面,以权利能力制度表征某人的所属,权利能力总是某一法律共同体中的并由该共同体的权力机关赋予的能力,因此,它隐含着国籍(即"市民")的身份前提。[①] 无论如何,在近现代民法的主体制度中,权利能力被视为行为能力的前提和基础。借用中国近代接受西方文化时的一种说法,我们也可以将二者的关系表述成伦理为"体"、理性为"用"。

但二元能力范式的精巧设计在判定组织体主体资格时却难以发挥作用。首先,二元能力范式无助于解决组织体主体资格的取得、变动与消灭。组织体的独立人格并不像自然人那样与生俱来,其权利能力的享有需要经过符合法律规定的赋予过程。而对于何种组织体应当被赋予权利能力(独立人

---

① 徐国栋:《从身份到理性——现代民法中的行为能力制度沿革考》,载《法律科学》2006 年第 4 期。

格),至今仍是法人理论未能完全解决的一个难题。同样,组织体独立人格的变化与丧失也非基于伦理的民事权利能力制度所能解释,比如,公司组织体由法律明确赋予的独立法律人格为何在特定情形下会被否定?另外,组织体主体资格赋予过程中的管制因素(如设立登记和准入限制)也非伦理逻辑和二元能力范式所能合理解释。其次,将自然人的二元能力范式照搬套用于组织体主体资格的判定是人为地将其复杂化。诚如梁慧星教授所言,对于法人来说,只要具备民事权利能力,也就在同样的范围被赋予民事行为能力。因此,对自然人须要求有民事行为能力,而对法人只需有民事权利能力就够了。[①] 世界范围内的公司立法对于越权规则的逐步抛弃充分表明对于法人的二元能力划分并不具有当然的合理性。最后,二元能力范式并没有对商法规则体系的建构产生明确的指导作用。除教科书之外,拥有成文商法典的国家鲜有关于商主体两种能力的条文设计。

(三) 社会伦理逻辑无法合理解释组织体人格的客观差异

近现代民法的民事主体制度在设计自然人的人格(权利能力)时,确立了抽象意义上的平等原则,即所有自然人不论其先天所带来的禀赋与后天所占有的资源如何,都具有平等的独立人格,即都拥有无差异的民事权利能力。这种平等人格设计能够从现代社会普遍认同的伦理观念中获得有力的支持。从权利赋予的角度看,传统民事主体制度合乎正义的一般要求,实现了对自然人的平等赋权。但同时,这种无差异的赋权也折射出对主体自身需求的忽略,因而与功利主义规则不符。

不过,取正义而舍功利的思维并没有延续到组织体人格制度设计上。近代民法上的组织体人格制度虽然是以自然人人格作为拟制原型,但其却没有当然遵循人格平等原则。如果以独立性作为标准,法律上的组织体人格是存在着较为明显的强弱差异的。比如,以商事经营组织体为例,从大型公众公司、普通有限公司、一人有限公司到有限合伙企业、普通合伙企业,它们的独立性呈现出由强到弱的趋势。而这种差异是无法借助于伦理逻辑来加以合理解释的。

(四) 社会伦理逻辑束缚了商事领域组织体人格制度的发展

建构于社会伦理逻辑基础上的权利能力制度尽管通过概念转换为组织体上升为民事主体提供了有效路径,但也导致了在组织体层面的法人与非法

---

① 梁慧星:《民法总论》(第二版),法律出版社2004年版,第65—66页。

人的分立,从而成为组织体人格制度发展,特别是以组织体为主的商主体制度发展的束缚。仅从民法的角度而言,以权利能力为标准的伦理一维性主体制度阻碍了许多具有理性的行为能力的组织体获得民事主体资格。对于这一类组织体,各国民法典不得不作出变通的规定。比如,《德国民法典》第54条中规定:"无权利能力社团,适用关于合伙的规定。以此种社团的名义,对于第三人所作为的法律行为,由行为人个人负责,行为人有数人时,负连带债务人的责任。"《瑞士民法典》《日本民法典》都对此类社团作了适用合伙的规定。我国台湾地区"民法"则对此采取回避态度,没有在其中直接规定此类社团。因此,权利能力制度既是《德国民法典》解决组织体人格问题的创举,也成为组织体私法主体制度发展的桎梏。① 实际上,用僵化孤立的权利能力标准将同样具有理性行为能力的一部分组织体排斥在民事主体范畴之外就如同古罗马法将奴隶排斥在"人"的范畴之外一样,本质上是与自然伦理的平等内涵格格不入的。此种制度设计也必然大大减损了现代民法最为基本的伦理性价值。基于伦理性标准的民事主体制度却与民法的伦理性价值相背离,这一逻辑悖论或许就是民事主体制度困境的根本症结所在。

三、商主体本质上应被视为一种"市场理性构造"

在现代商事领域,组织体已经取代了自然人而成为商主体的一般样态。但传统民事主体制度在人格赋予上所立足的社会伦理逻辑却严重制约了商主体制度的建构。从商事组织的产生与发展来看,其原本就不是社会伦理的产物,而是市场理性的创造,相应的主体制度建构也应当尊重和立足于市场理性的基本逻辑。如果仍然沿用单一的社会伦理逻辑来统领组织体商主体制度的建构,那么在社会伦理与市场理性依然存在明显背离的社会环境下②,就会对商事组织乃至整个市场经济的发展产生极大的制约作用。

私法主体在向商事领域扩展的过程中客观上走出了从伦理到理性,更确切地说是从社会伦理到市场理性的逻辑脉络,而以市场理性为主导的商主体建构也需要遵循不同于传统民事主体建构的规则。对这些规则的准确把握或许能有助于我们走出长期深陷其中的以自然人主体判定模式套用于组织体之上的思维泥沼,进而商主体资格判定难题的破解便可豁然开朗。当然,

---

① 为了满足商事合伙对于主体身份的需求,《德国商法典》不得不在其第14条创造一个"有权利能力的合伙"的概念。此种例外设计充分表明在私法主体由民化商的过程中,以单一的伦理之维作为主体界定标准已经无法继续维持逻辑上的自洽性。
② 社会伦理与市场理性相背离的情形在中国目前依然有比较突出的体现,比如社会伦理的身份观念与市场理性的平等观念的背离、社会伦理的管制观念与市场理性的自由观念的背离等。

商主体本身包含着商个人、商合伙和商法人等,它们的主体资格判定也存在着明显的差异。不过,在私法主体由民化商的过程中,组织体已成为商主体的一般样态,自然人在商主体中反而成为一种特例。① 因此,组织体更加体现出商主体作为"市场理性构造"的本质,应当成为数字经济背景下商主体制度建构的重心和难点。

四、商主体在行为目标与行为能力方面相互统一

众所周知,在民事主体"自然人—法人"二分法语境之下,法人与自然人之间显著的区别之一就是权利能力和行为能力。就自然人而言,其权利能力自出生时就全面享有,而行为能力则要受制于自然人本身的社会一般认知能力和日常生活范围。也就是说,即便自然人民事主体对从事某一行为已经具备权利能力,但其相应行为能力的缺乏却导致其行为目标和行为能力之间发生分离。与此相反,对于法人来说,因其权利能力和行为能力同时产生、同时消灭,故权利能力与行为能力之间始终保持一致,其行为目标和行为能力也相互统一。

这一原理可以推及至民事主体和商事主体的界分问题中。实质上,在民商合一的理论背景之下,作为广义上的民事主体,商事主体除具备民事主体的一般条件之外,还需另外满足商事主体的特殊品格,即商事能力。商事能力是商主体在商法上的商事行为能力与商事权利能力的统称。与此同时,在现行商主体分类框架下,不论是商个人、商法人,还是商合伙,凡从事特定经营活动,均需要对其进行商事登记。换言之,商主体在市场监督管理部门登记的或章程中记载的其所从事的经营范围可以完全等同于商事能力。此外,由于商主体的行为目标承载于权利能力之上,借由商个人的意思或商组织的意思机关经过特定程序而形成,所以商主体的行为目标即可等同理解为商主体的权利能力范围。基于前述理论分析,商主体区别于民事主体的特征在于权利能力与行为能力的统一性。因此,我们也就不难得出商主体的行为目标与行为能力相统一的结论。退一步讲,即便是商主体的行为目标超出了登记管理部门所登记的或章程载明的经营事项范围,也即商主体实施越权行为,也不应轻率地将其排除于商行为之外或认定为超出了商主体的商事能力范

---

① 在三类商事主体中,商合伙和商法人无疑都可以归为组织体的范畴。关于商个人,按我国学界的一般理解,包括个体工商户、个人独资企业以及争议较大的农村承包经营户,其中的个人独资企业实际上也可以归属于组织体的范畴。而对于个体工商户,也有观点认为不应当归属于商事主体范畴,只是民法意义上的自然人的具体活动而已,换言之,个体工商户制度无须存在,只要适用民法关于自然人的相关规定即可。参见李友根:《论个体工商户制度的存与废——兼及中国特色制度的理论解读》,载《法律科学》2010年第4期。

围。已成共识的观点是,商主体越权原则已经被世界各国立法所摒弃,取而代之的是越权行为仍具备法律效力之立场。据此,即便是"不合法"的行为目标,商主体的行为能力仍可与其保持一致。

第二节 基于市场理性构造的商主体制度建构的基本逻辑

一、商主体资格识别的基本标准

(一)"营利性""从目的到手段"的重新阐释

在基本判断标准上,应当以主观上是否具备符合市场理性的行为方式和客观上是否具备符合市场理性的行为能力来决定是否承认组织体的商主体资格。当然,就整个私法体系而言,权利能力作为识别主体资格的技术机制仍然具有统领作用和一般规则的价值。不过,就组织体而言,其权利能力的有无更多地需要依靠行为能力来判定。在商主体建构的语境下,符合市场理性的行为方式的最核心体现是营利性,但有别于传统理论关于商主体营利性的理解,对商主体资格判定的"营利性"标准的法律内涵进行"从目的到手段"的重新阐释,即凡是利用营利性手段开展经营活动的均应当纳入商主体范畴,以此标准可以与实践中大量存在的非营利组织相区别。

(二)扩张行为能力判定要件的概念范畴

符合市场理性的行为能力的基本判定要件主要是相对独立的财产和相对独立的意思机关,前者是组织体理性的有形基础,后者是组织体理性的表达机制,以此标准可以与民事合伙、家庭、法人分支机构等诸多"类组织体"相区别。具备了主客观相统一的理性要件的组织体也就当然具有了被赋予商主体资格的逻辑基础。还需要强调的是,不能把"能够独立承担民事责任"作为理性与否的判断标准,因为独立承担抑或连带承担只是责任承担的方式,而不应成为组织体主体资格的必备要件。法律所要重点关注的是应当为组织体行为产生的责任设计一种合理可行的责任承担机制。因此,大陆法系传统上以"责任形式"和"社团性"核心特征作为公司立法的基础已经不合时宜,相比之下,英美法系凸显"独立人格"和"财产运作方式"核心理念的立法模式则表现出更大的适应性。[①] 上述标准的制度价值在于:一方面可以为现行立法中的一人公司、法人人格否认提供更为清晰的理论基础与实践标

---

① 沈贵明:《基本商事主体规范与公司立法》,载《法学》2012 年第 12 期。

准;另一方面可以有助于未来的商事立法不再束缚于传统民法关于法人与非法人对立结构的桎梏和跳出主体与行为之间循环定义的怪圈。① 关于法人的内涵,《日本公司法典》已经不再将独立责任作为要件,该法第 2 条规定了股份公司、无限公司、两合公司和合同公司四种类型,第 3 条进一步规定"公司为法人"。关于商主体的立法界定,2007 年修订的《西班牙商法典》已经突出了理性标准,将"商人"定义为"具有合法的经商能力,并惯常从事商业活动的个人"。我国下一步如果对商法总则予以单独立法,可以以"商组织体"来统称"商法人"与"商合伙",相应的定义可以表述为"具有相对独立的财产和相对独立的意思机关的营利性组织"。

需要特别指出的是,为了回应数字经济时代各类新型"营业性构造"发展需要,应当对用以判断商主体行为能力的要件的概念范畴进行改造:其一,关于财产的理解,应当涵盖传统有形资产、无形资产和各类新型的数字化资源,如网址、节点、流量、数字货币等能够为商事活动提供支撑的可以特定化的资源;其二,关于组织的意思机关,应当涵盖传统的由合伙人或股东组成的决议机构以及网络系统中由"节点"组成的决议机构。

二、商主体市场理性能力的判定

符合市场理性的行为能力的判定应当以法定外观为一般,以事实外观为特殊。这里所称的法定外观是指组织体按照法律所规定的某种形态的商主体所应当具备的条件,经由法定程序予以确认和公示所获得的主体资格和行为能力认许;事实外观则是指组织体在特定情形下所实际表现出来的行为能力。某一组织体应当属于何种法律形态的商主体以及应当对其内外部关系适用何种规则,在一般情况下应当依据其设立时的状况,即法定外观来判定。但当发生法律规定的特定情形时,该组织体实际上已经丧失了保持其设立时的法律形态所必须的法定外观,这时候就应当采取事实外观判定的方式,选择与其实际理性状况相适应的规则来处理其内外部关系。法定外观与事实外观相结合的判定模式能够为商事法律中的许多具体制度设计提供更有力的理论支持。比如,我国《合伙企业法》第 76 条第 1 款规定:"第三人有理由相信有限合伙人为普通合伙人并与其交易的,该有限合伙人对该笔交易承担与普通合伙人同样的责任。"按照法定外观与事实外观相结合的判定模式,对于该条款的解释是:有限合伙企业在出现有限合伙人给交易第三人造成了自己为普通合伙人的表象时,该企业原来作为有限合伙的法定外观将会被否

---

① 例如,《德国商法典》第 1 条关于商人的概念表述是"本法典所称的商人是指经营营业的人";第 343 条关于商行为的概念表述是"商行为是指属于经营商人的营业的一切行为"。

定,该有限合伙人对该笔交易承担与普通合伙人同样的责任。再比如,我国《公司法》第 23 条第 1 款规定:"公司股东滥用公司法人独立地位和股东有限责任,逃避债务,严重损害公司债权人利益的,应当对公司债务承担连带责任。"这一法人人格否认制度所体现的也是事实外观对法律外观的否定,即公司在出现与其股东之间的人格混同时,原本与其股东之间的责任独立的法定外观也将会被否定,特定股东将会对特定公司债务承担连带责任。如果继续沿着这一思路分析,就会发现公司法仅将连带责任适用于特定债权人似乎过于狭窄。既然特定股东由法律赋予的有限责任因其与公司人格混同之事实而应予否定,那么这一法定外观丧失的结果应当适用于所有因该股东的人格混同行为而遭受损害的利害关系人。

三、商主体法定原则的开放解读

对商主体法定原则的重新阐释和解读也回应了数字经济发展的商主体体系创新的理论重构重心,要对商主体法定原则的法律内涵进行"从管制目标到促进目标"的重新阐释。即在新经济背景下,商主体法定原则的目标不再是严格市场准入,而应回应市场实践需求;与此相适应,商主体资格判定也应当采法律判定与事实判定相结合的模式。一言以蔽之,商主体制度设计中对于商主体法定原则的贯彻不应当仅局限于立法者的理性,也要体现对市场参与者理性的充分尊重。因而,法定的商主体形态应当具有较大的开放性,要为市场创新留下制度空间。正如有学者所言,"企业形态法定不应被理解为立法设定的企业形态标准应当是严格而封闭的。这一标准应当具有开放性,以适应现实中众多不同形态企业的良性发展需求和众多不同投资者合理的现实需要,从而鼓励投资"[①]。市场实践也充分证明,尽管商主体法定是商法的一般原则,特定时期的商主体法律形态也是固定的和有限的,但实践中的商主体几乎从来就不是严格地复制法律的规定,通过私人协定对特定商主体的某些设立条件进行变通在市场活动中并不鲜见,而许多变通往往会推动立法的变革。比如,在中国 1993 年颁布的《公司法》中,有限责任公司的股东人数下限是 2 人,即当时的立法并不允许设立一个自然人股东的有限责任公司。但实践中,投资者往往采取挂名股东的方式满足自己对一人投资、一人控制的需求,最终推动了公司立法正式引入了一人有限公司。再比如,1997 年制定《合伙企业法》时,只规定了全部合伙人都承担无限连带责任、对合伙事务拥有同等权利的普通合伙企业这一种法律形态。但实践中,隐名合伙普

[①] 徐强胜:《企业形态法定主义研究》,载《法制与社会发展》2010 年第 1 期。

遍存在,这种方式在一定程度上满足了部分投资者不愿直接参与管理并希望限制自己的投资风险的需要。最终,2006年修订的《合伙企业法》回应和认可了市场的客观需求,引入了有限合伙企业。实际上,正在持续上演的全球性的商事立法变革中,商主体法定原则的立法表达已经出现了一种重要的转向,即立法关于商主体法律形态的规定不再采取非常细致的具化设计和大量的强制性条款,而是转变为一种较为粗略的框架式结构和大量的授权性和默示性条款。例如,1998年之前的《德国商法典》在第1条第2款列举了九种特定商行为,并将从事这些商行为作为取得商人资格之前提,同时还规定这些主体应"依其种类或范围要求以商人方式经营营业",但这样的规定在实践中却因列举的范围过于狭隘而难以满足实践之所需。[①] 因而,在其后的修订中,这一列举式立法被废除而代之以现行《德国商法典》第1条第2款之规定,即以"商事营利事业"作为框架性规定以满足不断发展的商事实践所需。除每一种商主体的基本结构由法律统一设计之外,内部关系的具体安排都尽量留给市场自主选择。

四、商主体制度设计的赋权转向

(一) 将营业自由作为整个商事立法的统领性原则

商主体制度设计要尽可能减少不符合市场理性的管制,以营业自由为统领,实现从规制型立法向赋权型立法转变。市场理性的核心是最大程度地实现市场主体的自由,家长主义和类似的管制主义、干预主义以及建构在这些理论之上的规制型立法都是与市场理性相悖的。家长主义作为一种法律干预模式,其核心特征是为了保护行为人的利益而限制行为人的自由。"在中国的政治传统和语境下,为防止政府以家长主义之名随意剥夺或限制公民的自由,必须对家长主义法律干预的设立加以严格控制,谨慎地运用家长主义法律干预。"[②]建构于家长主义之上的规制型立法实质上仍是一种基于伦理逻辑的立法,即制度设计者以市场自身存在着难以克服的缺陷和失灵的伦理判断作为立法依据,因此一方面需要对商主体的生成采取"计划生育"式的准入限制,另一方面需要对商主体的市场活动施加行为限制。从制度目标上看,规制型立法的主要目的不是去促进商业行为或者创造商业组织,而是规制传统民事主体的投资活动和管控已经存在的商事组织的市场行为。一个商业组织的合法存在被视为一种社会性的和政治性的事实问题,而非一种法

---

① 〔德〕C. W. 卡纳里斯:《德国商法》,杨继译,法律出版社2006年版,第40页。
② 黄文艺:《作为一种法律干预模式的家长主义》,载《法学研究》2010年第5期。

律的界定。从规制型立法向赋权型立法转变的基础是要将营业自由作为整个商事立法的统领性原则。正如有学者所言,"基于公共利益、经济安全乃至财政收入的考虑,适度的国家干预不可或缺,但干预仅是例外,营业自由才是一般原则。"①坚持营业自由是对市场理性最大的尊重和彰显。

(二) 构建多元化的商事登记制度

向赋权型立法转变的关键是要变革商事登记制度。在数字经济背景下,商主体法定原则的目标不再是严格市场准入,而是回应市场实践需求;与此相适应,商主体资格取得上应当实现两方面的结合:一是就登记方式而言,应当采取强制登记、任意登记和登记豁免制度相结合方式;二是就登记机构而言,应当采取政府部门登记与第三方注册相结合,即建立"登记+注册"的二元模式。特别是对于依托于平台进行经营活动的个体经营者,应当将登记权委托给平台经营者行使,凡是按照平台规则完成了注册程序的即视为完成了营业登记,相关信息与政府市场管理机构共享。在依法设立问题上,应当从审批许可向登记备案转变,只需对申请登记主体进行必要的形式审查。登记的意义一方面在于确认拟设立的商主体符合相应的法定条件,另一方面在于公示。商事登记的目的不是强化市场准入和实施经营行为管制,而是要利于市场准入和促进经营活动开展。因此要减少或弱化商事登记的管制功能,强化商事登记的服务功能。值得关注的是,2012年以来深圳、珠海等地对于商事登记制度进行的地方性变革以及2021年《市场主体登记管理条例》都已经体现出转变的努力,如将商主体的相关事项区分为登记事项与备案事项、明确登记机关仅进行形式审查等。这些转变的实际效果尽管还有待实践检验,但至少已经反映出公权力的伦理标准正在从商主体立法中收缩,尊重市场理性的全新理念日渐得到认同与贯彻。

第三节 回应数字经济发展的商主体类型创新

一、商主体类型三分法向二分法的重构

传统商法理论以商主体的责任承担方式和组织经营模式之双重标准,将商主体划分为商个人、商法人和商合伙。对平台型企业而言,其既与商法人、商合伙存在相似之处,也具有这二者所不具备的主体特征。因此,现有商主

---

① 顾功耘、胡改蓉:《营业自由与国家干预交织下商主体营业资格之维度分析》,载《政治与法律》2011年第11期。

体的类型划分已经不能涵盖包括平台型企业在内的新型经营性构造,故上述类型划分必须予以重构。针对这一问题,现有研究存在以下两种不同的观点:第一种观点认为,将平台型企业界定为第四方法人,即在营利法人、非营利法人、特别法人的基础上,增加平台法人;第二种观点认为,应当在现有的特别法人中增加平台法人,同时特别指出其相关属性和要求,并制定专门的规定。① 上述观点各有其独到见地,但从一般的法律制度逻辑上看,也存在以下两点不周:第一,平台型企业并不仅仅只以法人为基础类型,不排除存在平台型合伙的实践可能性;第二,这两种分类方式存在的共性问题便是均将平台法人与其他几种商主体类型相并列,但这几者彼此间并不存在共通的逻辑关系,也就是说,营利性、非营利性、特殊性与平台化之间并不在同一逻辑层次上。考虑到数字经济时代下商主体理论和制度所要面对的已经不再是传统的个人或企业,而是嵌入网络组织的商个人和网络化的商组织。因此,我们认为在主体分类逻辑上应当采用"组织"范畴来统领"法人"和"非法人组织"的概念。

民法典关于民商主体界分的整体制度设计因自然人与法人的不同而分别遵循了不同的逻辑标准,但都直接或隐含了"营利性目的"的内涵。民法典民商主体界分制度在概念使用和标准贯彻上都存在逻辑缺陷,进而导致实践中可能面临诸多难题。鉴于数字经济时代的商事法律所面对的主要已不再是所谓的"独立"的个人或个体化企业,而是网络化的商组织和嵌入网络组织的商个人,可行的完善思路是对商自然人的主体制度建构采营业权+单行法模式,用"组织"统领"法人"和"非法人组织",将商事组织的具体制度纳入专编或者商事基本法加以规定,并且在民商主体界分时采取法律判定与事实判定相结合的模式。简言之,商主体类型化方面的理论创新的关键所在是在主体分类逻辑上应当用"组织"范畴来统领"法人"和"非法人组织",构建"商个人+商组织"的第一层次分类,同时扩大各自所涵盖的具体主体形态。除了纳入已存在的网店经营者、公司集团等之外,尤其要重视网络空间的"去实体化"和"去中心化"组织的新特征,理解和把握信息时代主体自身的信息外观与主体之间的信息共存特性,建立商主体的"数字身份"。

在"商个人+商组织"的第一层次分类体系之下,商个人对应的是实践中的各类"个体经营者",既包括存在已久的"流动摊贩",也包括由大众创业、数字经济、共享经济等理念催生出的社交电商、私车运营等;商组织对应的是各类企业组织和超企业组织,既包括传统的、独立的、个体化的企业,也包括

---

① 李广乾、陶涛:《电子商务平台生态化与平台治理政策》,载《管理世界》2018年第6期。

企业集团、平台企业、基于区块链技术的"分布式自治组织"等。商组织之下的次级分类法包括:法人组织和非法人组织;单一商组织和复合商组织;企业组织(公司与非公司制企业)和超企业组织(企业集团、中小企业联盟、平台企业等)。

二、回应个人众创化的商主体理论变革

(一) 用"营业"对自然人予以一般性赋权

"个体工商户"一直被视为中国特色的商自然人形态,《民法典》沿用《民法通则》的规定,几乎是将"个体工商户"列举为唯一的商自然人形态。[①] 时至今日,自然人成为商主体的契机、方式与形态都在发生深刻的变化,互联网技术、金融创新、共享经济理念以及鼓励创业的政策变革都为自然人从传统民事领域进入商事领域提供了极大的便利,网店、微商、海淘、代购、网约车、校园销售、P2P 等有利于自然人从事经营活动的新型商业模式层出不穷。《民法典》依然沿用"个体工商户"概念来指代商自然人,显然已经无法回应时代发展和满足实践需求。抛开"个体工商户"概念与制度的存废不谈,适宜的商自然人制度框架不应是在《民法典》中对自然人可以从事经营活动的主体形态进行具体列举,而应是引入"营业"概念,确立营业自由原则[②],同时在自然人的民事权利中明确其有从事经营活动的权利;至于商自然人的具体类型则留给未来民法典的商事编或者商事单行法或者商事基本法加以规定。"营业"概念之引入不仅体现对自然人营业自由的尊重,也能有效呼应数字经济背景下的众创化业态的实践需求。

(二) 用"个体经营者"取代或者涵盖"个体工商户"

实际上,学者们对于"个体工商户"制度的批评之声由来已久,如有学者认为,无论是实体法上还是程序法上,无论是理论研究还是司法实践,均对个体工商户制度的性质与法律地位问题存在争议。[③] 也有研究通过对个体工商户的由来与演变、境外考察、发展现状等分析,得出个体工商户制度已不符

[①] 尽管许多商法教材也将"农村承包经营户"列为商自然人,但其是否属于商主体一直存在争议。实际上,不论是从营利性目的标准来看,还是从概念的逻辑对等性来看,至少将"农村承包经营户"归为商自然人是不妥的。

[②] 肖海军:《民法典编纂中商事主体立法定位的路径选择》,载《中国法学》2016 年第 4 期。

[③] 李友根:《论个体工商户制度的存与废——兼及中国特色制度的理论解读》,载《法律科学》2010 年第 4 期。

合历史发展需要,从趋势上来讲应当向微型企业等过渡并逐步走向消亡的结论。① 在民法典草案讨论过程中,也有学者指出:"民法典延续《民法通则》的立场而单独规定个体工商户的处理模式会导致立法与现实脱节,个体工商户内涵界定难题以及规范体系架构模式的选择困惑给立法技术带来难以有效解决的挑战。"②

依照当前我国法律法规对于商主体制度的规定,个体社交电商尚无法完全纳入其中。这类主体既不完全属于个体工商户,也不完全属于农村承包经营户和个人独资企业,对商主体法定化原则的严格持守和既有的商主体类型设计已经无法为私法主体制度的创新提供足够的制度空间。为回应数字经济时代的需求,应当采用"个体经营者"这一概念来取代或者涵盖"个体工商户"。这一概念既能有效涵摄存在已久的"流动摊贩",也能将个体社交电商、网约运营私车车主等纳入其概念之下进行调整。通过"个体经营者"概念的提出,可有效摆脱当前个体社交电商、"流动摊贩"和网约车车主等数字经济下的新概念难以为现行立法调整之窘境。除此之外,"个体经营者"概念的提出也能够使商主体立法具备时代性以及制度创新的包容性。

(三)用"确认性"商事登记理念取代"赋权性"商事登记理念

从当前立法来看,获取商人资格的前提是相关主体依相关法律法规之规定进行商事登记,此为商主体资格取得之形式要件。传统观点认为,主体欲取得商事权利能力和行为能力应当经过登记程序。从组织层面而言,我国《市场主体登记管理条例》第 3 条和《无证无照经营查处办法》第 2 条均将登记作为取得商主体资格之前提程序;从个人层面而言,《民法典》《个人独资企业法》以及《农村土地承包法》也将登记作为取得对应主体资格的前提。但是,如前所述,个人众创化背景下,继续将登记作为取得对应主体资格的程序性要件,将与实践需求相悖,且可能遏制商事领域的创新,亦不利于"双创"的推动。因此,在前文提出的赋予自然人以营业权和引入"个体营业者"概念的同时,还需要对商事登记理念和登记制度进行一定程度上的变革。就理念而言,应当改变以往的管制性思维,不再将登记作为取得商主体资格的前提条件,而将登记作为对商主体资格进行确认和公示的制度设计,以此为商事领域管理提供便利。就制度而言,诚如有学者所言,未来应当不再将商

---

① 黄波、魏伟:《个体工商户制度的存与废:国际经验启示与政策选择》,载《改革》2014 年第 4 期。
② 曹兴权:《民法典如何对待个体工商户》,载《环球法律评论》2016 年第 6 期。

事登记作为商人识别之内在要素,而将其作为商人之外观确认。①

三、回应公司集团化的商组织理论变革

(一)在商组织形态中明确引入公司集团

中国实践中有大量的公司集团存在,然而,迄今为止既没有德国那种针对公司集团的单独制度设计,也没有在《公司法》中设计针对公司集团治理的专门章节。中国现行《民法典》和《公司法》中没有使用"集团"概念,使用"子公司"的也仅有《公司法》第 13 条第 1 款"公司可以设立子公司。子公司具有法人资格,依法独立承担民事责任"和其他少数条文。现行法律体系下缺少对公司集团结构产生的问题之具体的和有效的调整措施,个别规则对于公司集团问题偶有涉及也只是一种附带性的调整。同时,系统性的缺失和个别调整规则的分散性也很显著。

公司集团的相对独立性及其整体利益的客观存在已是不争的事实,公司集团治理的特殊制度需求也亟需立法加以回应。有学者在研究关联交易时颇有见地地指出,公司立法和司法实践应当在进一步完善单一实体法审查标准的基础上,尽快建立企业集团法的审查框架。② 因此,应当在商组织形态中明确引入公司集团。

(二)公司集团治理的核心:统一管理权/指示权

每个公司成为一个自我管理的独立主体是传统公司法的精髓所在,这些自治公司的事务都是根据自己的最佳利益而进行的。但是,公司集团作为一个当代社会极其重要的经济和法律现象的存在正是基于以下事实:每一个子公司成为一个从属性的次级单位,它们的事务直接或间接地受到另外一个公司(母公司)的支配,因而它们的事务在很大程度上就成为公司外部的集团整体利益的达成手段。在公司集团治理实践中,普遍存在着所谓"集权管理"的做法,不少研究都阐明了这种"集团管理"的积极价值,如有研究认为,资金集中管理是集团资金得以有效控制、优化配置以及规避风险的重要手段,从而成为当前集团资金管理的主要模式③;也有研究指出,"合理设计集

---

① 施天涛:《商人概念的继受与商主体的二元结构》,载《政法论坛》2018 年第 3 期。
② 钟凯:《论公司法上关联交易正当性标准及其重构——基于单一实体法与企业集团法的不同考量》,载《江海学刊》2016 年第 5 期。
③ 潘怡麟、朱凯、陈信元:《决策权配置与公司价值——基于企业集团的经验证据》,载《管理世界》2018 年第 12 期。

团治理策略可以进一步提高国有企业集团治理效果"[1];还有研究认为,"企业集团内部大股东监督能力的增强能够有效抑制下属上市公司的过度投资行为"[2]。但正如前文所述,中国现行民商法律没有为"集团治理"提供基本的制度框架,公司集团实践中所存在的迥异于股权的、超越独立实体界限的跨公司"集权"在民法典和公司法上都缺乏正当性基础,现行立法也没有为作为控制股东的母公司管控能力的增强提供可行路径,稍有不慎,管控还可能成为法律所禁止的控制权滥用。

集团治理法律制度建构的任务就是去解决立法和现实之间的明显背离。基于促进集团化的目标,立法必须承认集团整体利益是集团管理决策中的一个合法的、决定性的考量因素,并在此基础上使控制公司对受控制公司管理事务实施的超越单纯意义上的股东权利范畴的控制合法化。这种合法化需求并不能在现行公司法规则体系下得到充分有效的实现。尽管公司法已经在股权的基础上承认"控制"的存在,并对其规定了相应的调整规范,但仅仅基于对"控制"客观存在的认可并不能为公司集团的治理机制奠定正当性基础。控制的核心要素是一个潜在的支配或决定性影响的事实状态,其特点是能够持续管控属于本集团的所有公司的业务,但并非必须实际上行使并从外部控制受控制公司。因此,必须将"控制"从事实状态转化为一种明确具体的法律权利,即确认公司集团内的控制公司对受控制公司拥有合法的"统一管理权/指示权"。基于这种权利,控制公司可以直接向受控制公司的董事会下达明确的经营管理指令,即使这种指令与受控制公司自身的利益目标相违背。例如,《德国股份公司法》第 308 条就详细规定了"在有支配合同存在的情况下的领导权力",主要有以下内容:第一,存在着具有支配力的合同,支配企业有权向被支配企业的董事会下达关于公司管理层面的指示。第二,被支配企业的董事会有执行支配企业发出指示的义务。对于这类指示,除非它们明显不利于支配企业或与公司缔结了康采恩联系的企业的利益,否则董事会无权拒绝执行这些指示。第三,被支配企业的董事会在特定情况下负有向支配企业报告的义务,即所作出的指示需要得到监事会的同意,而监事会在合理的期限内并未同意。

控制公司对受控制公司董事会的"统一管理权/指示权"被视为是集团对经济现实认识和判断的合理结果,法律对这种制度的引入将极大地提高集

---

[1] 钱婷、武常岐:《国有企业集团公司治理与代理成本——来自国有上市公司的实证研究》,载《经济管理》2016 年第 8 期。
[2] 窦欢、张会丽、陆正飞:《企业集团、大股东监督与过度投资》,载《管理世界》2014 年第 7 期。

团管理的正当性和灵活性。但鉴于"统一管理权/指示权"潜在的不利影响,必须同时对其行使加以严格限定。参照相关法域的规定,可以对"统一管理权/指示权"行使准则概括如下:首先,指示的内容必须具有合法性,即不能发布从其他法律的角度来看是违反禁止性规定的指示。其次,必须基于集团整体利益目标而行使统一管理权。整体利益目标可以作为控制公司免除责任的"安全港"。例如,《意大利民法典》第 2497 条中规定:"在领导与协调活动的总成果中,未显示损失或因领导公司而完全消除了损失的,公司或从事公司的领导与协调的机构没有责任。"再次,控制公司只能发布与受控制公司管控有关事项的指示,而不能侵害受控制公司的股东会、监事会等其他机构的职权范围。最后,对于造成受控制公司利益损失的指示,应当以不得超过受控制公司的承受能力而危及其存续为限度,并且必须以适当补偿为基础。

(三) 受控制公司董事高管的职责重塑:信义义务重构与免责"安全港"

在公司集团中,受控制公司的董事与高管一方面对自己所任职公司负有传统个体公司法上所强调的信义义务,另一方面又负有服从集团统一管理和指示的义务;易言之,受控制公司的董事与高管不仅需要考虑自己所在公司的利益目标,也要尊重和服从集团整体利益目标。① 在此情境下,可能出现的难题在于,当两者发生冲突时,董事与高管应当优先考虑谁的利益? 基于公司集团整体利益优先原则,可能需要董事与高管作出牺牲所在公司利益的决策与行为。为此,就需要首先为董事与高管在此情形下免除传统公司法所强制要求的维护公司"自身利益"和代表公司股东利益的义务职责提供法律依据,允许其在特定情形下优先考虑和服从集团整体利益需要。例如,《澳大利亚公司法》第 187 条规定:"作为法人全资子公司的董事,如果符合以下条件,则为善意行事:(a) 受控制公司明确授权董事为控制公司的最佳利益行事;(b) 董事为了控制公司的最佳利益而忠诚行事;及(c) 该公司在董事行事时并未破产,并且不会因董事的行为而破产。"与此同时,也要为董事与高管在此情形下的决策与行为所造成的本公司利益损失构建一个免责的"安全港",以此避免他们为了保护"更大的利益"而承担民事乃至刑事责任。

---

① Barbara Mescher & Brett Bondfield, "Corporate Groups and the Duty of Directors to Act in Their Company's Best Interests", 8 *Journal of Applied Research in Accounting and Finance*, 2-12 (2013).

四、回应企业平台化的商组织理论变革

（一）在商组织形态中将平台型企业单独规定

在商主体法定原则的指引之下，既有商主体理论体系的适用被严格限定在商个人、商法人和商合伙范围内。然而前文的分析表明，平台型企业在网络组织方式、存在基础机制、组织结构和主体功能等方面都存在明显有别于传统商主体类型的特征。而当平台型企业试图融入既有商主体体系时，这些主体特征就显现出在现行商主体理论体系中的诸多不适应性。为此，需要在商组织形态中将平台型企业单独列示，并对其与传统企业形态的联系与区别加以阐明。

（二）在性质上将平台型企业理解为一种"协作性商组织"

在现有商主体理论体系中，尤其是商法人制度，其内部组织结构或称治理结构法定是商法人设立并成立的应有之义。与此同时，商法人的内部组织结构虽也存在自治空间，但同时也受公司立法的严格限制。譬如奉行股东会中心主义的我国《公司法》就规定，公司董事会和监事会向股东会负责、受股东会监督。更为重要的是，在传统商主体的内部法律关系中，直接负责商主体经营行为的公司内部人员，除却公司股东和董事、监事，均与商主体签订劳动合同。

众所周知，劳动合同兼具财产和人身属性，因此也就自然而然地处在商主体内部纵向关系的一端，呈现出科层制的组织结构形态。然而为了提升市场交易效率，企业的平台化发展使得其原本所包含的部分内部经营行为外化，借助于契约关系完成既定的交易目标，同时也节约了整体的交易成本。因此，为了契合商主体对交易效率的追求，关于商主体组织结构的规范应当适时向赋权性或缺省性规范转向，引入"协作性商组织"以为平台型企业提供更大的生长空间。

将平台型企业视为一个"协作性商组织"而不是一家传统的"科斯式企业"，包含着诸多的新的制度意蕴。首先，表明平台型企业可以在数字经济时代扮演有别于传统企业的角色，如明确认同其对于整个平台的治理和监管职能。其次，表明有可能跳出现有的争议和固有思维的束缚，将诸如Airbnb的房主、滴滴的私家车车主等视为独立的商个人主体。最后，上述两点进一步引申出应当用新的思路来实现对平台的监管，比如，应当适当地在平台网络中分配资源和权利，应当通过义务责任的构建加强对消费者的权益保护。

（三）变革平台型企业的信用基础

从商个人到商法人,再到商合伙,商主体的信用基础始终都与财产息息相关。单以商法人举例,独立财产是法人独立人格的必要前提,唯有具备独立财产,才能独立参与交易活动、享受民商事权利和承担民商事义务。不过,伴随着平台型企业的迅速崛起,其信用基础已经从财产转换为平台内部关系。因此,当目前的商主体制度在试图容纳平台型企业时,有其力所不能及之处。总而言之,商主体的信用基础应当予以扩充和更新,不仅是从资本信用转变为资产信用,也进一步扩展资产的外延,能够涵盖传统资产与新型财产,以及有独特商业价值的关系型构造等,以更包容的姿态尊重商主体的选择。

五、回应组织虚拟化的商组织理论变革

（一）在商组织法定形态中增设"虚拟组织"类型

受益于互联网技术的蓬勃发展,当今社会大量的商事实践活动均通过线上方式进行,既无实体的交易场所,也没有对交易相关方的充分了解,一切交易行为都在虚拟的线上平台展开。然而,与其说商事交易虚拟性滥觞于商事行为法领域,毋宁说更多地存在于商事组织法层面。这表明,商组织的虚拟性已经逐渐成为商事实践中最习以为常的议题。特别是区块链组织的迅猛发展表明,新型的"去实体化"和"去中心化"的主体样态应当得到我们足够的重视,正如前文分析所提出的,部分主体只出现于网络中、内部关系与外部关系界限模糊、成员结构不稳定、无明显治理层级等。虽然从传统组织理论和制度看来,区块链系统尚难以完美地划分为这一类组织,但不应当就此否认它们事实上具备的准组织特性。

实质上,区块链系统构成了一种非常特殊的新的商组织模式,我们可以将其称为"虚拟组织"。在某种意义上讲,它更加契合经济学对组织作为"合同联结"的经典定义。只不过在很多场景下,这种合同是被编写为计算机代码。早在2014年,以太坊的创始人维塔里克(Vitalik Buterin)就曾绘制一张图表来讨论未来组织的可行性。他将组织划分为内部有资本的组织和内部无资本的组织。无内部资本的组织最有可能的发展方向是去中心化应用,有内部资本的组织,在过去是表现为庞然大物的科层制公司帝国,但在将来,可能是以区块链为链接的去中心化自治组织。[①] 组织理论家斯汀康比(Arthur

---

① 方军:《区块链超入门》,机械工业出版社2019年版,第272页。

Stinchcombe)认为,合同是可以扩展的小型组织。就此而言,诸类组织都只是合同的综合体。公司是通过一系列的合同创建的,从雇佣合同和员工福利,到与供应商的交易以及对客户的义务,再到建立租赁、销售和购买设备。传统上,这些合同义务是相当昂贵的,因为它们需要由社会以可信赖的法律体系的形式并通过法律执行进行外部强制执行。法院、律师、法官和调查人员都构成了这一合同执行制度。然而,有了基于区块链的"智能"合约,这些成本中的大部分都大大减少或消除了。与市场上的传统公司相比,这将使基于区块链的组织更高效、更具成本效益和竞争力。①

(二) 构建以平台为中心的监管与归责体系

首先,在早期阶段要保持区块链系统的专门化。从新生事物发展的经验来看,其用途越多元化、涉及的领域越多,监管和法律适用就越困难。假设一个用于证券结算的网络同样提供抵押品管理,并且同时允许非金融公司和受监管的金融机构成为其节点,那么监管和归责就会变得极其复杂。因此,从监管和私法角度来看,至少在初始阶段,应当要求区块链系统用途的专门化,即要求每一个区块链系统的节点及其所提供的服务方面是同质的,这将有助于在不需要大幅调整既有的监管制度和私法规则的前提下将其更加顺利地应用于区块链系统。比如,专门从事支付业务的区块链系统只有授权的支付服务提供商或银行可以成为其节点。另外,在目前,应当特别注重对许可性分布式系统的应用,这种系统有一个组织和治理结构来负责决定谁可以被允许参与该系统。例如,有观点认为,前面提到的 Ripple 所基于的区块链技术能够对现有的金融中介进行有效整合。②

其次,区块链平台提供者应当是适格的法人组织。第一代区块链应用程序的平台提供者通常是非正式组织或个人,这也是导致对其的监管和归责困难的重要原因之一。如今,小到一般的创业公司,大到基础设施提供商和大型金融机构,甚至中央银行都在致力于建立区块链网络。基于区块链系统的去中介化构造,平台提供者是整个网络监管和法律规则适用的适当切入点。因此,从区块链系统的安全性、稳定性和连续性的角度考虑,必须对平台的提供者的资质作出相应的要求,使之成为受监管的法人。

最后,在平台和节点之间进行合理的监管配置。如果一个区块链系统中

---

① Alexander Savelyev, "Contract Law 2.0:'Smart'Contracts as the Beginning of the End of Classic Contract Law", 2 *Information & Communications Technology Law*, 116-134(2017).

② Vitalik Buterin, "Introducing Ripple—A Detailed Look at Cryptocurrency's New Kid on the Block", 8 *Bitcoin Magazine* (2013), https://bitcoinmagazine.com/articles/introducing-ripple/,最后访问时间:2018 年 3 月 8 日。

的节点完全是由受监管的机构组成的,这些受监管的实体本身就已经受到相关规则的规制,因此,监管负担可以在它们和平台提供商之间分配,传统的以中介为中心的监管和法律调整逻辑可以继续发挥作用。例如,如果网络提供支付服务,被许可为银行的节点将自动遵守所有相关监管规定,如反洗钱制度。但如果特定网络的节点是不受传统监管的机构或个人,则情况完全不同。在这种情况下,由于区块链系统中缺乏中介机构及其与客户互动的关系,传统的以中介为中心的监管制度和法律调整逻辑缺乏用武之地。在这种情况下,能够将相关法律应用于区块链网络及其节点的唯一实体就是平台提供商本身。易言之,平台提供商需要成为区块链系统所有相关监管和法律规则所指向的对象,从而成为一个完全受监管的机构。

(三)将"虚拟组织"内部关系作为一种有限合伙

在我们对"虚拟组织"的商主体地位予以认可之后,更为重要的关注点则是与组织关系相伴随行的义务以及内外部责任。区块链技术的颠覆性潜力不仅会影响到现有的商业模式和治理框架,还会影响到法律关系的界定和责任的实现。因此,诚如有学者所言,在早期阶段为区块链网络治理框架设定公理很重要,以便进一步推动潜在的有利市场发展并降低在后期阶段将市场惯例调整为新规则的成本。[①] 而在关于区块链系统的专门立法尚未形成之前,关于区块链系统内部关系的界定和归责需要把握以下几个要点:首先,如果一个区块链系统是作为一个依法设立的实体的内部管理工具而运行,那么就没有对其单独进行关系性质界定的必要性;其次,一个超越了单个法律实体而运行的需经许可的区块链系统已经具备了鲜明的准组织特征,在缺乏专门立法予以规定的情况下,对其内部关系宜作为一种有限合伙来进行法律规则的参照适用;最后,平台在对区块链系统的监管和归责中具有举足轻重的地位。

从法律的角度来看,一旦确立了区块链系统具有内在的组织关系的观念,进一步要考虑的是在一个法域中如何将其与特定的组织法相对应,以便为义务分配和责任分担指明可适用的规范。就可能性而言,不排除一个区块链系统同时遵照相关立法规则登记注册为一个独立法人的情形,这种情形的义务分配与责任分担都有成熟的立法可资凭依,暂时不是要探讨的重心。需要重点关注的是那些不能直接纳入既有法律调整范围的区块链系统,特别是

[①] Aaron Wright & Primavera De Filippi, "Decentralized Blockchain Technology and the Rise of Lex Cryptographia", http://papers.ssrn.com/abstract=2580664,最后访问时间:2024年3月21日。

需经许可的区块链系统,如何参照适用法律来解决其义务分配与责任分担问题。结合前文关于需经许可的区块链系统内部关系具有准组织性质的分析,可以将游离在既有法律调整范围之外的区块链系统的准组织关系更为具体地视为一种类似我国合伙企业法上所规定的"有限合伙"①,进而可以参照适用有限合伙企业的相关规则。基于平台提供者的核心作用,宜将其作为普通合伙人对待;其他节点一般可能同时发挥着"验证"和具体应用等多种功能,其所有人或控制人对于整个系统的外部责任的承担范围以其在系统中所投入或持有的财产为限。需要说明的是,那些利用区块链功能对外独立提供服务的节点也可能会独立承担违约责任。例如,倘若作为系统节点的比特币保险经纪人违反了对其客户作出的、代表其持有一定数量虚拟货币的承诺,将会受到其客户提出的合同索赔。②

---

① 我国《合伙企业法》第 2 条第 3 款规定:"有限合伙企业由普通合伙人和有限合伙人组成,普通合伙人对合伙企业债务承担无限连带责任,有限合伙人以其认缴的出资额为限对合伙企业债务承担责任。"

② Shawn Bayern, "Dynamic Common Law and Technological Change: The Classification of Bitcoin", 71 *Wash & Lee Law Review*, 25-29 (2014).

第八章　回应数字经济发展的商主体体系创新的制度表达

数字经济发展已经成为包括中国在内的许多国家的重要发展战略。法律制度应当以服务新时代的国家发展战略为依归。为充分回应数字经济发展，规范和保护各类"营业性构造"，必须致力于构建面向市场、面向未来、具有中国创造价值的现代化商主体制度，从而为中国的"创新驱动发展""一带一路"和"构建人类命运共同体"等战略的实现奠定具有共通性和可输出性的商事法律制度基础。商主体体系化的创新应当注重对传统民商关系认知的扬弃与超越，在《民法典》的基础上制定一部商法通则能够上承由《民法典》奠定的私法主体的整体统一性，下启由商事专门法呈现的商主体的具体多样性，实现商主体向以组织体为一般形态的"市场理性构造"本质的回归，充分回应数字经济时代营业性构造创新的法治化需求。

第一节　商主体体系创新的建构思路

一、商主体制度构造的统领逻辑变革

（一）社会伦理对于商主体制度构造存在逻辑局限

在商主体发展的历程中，历经了从摆脱自然人人格之束缚的"去人格化"到商事交易逐步发展成熟后而形成团体人格的"再人格化"的过程。在这一过程中，商主体实现了由最初被排挤的阶层逐步成为国家私法体系所认可的群体。[①] 从前述我们对于商主体体系演进的历史分析不难看出，虽然商事交易活动早于民法的产生，且商主体在不断地发展后形成了独具一格的技术性、专业性及营利性的特征，但严格而言，该群体在诞生之初仅仅是事实上存在，并未获得国家法律上的正式认可，直到后期才借助私法主体制度的变革而获得应有的法律地位。

商主体入法所借道的主要是民事主体制度中的法律人格这一要素。不

[①] 汪青松：《主体制度民商合一的中国路径》，载《法学研究》2016年第2期。

论是早期的商自然人人格,还是商组织的法律人格,基本上都是由自然人人格所派生,或者以自然人人格为拟制蓝本。借助这种法律人格的拟制,商主体制度得以不断完善,特别是商组织得以形成了以独立财产、独立意思、实体住所与组织机构为特征的法律人格构造。通过主体制度的完善,商事活动的开展也逐渐受到国家的认可与重视,获得了法律上的依据。概言之,商主体制度为商事交易活动的开展提供了极大的便利,这在人类历史的发展进程中无疑是具有重要意义的。

但随着商事交易活动在近现代的蓬勃发展,传统的民事主体制度的蓝本已经不能够满足和适应商主体的发展需要。诚如前文分析,传统的民事主体制度以人人平等、理性、自由与民主等全新的社会伦理观念为基础,其深刻地影响着民事制度的建构。为了遵循基本的社会伦理逻辑,民事主体制度建构形成了主体资格的二元能力判定模式、主体平等的基本原则,而这两个方面在解释现有的商主体制度发展上均存在不足,民事主体法律人格的取得、变动和消灭的规则难以直接适用到商主体中,而且民事主体制度中的平等原则也难以解释商主体客观存在的不平等问题。

由此可以得出一个基本结论,即以社会伦理为基础而建构的民事主体制度不再能够有效促进商事活动的开展,甚至因其固化的逻辑而使商事活动领域的创新受到一定程度的辖制。从实践来看,以自然人的需求为基础的社会伦理逻辑并不适于用来引导和评价商事领域的创新发展,基于社会伦理而构造的民事主体制度也难以规范和调整不断涌现的新型经营性构造,反而不断地在旧的制度逻辑与新的商事活动创新需求之间产生冲突。这种冲突实际上也折射出传统民法与商法的合而不同,民法所起到的主要作用是满足人们的生存需求并促进个体的发展,偏离这一目的,将会使民法独立存在的价值大打折扣,这也就意味着民法必须以非营利性的交易作为调整对象,因而民法难以涵盖所有的商事关系。①

(二) 以市场伦理统领商主体制度建构

既然传统的社会伦理不再适于作为商主体制度建构的统领逻辑,那么就需要为商主体制度建构确立一种与之相适应的统领逻辑,这是商主体制度变革完善的前提与基础。前文的分析已然表明,商主体制度构造的统领逻辑应当是市场伦理。在市场伦理逻辑下,传统民事主体间的平等、自由和理性等不应再成为商主体制度建构的主导思想,而是应当考虑如何通过商事法律规

---

① 赵万一:《民商合一体制下商法独立的可能性及其实现路径》,载《法学杂志》2021 年第 7 期。

则的设计来提升交易效率及交易安全。① 在此之下,商主体制度的设计不再仅仅关注于主体之间是否真正的平等,也不再以此来指导后续制度的设计,因为商主体是精明理性之人,他们能够自我作出决策,而无须法律的特别照护,他们更加关注的是商事交易活动较为注重安全与快捷的特性。②

市场伦理逻辑与传统的民事主体制度所依循的社会伦理逻辑存在明显不同,它更在乎如何较好地促进商业活动的开展,如何保障商事交易活动的安全、高效开展以及商主体的营业权利。交易安全与效率保障的需求表明,商主体制度的构造逻辑离不开对商事交易活动的考量,商事交易活动转换为学理上的概念便是"营业"。营业是商法的核心概念,也是市场逻辑的基本产物。有学者便将商法的基本调整对象界定为营业,认为营业是商法与民法的分界线,为商事关系建构之基点,也是商事制度创设的切点。在其看来,我们应将营业视为商法中最为基本、核心的法概念与法范畴。③ 因此,借助营业概念,可以很好地界定并解释商主体、商行为或其他商法上的概念,还可以借之明确商法的调整范围、核心理念与价值以及法律原则等。由此可见,"营业"概念的引入是商事法律制度不可或缺的要素。

虽然我国《民法典》已经将商主体制度的部分内容纳入其中,但总体来看,制度供给存在明显不足,不能满足商事领域的创新需求。《民法典》虽然使用了"营利"一词,但却未对"营业"概念进行规定,使得这一概念在我国现行法律体系下仍然停留在学理层面,对其调整与规范也缺乏明确的法律依据。在当前的数字经济背景下这种规定的不足更为明显,典型如社交电商、依附于平台的从业人员及区块链组织等的行为,都面临法律调整的难题。因为按照传统对"营业"的理解,"营业"的主体应当具有自己的场所,并从事持续性的营利行为,这些特征都难以对应到前述数字经济时代背景下的主体行为中。因而,未来商事法律制度的完善应当切实关注当前所存在的以社会伦理统领民事主体法律制度设计可能出现的问题,并积极地思考如何以符合市场伦理逻辑的方式来完善商主体制度。

(三) 市场伦理统领下的商主体制度建构思路

在意识到商主体制度设计应当由社会伦理逻辑转向市场伦理逻辑后,我们应当进一步考虑的是市场伦理逻辑之下的商主体如何进行建构。概言之,

---

① 夏小雄:《私法商法化:体系重构及制度调整》,载《法商研究》2019年第4期。
② 〔德〕C.W.卡纳里斯:《德国商法》,杨继译,法律出版社2006年版,第8—9页。
③ 肖海军:《商法基本范畴的逻辑建构与理论展开——以营业为切点的分析》,载《湖湘法学评论》2021年第1期。

应当从以下几个方面进行考量：

首先，应当继续坚持《民法典》作为私法基本法的定位。虽然商主体制度的构造应当融入不同于民事主体制度的市场逻辑，但社会伦理逻辑作为人类社会稳定发展的基础，在进行商事法律制度设计时也不应当予以忽略和舍弃，而应当协调好二者的关系。具言之，商事法律制度的设计一方面始终应当坚持将效益作为商法的最高价值取向，而效益与其他法律原则出现冲突时，也应当坚持"效益优先、兼顾公平与其他"的基本要求。① 同时，商法也要注重向商主体输入公平正义、诚实守信、社会责任等基本的伦理价值观念。

其次，应当将"营业"概念纳入法律制度中，并确立营业自由的基本原则。② 诚如有学者所言，《民法典》作为私法之基本法，应将"营业"这一概念纳入规定，以为商事法律制度的设计供给一个基础性的概念。③ 不过，从某种意义上来说，《民法典》的遗漏也许契合了民法与商法二者之间的差异。民法与商法的关注点并不同，市民社会既需要民法的人文关怀，对社会公众基本生存权利的关注，也需要像商法这种能够积极促进人们不断发展的法律制度，进而不断地推动市民社会的向前发展。因而，不论是完全以民法来调整商事关系，还是以商事思维来处理民事关系，无疑都是不妥当的，不仅无法达到预期目的，还可能进一步地侵蚀人们的生存权与发展权。面对这一现实，"营业"作为商事法律制度设计的基础概念，如何通过法律制度设计加以体现，依然是民商关系中的一个重要问题。

最后，在商事交易的效率、安全及"营业自由"等市场伦理逻辑的引导下重构商主体制度。鉴于社会逻辑统领下的民事主体制度在商事领域的局限性，下一步的重点是依据市场伦理逻辑完善商主体体系和制度。在相关制度设计中，需要考虑市场逻辑对现有制度产生的变革、完善需求，需要充分考量效率、安全及"营业自由"等要素，将市场伦理融入到商主体资格的取得、判断及消灭规则，以及商主体的权利、义务与责任制度等的设计中。

二、商主体制度建构应利于商事创新

商事创新是持续促进人类进步的不竭动力，是提升社会主体生活水平与

---

① 赵万一：《论民商法价值取向的异同及其对我国民商立法的影响》，载《法学论坛》2003年第6期。
② 营业自由受到当前学界的广泛关注，诸多学者认为应当确立营业自由原则或营业权。参见肖海军：《论营业权入宪——比较宪法视野下的营业权》，载《法律科学》2005年第2期；朱慈蕴：《营业规制在商法中的地位》，载《清华法学》2008年第4期；钱宇丹、徐卫东：《论我国中小企业的营业权制度》，载《当代法学》2014年第4期；周雷：《营业自由作为基本权利：规范变迁、宪法依据与保护范围》，载《中国法律评论》2020年第5期。
③ 肖海军：《民法典编纂中商事主体立法定位的路径选择》，载《中国法学》2016年第4期。

社会发展水平的重要途径。在党的二十大报告中,低收入者、中等收入者的收入提升与就业问题被明确提及①,而这些民生问题也都是商事活动发挥作用的重要领域。从世界范围来看,政府对于商事活动的态度基本上历经了从严格管控到积极促进的历史进程。曾经相当长的时期,营商权被政府严格管控,从事营业活动属于一种公权力赐予特定主体的特权。而当"天赋人权"及"人人平等"等观念逐渐深入人心后,从事商业活动的权利便不再被认为是源于国王权力而逐渐褪下其"特权"面具,成为人人可享有的天赋人权。②当商事活动能够为社会发展提供源源不断的动力这一作用被政府认识和接受后,他们便开始积极采取措施来促进商事活动的开展。因此,从营商活动的历史来看,一个鲜明的趋势是商主体资格及其营商活动的便捷性和自由度逐渐增加。而法律制度正是保障这种发展过程的重要机制,其所扮演的角色是从原先的严格限制到如今的积极推动。③

　　商事活动的历史进程也表明了商事法律制度不同于民事法律制度的设计路径与设计理念。民事法律制度相对显得更为"保守",它们往往较为固定,因为社会伦理逻辑通常是一定时期存在的普遍伦理观念,其具有较强的稳定性,而这也符合市民社会稳定发展的要求。而商事法律制度的设计更为注重对商事活动的促进与保障,凸显出较强的灵活性。在商事法律制度下,法律所具有的滞后性显得更为突出,因为法律制度的设计与变革无法跟上商事活动创新的步伐,前述因数字技术发展而大量涌现的新型商业模式和经营性构造便充分说明了这一点。商事活动这种极强的创新性与竞争性的本质也使得商法规范的变革更新的频次要高于其他法律规范。在富于变化的商事活动场域,为了使不断变换的商事活动能够在法律的框架下顺利进行并得到规范,一方面,商事规则应当注重更新,旧的规范对于相对成熟的新型交易模式应当及时地更新④;另一方面,商事法律制度的设计应当为商事活动的创新留下充足的制度空间。商主体作为参与商事活动、推动商事创新的核心要素,其制度设计的成败自然会影响到商事活动开展的顺利与否,因而也需要遵循上述商事法律制度建构的基本要求,即应当有利于商事创新。

---

① 新华社:《新华视点·二十大报告解读|不断实现人民对美好生活的向往——从二十大报告看人民生活新图景》。资料来源:http://www.xinhuanet.com/2022-10/19/c_1129070135.htm,最后访问时间:2022 年 10 月 21 日。
② 赵万一、王兰:《私法视域下商事登记的重新解读》,载《河北法学》2009 年第 6 期。
③ 夏小雄:《私法商法化:体系重构及制度调整》,载《法商研究》2019 年第 4 期。
④ 范健:《商法的时代性与时代商法——创制一部反映时代需求的〈中国商法通则〉》,载《学术论坛》2019 年第 1 期。

三、制度建构应兼顾促进与规范作用

商主体创新性在赋予商法生命力的同时,也为社会带来了一定的风险,如历次战争、金融危机的出现与当前的大数据杀熟等都有商主体的身影,因而商法不仅应客观地面对商主体创新之积极价值,也应当对商人创新所带来的风险予以关注,将之纳入调整的范围。这意味着,商主体制度的建构应当符合社会发展的规律并契合商业精神与社会之品格,从而有效地调整商事法律关系。①

从我国当前已有的制度设计来看,《民法典》主体制度虽然臻于完善,但面对商主体制度的供给需求,依然存在不足之处。《民法典》创新性地将充满商事意味的"营利"要素体现在法人制度中,而且也一改此前的主体分类方式,以"自然人""法人""非法人组织"的类型化构造力图尽可能地涵盖社会中广泛存在的各类主体,并为将来可能出现的主体提供创新的余地,但不论是个体层面还是组织层面,现有的主体划分模式依然存在着缺漏之处。在商自然人层面,《民法典》中商自然人的概念主要指的是个体工商户,这种对商自然人的认识显然未跟上商事领域发展的步伐,并不足以涵盖成型于数字经济时代的社交电商、网约车车主等新形态的商事主体。在组织类构造层面,"营利法人"与"非营利法人"的划分方式也导致二者间的中间法人难以被涵盖的问题。② 当然,除了前述的创新性主体类型难以被现有的制度涵盖之外,还存在的问题是,基于平等原则而设计的平等主体之间的主体准入、评判等机制也出现了难以适用于新型经营性构造的问题,数字经济时代下的社交电商、平台型企业、区块链组织、"元宇宙"主体及大量存在的企业集团等都面临此类困境。

前文已表明,这些组织虽然未得到法律的充分关注,但其大量存在并还将源源不断地出现却是不争的事实。法律规范对这些组织的忽视将使得它们的行为既难以得到有效规范进而易使相关主体利益受损,又因其定位的不明确而出现法律适用的困难,简言之,它们难以明确地享有法律上的权利并承担相应的义务与责任。因而,对于商主体制度的建构来说,除了应当关注对已有的商事创新产生的营业性构造进行确认以纳入调整范围外,还应注意的是应当为商主体的创新留下充足的余地,以免出现新型主体缺乏存在空间或者无法可依的状态。在具体的制度设计时,除了前文所提及的应当积极引

---

① 范健、丁凤玲:《中国商人制度与民事主体立法——写在〈民法总则〉创立时的思考》,载《南京大学学报(哲学·人文科学·社会科学)》2017年第3期。
② 张力:《法人功能性分类与结构性分类的兼容解释》,载《中国法学》2019年第2期。

导、推动商事创新外,还应当注意避免商事创新给整个社会带来过大的风险,即商事法律制度应当能够对商事交易活动、交易主体起到足够的规范作用,引导其在自身经济价值和社会价值共赢的目标下健康发展。

第二节　商主体体系创新的立法模式

一、立法模式的时代背景

(一)现实背景:回应数字经济时代营业性构造发展需求

信息技术的发展势头日新月异,小到社会公众的日常生活,大到国家与社会的治理均受到了颠覆性数字技术变革的影响,这种变革在新冠疫情背景下更为显著,大量传统营商活动借助数字技术转型,催生出诸多新型的商业形态。[1] 以平台型企业与社交电商为例,此类依托信息技术发展的经营业态给人们的生产生活带来了高度便捷性,日渐成为日常消费领域的商业活动热点选项。[2] 从实际情况来看,不仅新兴的平台型企业受到消费者的青睐,而且依托数字技术还进一步推动了大量传统行业的数字化转型,使得电商经济再度勃兴,诱使传统营商模式发生巨大的转变。[3] 不过正如前文所言,虽然数字经济不断推动着社会、政治、经济与文化等领域的转型变革,但现行立法中的主体制度却难以适应新型经营性构造的法律调整与规范发展的客观需求,诸如平台型企业、社交电商及区块链组织等均因法律制度的供给不足而导致其面临发展困境,也使得这些经营性构造的行为难以受到充分有效的规制而弊病丛生。

从积极的角度而言,数字经济时代下的新型营业性构造确实促进了我国商事活动的繁荣,它们在为我们带来极大便利性的同时,也在很大程度上帮助我们弯道超车成为世界上的数字经济大国,不断地为我国经济发展与民族复兴赋能。但是,这些积极因素并不能让我们忽视此类新型营业性构造所带来的大量社会问题及其调整需求。而从现有的《民法典》及单行商事法的规

---

[1] 新冠疫情的出现极大地加速了各行业如餐饮、零售、交通客运及旅游等行业的数字化转型,促进了数字经济部门的扩张,数字经济成为疫情期间推动经济复苏的重要引擎。参见《疫情与数字经济|热点观察》。资料来源:https://baijiahao.baidu.com/s?id=1737591486358246171&wfr=spider&for=pc,最后访问时间:2022年10月17日。

[2] 《疫情下的电商很火爆,361°电商业务大涨超5成》。资料来源:https://baijiahao.baidu.com/s?id=1728272233784840778&wfr=spider&for=pc,最后访问时间:2022年10月17日。

[3] 包振山等:《数字经济时代零售商业模式创新:动因、方法与路径》,载《中国流通经济》2022年第7期。

定来看,它们的制度需求并未得到足够的回应。从数字技术诞生到当前深度融入我们的生活,不难发现其所具备的高度灵活性、颠覆性及瞬息万变的特征。技术的不断迭代更新意味着其与法律制度的稳定性之间存在着明显的隔阂,这成为我们选择对新型营业性构造的制度需求进行回应时必须考虑的重要影响因素,即商事法律制度从其主体形态到具体的制度设计在满足时代需求的同时,应当符合市场逻辑,包容并促进商事创新,为未来的商事活动留下足够的灵活空间。①

(二) 制度背景:后《民法典》时代的我国商事立法需求

虽然我国《民法典》已经颁布并施行,但这并未中断学界呼吁制定一部《商法通则》来调整商事法律关系的努力。② 在以往学界的研究中,曾提出过多种类型的商事立法模式,其中既有主张制定单独《商法典》的,也有主张交由《民法典》进行规定的,但大部分的学者均主张应当在尊重《民法典》私法基本法地位的基础上,通过制定《商法通则》的方式来回应商事立法的特殊需求。这种主张是具有显示合理性的。现行立法在回应商事需求方面存在明显缺陷,不管是主体类型划分的包容性,还是为未来商事领域创新提供的制度空间都存在不足。正如有学者所分析的,《民法总则》采取的"营利—非营利"法人分类模式虽然首次对"营利"这一商法核心范畴进行了明确,但并不足以取代商法对商人/商主体/企业的一般条款的需求,例如《民法总则》对于个体工商户之规定便不明确,其到底为企业还是自然人,是商主体还是一般的民事主体?这种情况下,我们不得不在其他的特别法中就专门的商主体作出界定,而在存在商法典的法域中,却可以简单地以商人的一般性规定予以轻易解决。③

前文的分析已经指出将商事立法完全"搬入"《民法典》的不足。民法作为调节市民社会的基本法,它更关注的是人人平等之自然伦理法则,倡导理性、自由与尊严为核心的伦理精神④,民法所要完成的是对广大民事主体基

---

① 范健:《商法的时代性与时代商法——创制一部反映时代需求的〈中国商法通则〉》,载《学术论坛》2019 年第 1 期。

② 范健、丁凤玲:《中国商人制度与民事主体立法——写在〈民法总则〉创立时的思考》,载《南京大学学报(哲学·人文科学·社会科学)》2017 年第 3 期;蒋大兴:《〈商法通则〉/〈商法典〉的可能空间?——再论商法与民法规范内容的差异性》,载《比较法研究》2018 年第 5 期;赵旭东等:《〈商法通则〉立法大家谈》,载《国家检察官学院学报》2018 年第 3 期。

③ 蒋大兴:《〈商法通则〉/〈商法典〉的可能空间?——再论商法与民法规范内容的差异性》,载《比较法研究》2018 年第 5 期。

④ 范健:《民法典编纂背景下商事立法体系与商法通则立法研究》,载《中国法律评论》2017 年第 1 期。

本生存与发展权利的保障,它要确保人们能够在自由、公平与人人平等这些基本要求下从事相关的活动,更多地体现为一种人文关怀倾向性的制度设计。① 商事活动中存在着的营利性与效益优先的思路与民法存在着难以完全匹配的问题。调节商事活动的法律需要具有回应性与创新性两个要素,商事法律制度的设计应当在符合市场伦理逻辑的基础上来构建,它们应当着力保障商事活动的效益与安全,积极促进商事活动的开展。商法旨在保障经济发展以获取经济效益,在此之下,营利与效率成为商业伦理的精髓所在,其要优位于形式上的平等。立基于平等原则之上所建构的民事主体资格判定标准不一定适合商事主体的判断,后者的评判标准有着自身的特色与目的。因此,即使在我国已经具有《民法典》的情况下,民法与商法在逻辑思维上的差异也意味着再制定《商法通则》具有必要性与可行性,单纯依赖《民法典》的规定注定无法起到理想的效果。②

二、立法模式的选择思路

(一) 民商合一与民商分立的模式之争

在民法与商法的关系上,主要存在着民商合一与民商分立两种模式。在民商合一模式下,商事法律规范被纳入到民法典中,并不独立制定商法典;而在民商分立模式下,则出现了民法典与商法典共存的情形。采取民商合一的国家一般认为有瑞士、意大利、荷兰与俄罗斯,也有由民商分立转向民商合一的国家,如巴西在 2002 年颁布《巴西新民法典》改采民商合一体例;采取民商分立的国家则为德国、法国、日本与韩国等。③ 选择何种立法模式其实是基于理论积淀、阶段性历史背景与制度目的等因素的综合考量。

在我国,民法与商法的关系一直是学界探讨的重要话题。主张民商分立的观点一般强调,商法具有特殊的调整对象,商事活动较强的动态性使得商法制度的体系构造与制度安排也趋于灵活,自其诞生伊始便体现出极强的变迁性,而民法则相对较为固定。维持民商二元分立之体系,既能实现民法作为一般私法的功能,又不会辖制商法规则的特殊性与灵活性,从而增强私法对社会发展的回应性。反对民商分立的观点则认为,商事活动的创新性使得制定商法典来调整商事活动的方式并不能很好地涵盖商事创新,反而会降低

---

① 傅穹:《商法营利性思维与民事主体制度》,载《南京大学学报(哲学·人文科学·社会科学)》2017 年第 3 期。
② 刘斌:《商事关系的中国语境与解释选择》,载《法商研究》2022 年第 4 期。
③ 范健:《民法体例中商法规则的编内与编外安排》,载《环球法律评论》2016 年第 6 期。

对商事交易活动的回应力。① 在民事活动与商事活动已经出现高度融合的时代,这种法律上的分立犹如"隔靴搔痒",既不能发挥制度的功能,又容易出现适用法律的困难。此外,商事特别法具有明显的特殊性,诸多特殊的规则难以被抽象与概括,使得抽象出一般的总则性规定存在较大的难度。②

直观地对民法与商法各自的特殊性进行比较以探讨立法模式的选择,是当下讨论这一主题的基本路径。这种路径为处理民法与商法关系提供了重要方向,但也必须辅之以对制度选择的历史背景与制度目的的考察。在历史背景层面,从商法与民法的诞生及发展来看,商法体现出了极为明显的时代性特征。从欧陆国家的法律制定来看,阶段性的时代背景如经济的蓬勃发展是选择立法模式的重要影响因素。在商事活动勃兴的工业革命期间,为了解决彼时的社会关系调整与法律争议的需求以及作为对商事活动发展的回应,不少国家选择了民商分立的立法模式,并且受随后企业成为经济社会的中心的影响,商事法律制度变革的趋向也更为显著。③ 而也正是这些国家对商事法律制度特殊性的重视,并积极为商事交易供给相应的制度才促进了它们经济的勃兴,进一步引领了世界经济的发展。④

(二) 民法与商法关系处理的中国思路

在民法典的制定过程中,中国商法学研究会曾通过提出《商法通则》建议稿的方式归纳了民法与商法关系处理的四种思路,分别是分立式、独立成编式、独立成章式及融合式。并认为分立式及独立成编式较为理想,而独立成章式及融合式则相对不理想也不可取。如果采取后两种模式,则无疑将使民法总则变得更为繁杂而使其科学结构受到破坏,若仅将少部分商法规范纳入民法总则,则又会破坏商法通则立法的体系性与完整性。⑤

也有学者将我国处理民商关系的各种主张归纳为三种路径:第一种为以《商法典》的方式来建构商法体系;第二种为以《商法通则》与商事单行法结合的方式来完善商事立法;第三种则为分别对商主体及商行为的一般规则颁布单行法,从而使商事活动得到调整。第一种模式在当前的我国缺乏相应的适应环境,且从已有法域的经验来看,《商法典》这种模式愈发凸显出其"再更新"的困境;第三种模式则不被学界所看好,其存在规范重叠、冲突与延续

---

① 夏小雄:《私法商法化:体系重构及制度调整》,载《法商研究》2019年第4期。
② 王利明:《民商合一体例下我国民法典总则的制定》,载《法商研究》2015年第4期。
③ 夏小雄:《私法商法化:体系重构及制度调整》,载《法商研究》2019年第4期。
④ 赵万一:《民商合一体制下商法独立的可能性及其实现路径》,载《法学杂志》2021年第7期。
⑤ 《中国商法学研究会关于民法典编纂中统筹规划商事立法的建议》(2015年6月13日)。

性不足的问题;而第二种模式则符合我国商法体系化形式理性的要求。①

从我国《民法典》实际作出的选择来看,其显然否定了单独制定《商法典》的可能性,同时也并未采取在法典中独立成章或成编的形式对商法进行规定。因此,《民法典》虽创新性地将部分商事单行法特别是公司法中的内容纳入到《民法典》进行规定,满足了商事法律制度在《民法典》中予以规定的部分诉求,但《民法典》的这种处理方式也并未彻底实现对民商关系的妥当处理。虽然民法学者大多赞同这样的处理,如王利明教授认为,"民法典总则可以有效地指导商事特别法""我们不宜制定商法总则以统辖各商事法律,而主要应当通过完善的民法典总则来调整传统商法的内容"。② 但也有商法学者明确指出,《民法典》中关于法人制度的规定实质上是《公司法》的"复印版"。当前的这种规定可能会导致法律规范的冲突、对部分组织体的规范过重及限制商事创新等问题。③ 商事基本性规范的缺失加之商业活动的不断创新,会导致商业创新行为的规制出现"制度供给短缺"的问题,而具备弹性力及总括性要求的一般性商事规则能够很好地应对这些问题。④

实际上,《民法典》的颁布并未消除制定单独的商事基本法的必要性。首先,商事活动的日新月异并非否定《商法通则》制定的充分理由,在复杂多变的商事交易活动中,一般性商法规范恰能够对商事创新性行为作出及时的回应,使其不至于因规范缺失而出现创新失范的问题。其次,商事活动本身具有显著的创新特性,而这与《民法典》追求稳定性是存在冲突的。法典的庞大体系、普遍性及稳定性难以满足迅猛发展的社会经济的制度变革需求,其时常会因经济活动的变化而处于滞后的状态,难以及时地以立、改、废、增与删等进行回应,商事立法法典化之典型——《法国商法典》制定后其规范事项向单行法的"逃逸"便是适例。⑤ 这就意味着完全将商事法律关系的调整纳入到《民法典》并不可行,反而可能掣肘商事交易活动的开展。最后,制定《商法通则》是契合我国现实需求与国际趋势的最佳选择。就现阶段的我国而言,民法与商法不必苛求规则上的统一,而应顺应国际商事立法的发展趋势,尊重商法的独立性。既然完全依赖《民法典》不可行,而单独制定《商

---

① 范健、丁凤玲:《中国商人制度与民事主体立法——写在〈民法总则〉创立时的思考》,载《南京大学学报(哲学·人文科学·社会科学)》2017年第3期。
② 王利明:《民商合一体例下我国民法典总则的制定》,载《法商研究》2015年第4期。
③ 蒋大兴:《〈民法总则〉的商法意义——以法人类型区分及规范构造为中心》,载《比较法研究》2017年第4期。
④ 蒋大兴:《论民法典(民法总则)对商行为之调整——透视法观念、法技术与商行为之特殊性》,载《比较法研究》2015年第4期。
⑤ 李建伟:《制定商法通则的缘起及其立法价值的再认识》,载《社会科学战线》2015年第12期。

法典》又不具备现实条件,能够兼顾商法共同原则并覆盖商事具体规范的《商法通则》应是较为合适的中间路径。①

三、立法模式的基本结构

(一)《民法典》《商法通则》与商事单行法的结构安排

1. 尊重《民法典》作为私法基本法的地位

民法是私法之基本法,制定《商法通则》的必要性并不能否认这一基本的前提。正如有学者所言,后《民法典》时代民商法关系的处理应当秉持"以民为宗,以商为本,分合有度,协调配合"的基本格局。② 在制定《商法通则》之时,应当时刻谨记《民法典》作为我国私法基本法的地位,商事法律制度的立法、执法与司法等活动首先应当遵循平等、自由与诚信等民法基本原则。在坚持这一前提的基础上,制定《商法通则》作为商事法律关系调整的基本法,形成民法商法合理分工、密切配合的基本格局,以更好地调整市场经济中的各种商事关系。在具体的立法内容上,《民法典》的未来修订应当将涉及商事法律规范的基本内容,如商事主体的具体类型及商事主体及其行为的具体调整规则剥离出来,纳入《商法通则》中,而《民法典》需要做的是以其基本原则来统领商事立法,并规定商事主体的法律地位,然后通过引致性条款将商事法律制度的具体设计与适用引导至《商法通则》中。③ 通过这种模式,既维护了我国民商合一的立法体例,尊重了《民法典》作为私法基本法的定位,也能够很好地满足商事活动创新的制度需求,同时也通过《商法通则》的形式为后续商事活动领域的制度创新逐步上升到《民法典》中提供了缓冲的空间。

2. 以《商法通则》发挥商事基本法的作用

在《民法典》+《商法通则》+商事基本法的架构下,《民法典》所起到的是一种统领作用,而商事法律基本规则的供给主要应由《商法通则》来承担。在关于《商法通则》具体作用的认识上,学界形成了整体相同而细节存在差异的观点,即他们均认可《商法通则》应当发挥商事基本法的作用,但在具体

---

① 范健:《民法典编纂背景下商事立法体系与商法通则立法研究》,载《中国法律评论》2017年第1期。
② 赵万一:《民商合一体制下商法独立的可能性及其实现路径》,载《法学杂志》2021年第7期。
③ 如李建伟教授提出,采制定《商法通则》的模式需在《民法典》第1条关于民法法源的规定中置入商事法律适用的特殊法源,可将其表述为,"商事关系,商法有特别规定的,适用之,商法没有特别规定的,适用商事习惯,没有商事习惯的,适用本法"。参见李建伟:《制定商法通则的缘起及其立法价值的再认识》,载《社会科学战线》2015年第12期。

的细节上因时代背景等的影响而存在些许不同。

如王保树教授在早年提出,《商法通则》应当发挥"通、统、补"的作用。具言之,"通"即是要求《商法通则》应当满足商事关系调整之共同性规则要求,不仅应当就组织体成为商人的规则予以规定,而且还应就商人的一般性规定予以明确,如商人的资格、营业能力、权利、义务及责任等;"统"即该通则所作之规定应当满足对商事关系调整的统率的要求;而"补"则指应当对其他单行商事法律规则的缺漏进行弥补。① 不过,蒋大兴教授认为,在我国《民法典》已然出台的当下,这种"通、统、补"的规则应当作出相应的调整。具言之,"通"与"统"应当依然满足商事关系调整共同性要求、一般性规定及统率性立法的要求,只是其中的"补"应当转变为对《民法典》所作规定之填补,至少在《民法典》修订之前应当如此,以免造成重复性立法的问题。②

在决定《商法通则》的具体作用及构造时,需要特别考虑以下问题:首先,我国《民法典》刚通过的时间并不长,这意味着短时间内对其进行修订的可能性并不大,因而商事活动调整的现实需求与《民法典》之间存在着难以调和的冲突。特别是数字经济时代出现的诸多新型经营性构造已经对传统的商事立法产生了挑战,商事主体的类型划分、商事主体的产生与退出机制等均有了新的路径,而这亟待法律制度的回应,但《民法典》的稳定性和基本私法的定位并不允许其出现过度超前的内容。其次,当前商事单行法中存在着规范的重叠、冲突与不协调等问题亟须进一步地解决。以商事主体制度为例,商事单行法虽然规定了诸多商人的规则,但这些法律的制定主体并不一致,立法原则与指导思想也不太统一,而且在具体的规范设计上也存在重叠、冲突、不严谨及不协调等问题,可能导致商事交易与司法的困境,甚至可能导致社会关系因缺乏明晰的方向性指引而出现混乱。③最后,在遵循《民法典》基本原则的基础上另外制定符合时代需求的《商法通则》其实并不会过度地出现重复立法的问题,因为从现有的《民法典》规定来看,其很多内容都是源自商事单行法,而《商事通则》所要做的是归纳出商事立法的基本性规定,这些内容是商事单行法并不具备的,这也就降低了制度重复的可能性。另外,商法相对于民法而言是特别法,秉着"特别法优于一般法"的原则,在涉及商事活动调整的问题上,应当由《商法通则》发挥作用,这就进一步降低了法律适用的困难,而且也能积极回应现实的需求,具有双赢之功效。

---

① 王保树:《商事通则:超越民商合一与民商分立》,载《法学研究》2005 年第 1 期。
② 蒋大兴:《〈商法通则〉/〈商法典〉的可能空间?——再论商法与民法规范内容的差异性》,载《比较法研究》2018 年第 5 期。
③ 范健、丁凤玲:《中国商人制度与民事主体立法——写在〈民法总则〉创立时的思考》,载《南京大学学报(哲学·人文科学·社会科学)》2017 年第 3 期。

《商法通则》要真正承担起商事基本法的功能,需要对关涉商事法律制度的基本性内容尽可能予以全面和前瞻性的系统设计,否则一部不完整的《商法通则》不足以称为商事基本法,而且也必然出现未来《民法典》修订之时不得不同时修订《商法通则》的问题,这无疑会加大法律制定的成本与适用法律的成本,而且也会损害法律制度的稳定性与严肃性。还需要特别注意的是,当前的制度设计并未很好地解决数字经济时代的新型营业性构造的制度需求问题。在数字经济不断地重塑传统交易模式,为从事商事交易活动的主体提供了新的营业构造的背景下,《商法通则》必须对这种现实予以积极有效的制度回应。

3. 将具体性规定交由商事单行法予以规定

未来制定《商法通则》时,主要是将商事单行法中的一般性规定,如商事主体、商行为及基本原则等纳入该法中,至于具体的规则如公司治理、证券交易、票据与保险等的规定依然应当交由商事单行法予以规定。相对于一般性私法规定与商事基本法所应当追求的稳定性与统领性,具体商事单行法的制度设计要体现灵活性与细致性,以此来形成基本立法包容商事创新、具体立法引导市场实践的良性法律格局。

(二)《商法通则》的立法体例

具体到《商法通则》的立法体例上,借鉴制定商法典的法域,可以发现主要包括主观主义、客观主义及折中主义三种模式。主观主义模式,又称形式主义模式,它的表现形式是:首先确定商人概念为何,随后再由商人之概念推导出商行为之概念,在此基础上建构商法典的结构体系;客观主义模式,又称实质主义模式,其主要表现形式则与前述模式相反,即首先界定商行为的具体概念,然后再借助商行为的概念来推导商人的概念,进而在前述基础上建构商法典的体系;折中主义模式则是将商人与商行为概念共同作为商事法律规范体系架构及适用范围确定的基础,从这两个角度展开制度的设计,在关注客观层面的商行为的同时,也关注主观层面的商主体。① 虽然前述三种立法模式均有其适用场景,但从实际情况来看,折中主义具备显著的周延性优势,它结合了前述二者的优点,兼顾商人与商行为两大核心,既可有效摆脱主观主义模式下的主体不适格而难以将其行为纳入商法调整的困境,又可很好地疏解客观主义对商行为界定困难的问题,因而成为当前较受欢迎的商法典立法模式,如原先采取客观主义模式的《法国商法典》已经转而采取了折中

---

① 郭富青:《论现代商法的基点、形式与我国商法的体系化建构》,载《学术论坛》2019年第1期。

主义模式。

折中主义具有的明显优势恰好可以作为我国回应数字经济时代的营业性构造发展的制度需求。因为不论是单独采取主观主义还是客观主义，均存在包容性不足的问题。在主观主义模式下，商主体界定的困难将使部分事实上的商主体游离于商法调整范围外，如在传统的商主体界定下，当前的社交电商、平台型企业及区块链组织等难以被纳入其中。另外，在主观主义模式下，只有商主体的行为才会得到商法的调整，这就意味着部分主体事实上从事着商事活动却并不能被纳入商法的调整范围。而客观主义模式也不足以满足商事法律关系的调整需求，商行为的概念界定也可能会存在包容性不足的问题，因而即使普遍认为采取了客观主义立法模式的法域，基于实践的需求也会在立法中考虑主观标准。因此，单纯的主观主义立法或客观主义立法模式的选择逐渐缩减，而采折中主义的模式则较受欢迎。①

虽然我国选择折中主义模式更为可行，但面对新的时代背景，也应作出相应的调整。前述的分析已经表明，我国当前蓬勃发展的数字经济已经催生出了不少新型的营业性构造，而在将来，这种营业性构造的创新将更为多元化，如当前热议的"元宇宙"就具有无限广阔的想象空间。前述主观主义模式下存在着部分从事商行为的主体难以纳入调整的缺陷，而基于商行为的客观主义立法能够较好地解决这一问题，因而我们的《商法通则》应当作出的选择是偏客观主义而辅之以主观主义的模式。②

在《商法通则》或《商法典》的具体框架上，学界主要存在十章、十一章、十二章、九章、五编及七编等主张。十章制如王保树教授所组织起草的《中华人民共和国商事通则（建议稿）》，主要包括总则、商人、商事登记、商号、营业转让、商业账簿、经理权与其他商事代理权、代理商、商行为与附则③；十一章制如赵旭东教授组织起草的《商法通则（建议稿）》，分别为一般规定、商事主体、商事登记、商业名称与字号、商事公示与商事信用、商事会计账簿与审计、商事行为、商事代理、商事营业与转让、一般商事权利与义务及商事争议解决④；十二章制由樊涛教授所提出，其认为商法通则的内容应当为总则、商人、商事登记、商号、商事企业及营业转让、营业租赁、商业账簿、商业雇员、代

---

① 施鸿鹏：《民法与商法二元格局的演变与形成》，载《法学研究》2017 年第 2 期。
② 范健：《民法典编纂背景下商事立法体系与商法通则立法研究》，载《中国法律评论》2017 年第 1 期。
③ 《商事通则》调研组：《〈中华人民共和国商事通则〉（建议稿）》，载《商事法论集》第 20 卷，法律出版社 2011 年版。
④ 赵旭东等：《〈商法通则〉立法大家谈》，载《国家检察官学院学报》2018 年第 3 期。

理商、商行为、商事法庭及商事诉讼、附则①;九章制为苗延波教授所主张,其认为我国《商法通则》的主要内容应为总则、商主体、商行为与商业代理、商业登记、商业名称、商业账簿、商事诉讼时效、商事责任及附则②;五编制为范健教授所主张,其认为《商法通则》应当包含总则、商主体、商行为、商事责任及商事诉讼五编③;七编制则为蒋大兴教授所主张,主要内容为立法目的及原则、商人及商号、营业行为、商事登记/备案、不当交易规制、纠纷解决及附则。④

从学界已提出的《商法通则》主要框架来看,虽然各有特色,但在具体的内容上大同小异,大体上遵循的是总则、商主体、商行为、商事责任及商事纠纷解决这一逻辑。不过,不论是七编制、九章制、十章制还是十一章制,他们的框架也存在有待完善之处,如商事登记这一规定其实可以纳入商主体部分,因为这是商主体获取资格的方式之一,而商业名称、字号等也可以纳入商主体部分进行规定。商事诉讼时效这一问题在《民法典》已经做出规定的情况下,其实也并没有单独予以规定的必要。此外不正当交易的规制也没有单独以一编进行规定的需要,因为其可以放在商行为部分予以规制。因此,在前述架构中,范健教授所提出的五编制相对简洁且逻辑上也较为合理,但其还应加上最后一编,即附则部分,对《商法通则》的生效时间及其他需要解释的内容予以规定。因此,未来《商法通则》的具体架构应当为总则、商主体、商行为、商事责任、商事纠纷解决与附则六个部分。

第三节 商法通则的商主体基本制度

一、商主体形态的制度供给

(一)商主体形态划分的基本思路

商主体是《商法通则》内容的重中之重,合理地界定商主体并划分其形态是制定《商法通则》的核心目标之一,也是完善现有商事立法的重要课题。

---

① 樊涛:《商事通则:中国商事立法的应然选择(附:〈中华人民共和国商法通则〉建议稿)》,载《河南大学学报(社会科学版)》2008年第3期。
② 苗延波:《论中国商法的立法模式(下)——兼论〈商法通则〉的立法问题》,载《法学评论》2008年第2期。
③ 范健:《民法典编纂背景下商事立法体系与商法通则立法研究》,载《中国法律评论》2017年第1期。
④ 蒋大兴:《〈商法通则〉/〈商法典〉总则的可能体系——为什么我们认为"七编制"是合适的》,载《学术论坛》2019年第1期。

在对商主体的形态进行分类前,明确商主体在立法中的表述及其判定方式是基本前提。

关于商主体在《商法通则》中的表述,以王保树教授及蒋大兴教授为代表的一些学者认为应当使用"商人"概念来描述商主体,这样可以避免"商事主体""商事组织""商个人"这种偏学理化的表述而产生理解上的困难,而"商人"概念已经为社会生活所广泛接受,易于为人们所理解,同时这一概念可以涵盖商组织与商个人,具有很强的包容性。① 虽然"商人"概念被广为接受是事实,但我们不应忽视的是,在实践中,"商人"往往被人们更多地视为某个或者某些"人",在面对公司、企业时,人们的理解上更多地会将该公司的法定代表人等作为"商人"的代名词,因而以"商人"概念表述商主体值得商榷。

在"商人"概念外,还有学者提出了不同的看法。王建文教授认为"商人""商主体""商事主体"等概念均不宜在立法中表述商人,应当以"经营者"的概念来作为抽象性商主体概念的表述。② 从表意的准确性看,以"经营者"作为商主体在《商法通则》中的统称较为合适,因为"经营"很好地揭示了商事活动的核心特征,而"者"本身又可以很好地统筹商事组织与商个人二者。此外,"经营者"这一称谓也可以避免"商主体""商事主体"这类学理性的范畴给广大社会公众带来的晦涩感,且可避免"商人"这一称谓带来的模糊感。因此,在《商法通则》制定时,可以用"经营者"这一概念来作为所有商主体的统称。

确定商主体在《商法通则》中的统领性概念之后,应当进一步为商主体的具体类型划分提供制度支持。前文的分析已经表明,传统的商个人、商法人及商合伙的分类标准存在一定的缺陷:一方面,这种划分标准的周延性不足,难以将新型的经营性构造纳入其中,比如,该种分类模式难以实现对平台以及区块链组织等的准确归类;另一方面,该种分类标准给未来的商事创新留下的制度空间也不够。以当前较为火热的区块链组织和"元宇宙"为例,依照传统的分类方式,它们显然很难被纳入商个人的范畴中,而商法人与商合伙的定义也意味着这两种新兴的构造不属于二者。数字经济时代涌现的新型经营性构造在法律上的依据的缺失,无疑极易使它们沦为"违法"的存在,难以获得相应的保护,同时,法律规制的缺失还容易使它们游离于法律之

---

① 《商事通则》调研组:《〈中华人民共和国商事通则〉(建议稿)》,载《商事法论集》第 20 卷,法律出版社 2011 年版;蒋大兴:《〈商法通则〉/〈商法典〉总则的可能体系——为什么我们认为"七编制"是合适的》,载《学术论坛》2019 年第 1 期。

② 王建文:《我国商法引入经营者概念的理论构造》,载《法学家》2014 年第 3 期。

外,成为侵害其他主体利益的源头。

由此可以看出,前述问题的解决有赖于变革商主体的类型划分标准。我们在前文已经表明,解决这一问题的关键思路在于放弃原先的商主体三分法,而将商主体分类转向两分法。简言之,商主体的划分应当由传统的商个人、商法人与商合伙转为商个人与商组织的分类。在该种分类模式下,"个人"这一范畴恰与"组织"范畴形成对应,当新型的经营性构造难以纳入"商个人"范畴时,便可以"商组织"概念予以容纳。当然,这里的分析尚属学理层面,而真正要使经营性构造获得法律依据并给未来的商事创新留下足够的空间还需在立法中予以规定。

具体到立法层面,未来的《商法通则》应当通过两个步骤予以解决。第一,应当在"总则"部分明确规定自然人与组织体的营业自由并将之作为基本原则予以对待。之所以作此规定,是因为这样可以为新型的商事活动留下充分的制度空间,不至于使有益的商事创新因法律依据的不足而受到阻碍。① 第二,应当在商主体一章明确建立商主体的双层分类构造。第一层为商主体统领性概念的规定,即明确"经营者"的概念,第二层则是在经营者概念之下划分出"组织"与"个人"两类。在具体的表述上,可以采行为主义立法模式的思路,以"营业"概念为核心来进行界定,而且这种双层分类构造可在一个法条中予以表述,即"经营者是指依法从事各类营业活动,享有权利并承担义务的组织或个人"。

(二) 商主体形态的具体内容

经过对商主体的总括性规定后,接下来应当明确的内容是具体的"经营组织"和"个体经营者"各自的制度设计。在对这两个概念进行规定的立法技术层面,主要存在着概括法、列举法与折中法。从法律适用的角度来看,概括法容易因法律规定的模糊性而出现适用法律的困难,因而不宜选择这一种模式。再从法律规范周延性的角度思考,列举法又容易导致对部分商主体的忽视,而且封闭性的立法难以为将来的商事创新留下充足的空间,因而也并非合理的选择。由此,关于商主体形态的具体规定应当采取折中法的立法技术,即在明确列举的方法外,以概括性的表述起到兜底的作用,从而尽可能地确保立法的明晰与周延,而且这种模式可以有效地建立起法律判定与事实判定相结合的商主体判定机制,可以避免传统商主体法定原则造成的商主体形态创新受限的问题。

---

① 范健:《商法的时代性与时代商法——创制一部反映时代需求的〈中国商法通则〉》,载《学术论坛》2019 年第 1 期。

商个人是历久弥新、不容忽视的重要商主体类型，特别是在当前的数字经济背景下，越来越多的民事主体通过数字技术如社交网络、平台型企业等从事商事经营活动，但如此重要的概念却至今并未在立法层面予以明确的规定。不过，虽然商个人是传统商主体分类模式下的经典商主体类型，但随着时代的转变，要将其纳入立法，尚需要进一步地革新其概念内涵，可以采用"个体经营者"的立法称谓。具体来说，将来《商法通则》对其进行规定时，可采取如下表述：“个体经营者是指依照法定条件和程序取得商主体资格，具备商事能力，独立从事商事经营活动，享有法律上的权利和义务的个体。个体经营者包括个体工商户、农村承包经营户、流动摊贩、私车运营者及个体网络交易经营者等。"①

至于商事组织而言，当然是商事立法的重中之重。在当前我国社会经济发展中，商事组织已经成为引领经济腾飞的重要载体，对其的合理界定是使其接下来继续为社会及经济注入不竭动力的重要制度基础。在具体的立法表述上，商事组织可以表述为，"本法所称经营组织，是指可以自己名义依法开展营业活动，享有商事权利并承担商事义务与责任的法律实体。经营组织如公司企业、合伙企业、合作社、企业集团、平台企业及其他从事营业活动的法律实体"。

二、商主体设立的基本规则

（一）商主体登记制度的变革

商主体资格并非自然而然便可取得，而是需要遵循一定的规则。在传统的商主体资格取得上，强制登记是一般民事主体成为商主体的重要渠道，但随着法律规范对商主体登记的程序、条件等要求的复杂化，同时商主体登记的现实需求也日渐庞大，强制登记主义愈发被社会各界反对，认为其过度地增加了商主体的负担，给小微商个体带来了大量的成本，因此，市场实践对于强制登记主义并不认可。②

除了强制登记主义外，还存在着任意登记主义之模式，采任意登记主义

---

① 其实在学界已有学者关注到了互联网交易中广泛存在着的经营者，如李建伟教授认为应当将社交电商纳入立法，作为商个人对待（参见李建伟：《民法典编纂背景下商个人制度结构的立法表达》，载《政法论坛》2018年第6期）。但"社交电商"这一概念尚不足涵盖当前大量存在的诸如二手交易平台的经营者，他们中有一些并非登记的个体，但却又不属于传统意义的"社交类电商"的范畴。而2021年国家市场监督管理总局发布的《网络交易监督管理办法》第7条使用了"网络交易经营者"来指代这类主体，出于法律规范统一性及概念涵盖性的共同考虑，可能使用"个体网络经营者"这一概念更为妥适。

② 石少侠、李镇：《论个体工商户商事登记义务之豁免》，载《经济纵横》2012年第1期。

的法域如法国、德国等。法国允许部分传统产业经营者如手工业、农业及自由职业者等自主选择是否进行登记①;德国存在着自由登记商人,主要指的是从事小营利性事业及农林业营利事业性质的商人可以自由选择是否进行登记,在符合条件的情况下进行登记后,这些主体便成为商主体,应当受到商法的调整②;我国台湾地区则在其"商业登记法"(2016 年修订)第 5 条以及"商业登记法施行细则"第 2 条中规定,摊贩、家庭手工业者、民宿经营者及家庭农、林、渔、牧业者等可以豁免强制性的商事登记义务。

  任意登记主义的灵活性相较于强制登记主义的保守性具有极大的优势,成为当前诸多法域的选择,也得到了学界的积极认可。如肖海军教授认为,任意登记主义的优势在于,一方面,其能使那些未登记的商主体承担商法上的责任,从而保护交易对方的利益;另一方面,任意登记主义还体现了对社会公众营业自由权的尊重,有利于促进商事活动的开展。而强制登记主义之下,社会公众的营业权受到了极大的限制,因为未经登记的商主体从事的商事活动将成为"不法"行为,这显然不利于商事活动的发展。因此,考虑到成本、效率及制度优缺点等,传统的强制登记主义已然难以满足商主体设立制度的需求,但我们也不应忽视强制登记主义所带来的安全保障作用。虽然强制登记主义与任意登记主义所产生的对抗效力并无很大差别③,但经过登记而产生的公示公信作用是较为明显的。

  不过,从我国的立法现状来看,其实商主体资格的取得并不统一,甚至存在冲突之处。如根据《民法典》第 54 条之规定,自然人从事商事活动应当首先进行登记,在依法登记之后才成为个体工商户。而其他法律则作出了不同的规定,在《电子商务法》中,其第 10 条引入了"豁免登记制度",根据第 10 条之规定,个人在特定情况下从事的营业活动或依法依规不需进行登记的活动可以豁免登记,这些营业活动如个人销售自产农副产品、家庭手工业产品,个人利用自己的技能从事依法无须取得许可的便民劳务活动和零星小额交易活动。而且《市场主体登记管理条例》第 3 条也明确了法律法规规定无须办理登记的可免于登记。从中我们不难看出《民法典》之规定与具体单行法之间的矛盾。结合前述分析,显然强制登记主义不再能够满足商事交易活动的需求,数字经济的发展所催生的网络交易模式在不断地"倒逼"着商主体

---

① 〔法〕伊夫·居荣:《法国商法》(第 1 卷),罗结珍、赵海峰译,法律出版社 2004 年版,第 52—59 页。
② 杜景林:《〈德国商法典〉中的商人》,载《德国研究》2011 年第 1 期。
③ 肖海军:《我国商事登记豁免制度的构建》,载《法学》2018 年第 4 期。

制度的改革,放松对这些主体的登记要求愈发成为一种趋势。①

在未来的《商法通则》中,我们应当结合当前我国实践中的商主体登记现状及法律法规中行之有效的商主体资格取得规则来设计《商法通则》的相应内容。具体来说,未来的商主体资格取得的规则应当明确为强制登记主义、任意登记主义共存的格局。当然,商事交易活动毕竟是涉及多方利益的活动,它既关涉当事方的利益,也会影响社会公共利益及国家利益②,因此完全采取任意登记主义并不可取。而且加上商事登记所具有的重要"增信"作用,登记作为商主体资格取得的主要机制依然是合理的。在具体的制度设计上,应当明确将部分涉及国家利益及社会公共利益的商事活动依然纳入强制登记的要求下,而对于部分小额交易及传统的豁免登记的行业则采取豁免登记方式。不过,这里需要提出的是,所谓的豁免登记仅仅是指不需要强制商主体向政府登记机关进行登记,而对于那些依赖平台进行交易的主体,则应要求平台履行辅助登记的义务并积极予以公示,同时也应当配合登记主管机关的备案或审查。这样既可以防范完全豁免登记可能造成的商事交易乱象而导致的部分交易主体权益受损及社会经济动荡,也可以对商事交易主体起到一定的规制作用。③ 落实到具体的法律制度上,应当通过《商法通则》建立起多元化的登记机制,即在以登记主管机关的登记为原则的前提下,还应以立法的方式明确将前述平台的辅助登记义务及备案义务予以规定,以此建立起登记机关登记+平台类企业注册的二元模式。由于该种登记模式基本出现于商个体维度,因而未来的立法可以表述为:"从事营业活动的个体经营者应当向登记主管机关依法登记,符合条件的个体经营者可以选择向所述经营平台进行登记,登记机构负有审查、真实记录及保存的义务。登记主管机

---

① 商事主体的登记要求软化已经成为一种趋势,从我国 2003 年国务院发布的《无照经营查处取缔办法》(已失效)、2005 年国家工商行政管理总局发布的《个体工商户分层分类登记管理办法》及 2017 年国务院颁布的《无证无照经营查处办法》的规定来看,可以豁免登记的商主体的范围逐渐扩大,促进商事活动的发展的特征愈发明显。而且在我国庞大的电子商务交易者中,他们的交易频次、参与积极性也存在很大的差别。这些群体中,通常活跃的经营者并不是很多,如淘宝网中,有 70%的个人电商经营者长期不经营或者是偶尔才从事经营活动。这些不活跃的电子商务经营者,他们对经济的贡献并不是很高,花费大量的成本来对其进行行政登记,似乎收效并不高。参见高菲:《网络个体经营者商主体资格之辩》,载《政法学刊》2021 年第 1 期;全国人大财经委电子商务法起草工作小组编:《中华人民共和国电子商务法解读》,中国法制出版社 2018 年版,第 72 页;《无照经营查处取缔办法》(2003,已失效);《个体工商户分层分类登记管理办法》(2005);《无证无照经营查处办法》(2017)。

② 赵旭东:《电子商务主体注册登记之辩》,载《清华法学》2017 年第 4 期。

③ 马更新、王焕悟:《电子商务经营者登记豁免制度的反思与重构》,载《北京联合大学学报(人文社会科学版)》2022 年第 3 期。

关有权要求登记机构将所登记的个体经营者信息向其备案及共享。"①

(二) 商主体资格判定标准的优化

面对新型营业性构造给传统的商主体制度带来的冲击,除了对商主体登记机制的变革外,商主体资格判定标准也需要进一步地优化,以满足商主体评判的需求。传统的商主体资格判断采取的是"营利性目的+行为能力"的判断标准,随着商业活动的发达,这种判定标准需要跟随时代而变化。

在"营利性"问题上,不应以是否以"营利"为目的从事商事活动而作为判断标准,应当使"营利性"从目的向手段进行变革。具体来说,只要是开展了营业性活动的主体均应纳入商主体的范畴,从而使实践中大量存在着的事实商主体如流动摊贩、社交电商、二手物品交易商及私家车运营者等被纳入法律的规制。在具体的立法表述上,前文也已经表明,即将"营业"作为核心的要素纳入商主体的概念界定中,从而实现商主体判断标准的转变。

除了"营利性"作为判别标准的革新外,还应对商主体的行为能力的判断标准予以修正。前文已经指明,市场理性逻辑下的商主体行为能力主要以相对独立的财产及意思机关作为判断的标准。相对于传统的"财产"概念而言,数字经济背景下的财产已然发生了重大改变,如数据已成为财产权的客体,成为数字经济发展的核心要素。② 且在当前的生产生活中,企业尤其是互联网企业已经成为数据的合法收集者与处理者,成了数据财产权的权利主体。③ 但从当前我国《公司法》关于公司股东出资的规定看,这类无形的财产权益尚难以被纳入可出资的范畴,这显然是落后于实际的。此外,数字经济时代给商主体资格判定的规则带来的冲击还有商主体营业场所、住所的虚拟化问题,这种现象以个体网络交易主体为典型,他们往往并无传统意义上的实体经营场所,而是在网络空间进行运作,即使《民法典》诞生于数字经济时代,商主体经营场所虚拟化的问题也未得到足够的关注。④

有鉴于此,在未来的《商法通则》中,对于数字经济所带来的商主体资格

---

① 但应当注意的是,平台这种审查应该是形式意义上的审查,因为平台并无足够的权力、资源来确保商事主体提供信息的真实性,如果要求其承担实质审查的义务,将极大地增加平台的责任,这与平台的地位是不匹配的。参见赵鹏:《超越平台责任:网络食品交易规制模式之反思》,载《华东政法大学学报》2017 年第 1 期。
② 申卫星:《论数据用益权》,载《中国社会科学》2020 年第 11 期。
③ 杨翱宇:《数据财产权益的私法规范路径》,载《法律科学》2020 年第 2 期。
④ 不过,实践中已有的地方开始认可并使用新型方式来对个体网店这类新型的商主体进行登记,将这些主体的线上经营场所作为个体工商户的经营场所,但是其规范层级并不高。参见徐晶卉:《上海颁发首批个人网店营业执照,电子商务经营者登记正式启动——个人网店告别"无证"时代》,载《文汇报》2019 年 1 月 20 日,第 003 版。

判断标准的冲击应当予以积极的回应。具体来说,未来《商法通则》应当在其商主体部分关于商主体设立的内容中,将主体独立财产的要求明确为实体财产及数据、网址、流量及数字货币等虚拟性的资产。同时在商主体的设立条件上,应当转变传统关于商主体住所的观念,将互联网这类"虚拟住所"纳入考虑,比如将来的制度设计可以允许部分商主体以互联网 IP 地址及其所在的住所作为商主体的住所。除此之外,传统意义上的商事组织往往以股东会或会员大会等实体性的决议机构作为组织体的意思表示机构,而忽视了区块链组织下的网络节点所形成的决议机构,在区块链技术大量运用的趋势下,立法也应当对此予以积极回应。具体到法律制度的设计中,在《商法通则》对区块链组织这类虚拟实体进行规定时,应当明确其权力机构为组织中的互联网节点所组成的决议机构,从而使得该类机构形成的决议具备法律上的效力并受到法律规则的调整。

三、商主体变动与消灭规则

数字经济时代下,除了商主体的具体类型和设立规则需要制度予以回应外,其也对商事主体的变动与消灭规则带来了新的挑战。由于传统的商主体通常较为稳定,因而在变动与消灭上基本要求其向登记主管机关提出申请,如《民法典》第 64 条、《公司法》第 34 条、《公司法》第 36 条等。但是在新型商主体如个体网络交易经营者角度看来,这种趋于稳定且严格的变更规则运用于他们身上则不太合适,因为互联网技术的使用使得这些主体能更为快捷地变更自身的信息,相对于传统的变更方式成本更低且更为高效。而且在数字经济时代,信息的生成与变动的频率极快,加上庞大的电子商务经营者群体,完全按照传统的模式要求这些主体向登记主管机关进行登记似乎并无必要,还会给登记主管机关及商主体带来极大的时间和金钱成本,得不偿失。不仅如此,在数字经济时代,存在于网络空间中的各种信息盘根错节,通过传统的登记方式难以完全实现登记的功效,而且相对于传统的登记事项,网络经营者们可以变更的信息更为频繁且变更事项也为虚拟性的内容,如商主体的网络名称、网络商店等,这些内容通过平台的经营者可以轻易地实现,甚至可以自动实现,若强行要求他们遵循传统的规则进行登记,将极大地限制网络交易的效率。

有鉴于此,未来的商主体变动应当采取双层制模式,即向登记主管机关申请变更、终止登记与向商主体经营所在平台申请登记两种。就前者而言,应当在《商法通则》中明确符合条件的商主体的变更、终止登记应依法向国家登记主管机关进行登记,登记地点为商人住所地。这种登记模式应当视不同的商主体采取不同的对待,对于传统的组织类商主体如公司企业、合伙企业、合作社及企业集团等应当严格遵循该种变更登记形式,至于商个人,则应当作为原则性和倡导性的模式,允许其向所在经营平台或场所申请变更、终止登记。当然,在数字经济时代,一个商主体可能会在多个平台进行营业活动,如果其信息的变动需要在所有的平台都进行同样操作,无疑会增加他们运作的成本,采取这种模式的必要性不大。有学者提出,可以借助区块链技术来实现不同平台商主体之间的信息共享,从而降低信息不对称的问题及注册登记的成本[1],该种模式值得借鉴。但我们认为更为便捷的方式应当是可以在《商法通则》中明确设立登记、变更及消灭的标准,并要求平台基于这种标准建立起商主体信息变动的互认互享规则,由此可以降低平台与商主体的变动成本,并提高商事活动的效率。

至于具体的立法表述,可以在《商法通则》中规定:"经营组织的设立、变更及终止,应当依法向登记主管机关申请办理变更登记。个体经营者的设立、变更及终止,可以依法向登记主管机关申请办理变更登记。符合条件的个体经营者也可选择向所在经营平台申请变更登记,经营平台应当建立起个体经营者信息的互联互通互认机制。经营组织因法定事由需要暂停或者终止营业的,应当依法向登记主管机关办理停业或歇业登记。个体经营者出现前述情形的,可以向登记主管机关申请登记,也可以向所在经营平台申请登记。"囿于平台难以起到实质的监管作用,因而还应在《商法通则》中进一步明确:"登记义务人对申请资料的真实性负责。"

第四节 商组织的一般共通规则构建

承前所述,在构建"商个人+商组织"的第一层次分类之后,需要进一步明确的是商个人和商组织各自的共通规则。其中,由于商个人的主体类型较为单一,而商组织则是由企业集团、平台企业和基于区块链技术的"分布式自治组织"等各类企业组织和超企业组织组成,因而需要对各类商组织的共通性规则进行构建。从前文各章对各类商组织等实践应用阐释和理论基础分析可知,要构建符合"市场理性构造"标准的商组织一般共通性规则,需要分别从商组织的信用基础规则、内部治理规则和责任承担规则这三个方面进行。

---

[1] 安晋城:《论交易成本视角下小商人的信息公示》,载《湖北社会科学》2021年第12期。

一、商组织信任基础的规则构建

在现有的商主体制度体系中,不论是商法人还是商合伙,其参与市场交易活动的信任基础都离不开商法人或商合伙在建立之初或运行过程中所形成的资本或资产信用。而在商组织参与的市场交易活动中,如果继续维持以资本或资产信用为基础而构建的信任基础,则将会与各类商组织在实际运营过程中的信用情况形成明显的偏离。因此,在对商组织的一般共通规则进行构建时,需要先对商组织的信用基础规则进行重构。规则重构的具体方向是,将商组织的信任基础规则由对资本或资产的信用转向对关系的信用。值得注意的是,此处的"关系"不单单指商组织内部的法律关系,更是要回应商组织内部构造的网络化和虚拟化特征,因而此种"关系"具体指向的是商组织内部的契约关系或区块链上的共识机制。后者在严格意义上说也属于商组织内部的契约关系,只不过这种契约关系不同于通常意义上的交易法律关系,而是一种组织内部成员达成的具备共同契约目标的协议类型,此种协议类型即是所谓的共识机制。相应地,与现行商法人和商合伙规范体系下要求商法人或商合伙对其资产或资本状况进行公开的原理相类似,商组织依靠稳定的内部关系所构建的信任基础也需要进行公开。换言之,参与市场交易活动的商组织的内部关系必须透明化,以便于与商组织达成特定法律关系的市场相对方对这一商组织的内部关系有基本的认识,对其是否具备稳定性和是否值得信任作出判断。

据此,商组织信任基础由现在的资本或资产信用向关系信用的转变,体现在具体规则构建上就是要使商组织内部的关系状况变得真实可查。具体而言,可以在注册登记时要求商组织对其内部的关系构成进行全面披露和登记记载,以便于其他市场交易主体随时可查。商组织的内部关系犹如其参与市场交易活动的一张名片,必须保证其真实性、时效性和可靠性,便于其他市场主体能够真实准确地判断这一组织是否具备达成特定商事交易活动的能力,以实现在达成特定交易关系之前最大程度控制交易法律风险。

再进一步,对于不同类型的商组织而言,在进行商事登记时具体披露和记载的内容也应有所区别。例如,对企业集团而言,在进行商组织主体登记时,需要对企业集团内部的各种控制关系进行主动且充分的披露,明晰企业集团内部通过合同或股份所有权等方式形成的控制关系或关联关系,以便于交易相对方对企业集团内部可能存在的交易法律风险进行判断。再如,对于平台企业而言,在进行商组织主体登记时,需要对平台企业内部的诸多法律关系进行充分揭示,而此类法律关系包括但不限于平台企业与其关联企业之间的法律关系、平台企业与平台企业用户间的法律关系和平台企业与劳动者之间的法律关系。此外,由于平台企业的轻资产或轻资本倾向更为明显,故而需要对平台企业的关系信任基础进行更加严格的审查与公示,以确保交易相对方在平台企业具有轻资产特征的情况下仍然能够判断与该平台企业达成特定法律关系可能存在的风险。又如,对于基于区块链技术的"分布式自治组织"而言,在进行商组织主体登记时,需要对该分布式自治组织的共识机制进行充分的揭示。而分布式自治组织内部共识机制的特殊性在于,此种基于区块链技术形成的新型商组织类型基于技术的复杂性将会与潜在的交易相对方之间形成天然的认识壁垒。因此,在对基于区块链技术形成的分布式自治组织的共识机制进行公示时,还需要对该分布式自治组织施加对共识机制进行解释和说明的法定义务,以便于交易相对方对该分布式自治组织的共识机制进行充分的了解。

二、商组织内部治理的规则构建

当前商组织内部治理存在的突出问题是,在现行制度框架下,商法人和商合伙的内部治理规则主要依赖于单一的科层式的内部治理规则,而无法满足诸如企业集团、平台型企业和基于区块链技术的"分布式自治组织"在治理上的需求。在单一的科层式的内部治理规则体系下,解决商法人和商合伙权益归属者与代理人之间的代理成本的主要方式就是法律的强制性规定。但随着企业集团、平台型企业和基于区块链技术的"分布式自治组织"的快速发展,这些新类型的商组织在其治理实践中早已不再单纯依赖于法定的科层式的内部治理形态,转而发展出更加多元化的内部治理范式。例如,对于企业集团而言,具有关联关系的不同企业之间的内部治理主要遵循依赖合同关系或者持股关系等手段建立起的内部治理秩序,不同关联企业之间的内部关系也不局限于单一的科层式关系,而是更加接近网状的交互式关系。因此,在看待不同关联企业之间的关系和理解企业集团内部的治理秩序时,现有的法定治理秩序已经不再能够满足企业集团的现实状况。再如,对于平台型企业而言,其内部治理的复杂性更多体现在企业治理边界的不确定性上。具体而言,平台型企业通过签订契约的方式,将原本存在于企业内部的治理结构外化为契约法律关系,从而使企业内部治理的范围呈现出逐渐限缩的趋势。而这种看似灵活的治理方式却存在诸多法律隐患,极易出现平台型企业通过合法签订契约的方式规避应当承担的法定义务的情形,可能损害处于平台型企业边缘位置的企业成员的合法权益。又如,对于基于区块链技术的"分布式自治组织"而言,其内部治理主要依赖于共识机制和智能合约。显而易见的是,基于区块链技术的分布式自治组织与现行制度框架下的单一的科层式的内部治理规则偏离最为严重,甚至是完全脱离了现行法中的商组织内部治理规范。

因此,商组织内部治理规则的构建需要由现有的单一科层式的内部治理规则转向多元的扁平化的内部治理规则。这一规范转变将在最大程度上适应当前包括企业集团、平台型企业和基于区块链的"分布式自治组织"的治理需求。一方面,在商组织内部治理机构的设置上,不再要求所有类型的商组织都必须设置法定的单一模式的治理机构,如股东会、董事会和监事会等,而是根据不同类型的商组织治理实践的需要,灵活设置内部治理结构。对于企业集团和基于区块链的"分布式自治组织"而言,原本由股东会、董事会和监事会等法定治理机构承担的法定职责可以分配给企业集团或基于区块链的"分布式自治组织"的所有成员。例如,由企业集团内部的公司及其内部承担监督职能的法定治理机构对企业集团内部治理进行有效监督,如果企业集团的特定法律行为可能会对其自身或其他相关主体的利益造成损害时,应当行使其监督职能。对于基于区块链技术的"分布式自治组织"而言,处于链上的每一个成员都可以扮演监督者的角色。当然,由于企业集团和基于区块链技术的"分布式自治组织"具有治理扁平化的特征,因而其成员可能存在参与商组织治理动力不足的问题,因此,对于此种类型的商组织治理需要更多依靠于诸如商主体登记等外部治理手段。

另一方面,在商组织内部治理中的权利义务分配上,不再单纯依靠于法定的权利义务责任分配,而是更多依靠于基于契约关系的法律权利义务责任分配方式。这是因为,包括企业集团、平台型企业和基于区块链的分布式自治组织在内的新类型商组织主要依靠签订契约达成内部治理团体的效果,尽管其中不同类型的商组织达成契约所带来的客观效果不同,但这也印证了商组织内部治理中权利义务分配的多样性需求。例如,对于企业集团而言,内部契约关系的达成将会使得原有的单一的企业代理成本大大增加,在企业集团内部享有控制权的企业将有可能实施机会主义行为,从而损害企业集团中的其他成员企业。但是,对于区块链上的"分布式自治组织"而言,不同成员间具有平等的契约关系,相比于商法人或商合伙中科层式治理模式所带来的高额代理成本,区块链上的分布式自治组织中不同成员间的委托代理成本也随着契约的透明化而被大大降低,因此对法定的权利义务分配方式的依赖性也将不复存在。此外,对于平台型企业而言,尽管仍然具备法人组织的基本特征,也需要股东会、董事会和监事会继续发挥其职能作用,但由于企业边界的模糊化同样会引发平台型企业的机会主义行为,因而需要对包括股东会成员、董事会成员和监事会成员在内的公司治理核心成员赋予更加严格和广泛的法定义务,以实现对上述弱势成员权益的充分保护。

三、商组织责任承担的规则构建

对商组织而言,除了在信用基础和内部治理方面存在共通性规则外,在商组织的责任承担规则方面也存在诸多共性。一是责任主体规则的重构。对于企业集团而言,由于企业集团内部不同企业法人之间存在纷繁复杂的关联关系,使得企业集团内部特定企业成员在对外承担民商事法律责任时,可能存在责任主体不明的问题。这是因为,如果单纯从形式上的民商事法律关系来看,承担法律责任的商组织可能通常并不是该侵权或违约民商事法律行为的行为主体,而仅仅是该行为的实施者,甚至实施这一民事法律行为所带来的获利也并不归属于名义上的商组织。因此,在处理与企业集团内部企业法人相关的民商事责任分配问题时,需要同时考虑企业集团内部其他法人对该企业法人所产生的重大影响,尤其是企业集团内部其他法人通过控制手段对该企业法人施加影响并实施违约或侵权行为的情况下,其背后的关联企业同样也需要承担民商事责任。对于平台型企业而言,由于平台型企业的轻资产性质而导致原本属于企业内部组织关系的法律关系异化为平台型企业外部的法律关系,诸如网约车平台与网约车司机之间通过订立用户协议而规避了传统雇主和雇员之间存在劳动法律关系的情况下雇主需要承担的替代责任。因此,在与平台型企业相关的法律纠纷发生时,其他民商事法律关系参与者通常难以对平台型企业进行追责。继而,平台型企业应当在此类民商事法律纠纷中承担何种程度的法律责任也存在较大争议。我们认为,针对这一问题应当结合民商事法律纠纷中涉及的具体事项加以判断,如果该事项属于平台型企业应当获知的事项,则平台型企业需要承担一定比例的民商事法律责任。其背后的法理在于,平台型企业与平台型企业内部具有营利目的的用户主体之间不单单形成了平等民商事主体之间的服务法律关系,还形成了平台型企业与平台型企业内部具有营利目的的用户主体之间的准监管关系。基于此,平台型企业对平台型企业内部具有营利目的的用户行为应当负有法定的监督职责,如果平台型企业没有尽到该项职责,则应当向受害者承担特定的法律责任。

二是责任财产范围的重构。对于企业集团而言,由于企业集团内部实际上享有控制权力的企业法人通过人员混同、财产混同等人格混同的方式对企业集团内部其他受控制的企业法人施加影响。因此,在出现受控企业法人的责任财产不足以承担特定赔偿责任的情况下,应当构建将企业集团内部享有控制权力的企业法人财产纳入责任财产范围的法律规则，以此保护受控企业法人交易相对方的合法权益。对于平台型企业而言，轻资产的核心特征也使得平台型企业在对外承担民商事法律责任时可能会出现平台型企业形式资产不足以清偿债权人债权的情况。在遇到此种情形时，如果平台型企业的财产范围存有争议，则应当尽量以保护债权人债权利益为出发点，扩张解释平台型企业的责任财产范围。

第五节　类化商主体的特殊规则设计

一、商个人的特殊主体规则

在"商个人+商组织"的第一层次分类体系之下，商个人对应的是实践中的各类"个体经营者"，既包括存在已久的"流动摊贩"，也包括由大众创业、数字经济、共享经济等理念催生出的社交电商、私车运营等。要适应商个人的实践需求，需要构建以下四类特殊规则：

首先，在《商法通则》中引入"个体经营者"概念，并用"营业"概念对自然人参与营利活动进行一般性的赋权。在我国当前的法律规范中，个体社交电商尚无法完全被纳入现有的商个人制度当中，因为此类主体既不完全属于个体工商户，也不完全属于农村承包经营户和个人独资企业，所以当前处于无法可依的状态。考虑到节约立法成本和回应数字经济时代的立法需求，我们建议在未来的《商法通则》制定中，引入"个体经营者"这一概念来取代现有的"个体工商户"的概念，如此便能够将当前数字经济时代下产生的个体社交电商、网约运营私车车主等纳入其概念涵摄范围内。与此同时，个体经营者这一概念还能够在最大程度上囊括未来可能在数字经济时代中逐渐产生的更多新类型商个人，以此保持商主体制度的开放性和包容度。此外，应当利用"营业"概念对自然人参与营利活动进行一般性的赋权。如果说个体经营者概念仅仅是从法律概念的角度对新类型的商个人进行立法技术上的概括，那么营业概念则是从实质判断的角度对商个人和一般民事主体直接进行区分。换言之，赋予自然人参与营业活动的自由选择权，并在未来《民法典》总则部分的修改中明确赋予自然人从事经营活动的民事权利。如此，个体经营者与营业这两个概念的引入将不仅体现对自然人营业自由的尊重，也能够有效回应数字经济时代下众创化业态的实践需求。

其次，明确商个人从事营业活动无须具备财产条件。在传统商主体制度中，不论是商个人、商法人还是商合伙，其据以开展营利活动的信用基础就是财产条件,如果商主体不具备一定的财产能力,则表明其不具备承担可能发生的交易损害赔偿责任。因此,财产条件成为自然人主体参与营业活动所必须具备的条件。然而,在社交电商盛行的时代,以财产标准作为验证商主体资格的条件受到现实的严重冲击。以云集微店和贝店模式为例,经营云集微店和贝店模式的店主相较于传统意义上的店主而言,除了在经营场所上具备虚拟性这一特征之外,还具有轻资产性这一特征。具体而言,这两种营业模式下,店主的经营场所内并不具有相应的实物商品,而是由经营者主动利用互联网移动通信工具或者其他网络社区宣传、转发商品链接,进而完成商品的推销过程,而商品的准备、发货以及售后服务等环节均由贝店完成。换言之,在这种商事活动过程中,贝店和云集微店的店主并未实际拥有一定的财产条件,而仅仅是通过其所掌握的社交媒体资源完成营业活动。因此,在未来《商法通则》的制定中,应当明确商个人从事营业活动无须具备特定的财产条件。

再次,在商个人的主体资格判断中,取消持续性地从事以营利为目的的商行为这一判断标准。在传统商主体制度体系中,商个人区别于一般民事主体的一个重要特征在于,商个人会持续性地从事以营利为目的的商行为。其中,"持续性"的特征是区分商个人和一般民事主体的重要依据。换言之,要想成为商主体,营业行为应当具有持续性而非偶然性。但是,在社交电商时代,要求商主体必须持续性地从事以营利为目的的商行为,则不再能够适应当前数字经济时代背景下部分社交电商等新型商个人形态偶尔从事商行为的具体情形。因此,对于商个人的主体资格判断,不宜再继续要求必须持续性地从事以营利为目的的商行为。

最后,对于商个人的主体登记制度应当由确认性质转变为赋权性质。承前所述,在既有商主体理论框架和制度体系中,商主体资格判断标准采用的是营利性目的和营业登记外观主义,而此种要想取得商主体资格就必须进行营业登记的形式要求已经极大地抑制了数字经济背景下商个人参与市场交易活动的积极性。这是因为,在数字经济时代,私法主体"由民化商"的途径和频率大大增加,面对井喷式的商个人从业人数的增长速度,传统的商事登记模式已经无力将所有商个人都纳入商事登记的范围。正因如此,以微商为代表的新类型商个人是否具备法律意义上的参与市场交易活动的主体资格已经成为当前亟待解决的新课题。在这一背景下,商个人主体登记制度的目标不再是严格市场准入,而是回应市场实践需求。因此,对于商个人的主体登记制度,应当由确认性质转变为赋权性质。具体而言,在登记方式上不再采取单一的强制登记措施,而应采取强制登记、任意登记和豁免登记制度相结合的方式。同时在《商法通则》中进一步明确分别是由强制登记、任意登记和豁免登记制度确立的商个人类型,还需明确这三类商个人登记制度的程序性规范。当前,《电子商务法》的立法实践已经为商个人主体登记制度的性质转变作出了铺垫,值得未来的《商法通则》立法借鉴。

二、商法人的特殊主体规则

在现有商法主体理论体系中,尤其是商法人制度,其内部组织结构或称治理结构法定是商法人设立并成立的应有之义。与此同时,尽管商法人的内部组织结构也存在一定的自治空间,例如允许商法人通过制定公司章程、形成股东会决议或者签订股东协议的方式对公司内部治理事项进行约定。但总体而言,这些自治性规范仍然是在法定治理框架下存在,因而无法脱离当前法定的治理结构及其模式,具体包括公司董事会和监事会需要向股东会负责,股东会选举董事会和监事会成员并对其成员进行监督。因此,在公司法定治理结构中,尽管有一定程度的自治空间,但总体保持董事会和监事会及其他法定治理机关需要向公司股东会负责的科层式治理模式。

然而,为了提升市场交易的效率,企业的平台化发展使得原本为公司内部治理所包含的行为逐渐外部化,借助契约的手段使其成为企业组织体之外的法律关系。相应地,与平台型企业运营相关的主体之间的关系也逐渐呈现出扁平化发展的趋势。这一发展趋势随之产生的重要影响是,与平台型企业之间形成法律关系的相对方逐渐无法明确其交易相对方到底是平台型企业还是依附于平台型企业的其他主体。因此,科层式治理模式并非商法人唯一的治理模式,而仅仅是在前数字经济时代被广泛运用的治理模式,为了迎合数字经济时代的发展要求,商法人可以根据实际的需求设计符合其自身发展需要的治理模式,平台型企业扁平化的治理模式便是典型。与科层式治理模式相比,平台型企业可以被认为是一种协作式的商法人,其内部治理模式尽管呈现出一种较为松散的复杂法律关系形态,但仍应当被看作平台型企业的一部分。因此,未来可以在商法人项下增加协作型商组织这一具体的商法人类型。只有这样,依托于平台型企业形成的市场交易法律关系才能够保持相对的稳定,同时保护市场交易法律关系中的相对弱势群体,如消费者等。

此外,商法人制度还应当建立起保护契约关系的法律保障机制。如前所述,企业平台化发展改变了商主体的信用基础。在传统企业当中,资本信用或资产信用始终是企业参与市场经营活动的基础保障,例如在有限责任公司或股份有限公司中,以股东的法定出资义务为核心的公司资本制度始终是公司法律制度框架中的重要组成部分。而与此形成鲜明对照的是,平台型企业则呈现出"轻资产"且"重关系"的法律特征。因而,资产或资本在平台型企业的运行中,已经不再是关键生产要素。平台型企业在参与市场交易活动的过程中,具备的核心竞争力是在互联网信息技术高度发达的今天通过建立市场主体之间的信息获取渠道和传播渠道,进而为其参与和扩大市场交易范围而赢得其他市场主体的信任。更为重要的是,当市场交易信息能够通过平台型企业这一便利的途径得以获取时,平台型企业与市场交易主体之间通过充分的信息交流而建立起的相对稳定的法律关系就成为平台型企业最有价值的资本积累。此种资本积累实际上已经脱离了传统意义上的资本信用或资产信用的概念。换言之,维持平台型企业资本或资产的稳定性,已经无法为平台型企业提供充分的信用价值,反而是相对稳定的法律关系能够为平台型企业赢得更多的交易主体信赖。从这个意义上讲,商法人制度应当建立起保护契约关系的法律保障机制,利用法律的手段充分保护平台型企业在参与市场实践的过程中形成的法律关系信任。

三、非法人组织的特殊主体规则

在现有的非法人组织的类型基础上,应当进一步在商组织形态中明确引入公司集团。尽管我国实践中有大量的公司集团存在,然而迄今为止既没有德国那种针对公司集团的单独制度设计,也没有专门针对公司集团治理的专门章节。甚至,现行《民法典》和《公司法》都没有使用集团这一概念,因而使得我国实践中公司集团的法律地位不甚明确。现行法律体系下缺少针对公司集团结构产生的问题的具体且有效的调整措施,即便个别规则对公司集团问题偶有涉及但也只是一种附带性的调整。同时,系统性的缺失和个别调整规则的分散性也相当显著。然而,公司集团这一商组织形态的相对独立性及其整体利益的客观存在已是不争的事实,公司集团治理的特殊制度需求也亟需立法加以回应。公司集团治理的核心在于统一公司集团内部的管理权。在传统公司法框架下,每个公司都是一个具备独立法人资格的商主体,但是,在公司集团内部,不同的公司仅仅具备名义上的独立法人资格而不具备实际上的独立意志和财产。因此,在处理涉及公司集团的法律纠纷时,明晰公司集团内部的统一控制权归属于何方主体就显得尤为关键。其原因在于,只有在明确公司集团内部的统一控制权归属主体之后,才能够确定涉及公司集团法律纠纷的责任主体可以扩张到何种地步。与此同时,还要明确从属公司董事、监事和高级管理人员的法定职责,重塑他们在公司治理中的法定义务。

另外,也应当在商组织法定形态中增设"虚拟组织"作为非法人组织类型,同时设置相应的法律规则。在数字经济背景下,非法人组织规范的重塑需要充分考虑当前新型商业样态中"去实体化"与"去中心化"的新特征,这些新型商业样态具有网络依赖性、内部关系与外部关系界限模糊、成员结构不稳定和无明显治理层级等特征。基于区块链技术形成的"分布式自治组织"便是典型适例。但是,区块链系统没有办法被传统的组织体制度所涵盖,因此应当在未来《商法通则》的制定中增设虚拟组织这一商组织类型。在此基础上,还需要进一步对虚拟组织设置相应的调整规范。不过,在数字经济仍在飞速发展的背景下,以基于区块链技术形成的"分布式自治组织"为例,其与传统的商组织类型存在较大差异,因此在规范设计上应当着重考虑以下两点:一是尽量为这些虚拟组织提供广阔的发展空间,二是在现有规范的基础上保证虚拟组织不会成为其开发者监管套利的工具。为实现这些目标,在制度规范上可以从以下几个方面着手:

首先,将虚拟组织的内部关系定性为有限合伙。基于平台提供者的核心作用,应当将平台提供者作为普通合伙人来对待,而其他节点一般可能同时发挥着验证和具体应用等多种功能,其所有人或控制人对于整个系统的外部责任的承担范围以其在系统中所投入的或持有的财产为限。

其次,应当要求区块链平台提供者是适格的法人组织。这是因为从区块链系统的安全性、稳定性和连续性的角度考虑,必须对平台的提供者的资质作出相应的要求,使之成为受监管的法人,如此才能保证区块链平台提供者能够具备保障区块链平台安全稳定性等资质。

再次,在监管配置上,应当以区块链平台提供商作为所有相关监管和法律规则所指向的对象,从而应对区块链组织"去实体化"和"去中心化"特征带来的监管挑战。

最后,在虚拟组织运行早期,应当要求虚拟组织功能具有专门性。其原因在于,从新兴事物发展的经验来看,其用途越多,涉及的领域越多,监管和法律适用就愈发困难,如果要求每一个区块链系统的节点及其所提供的服务是同质的,这将有助于在不需要大幅调整既有的监管制度的前提下实现有效监管。

参 考 文 献

一、中文类参考文献

(一) 著作类

1. 〔德〕黑格尔:《哲学史讲演录(第2卷)》,王太庆译,商务印书馆1960年版。
2. 〔英〕霍布斯:《利维坦》,黎思复、黎廷弼译,商务印书馆1985年版。
3. 〔德〕弗里德里希·包尔生:《伦理学体系》,何怀宏、廖申白译,中国社会科学出版社1988年版。
4. 〔美〕道格拉斯·C.诺斯:《经济史中的结构和变革》,厉以平译,商务印书馆1992年版。
5. 〔德〕石里克:《伦理学问题》,张国珍、赵又春译,商务印书馆1997年版。
6. 〔美〕玛克丽特·M.布莱尔:《所有权与控制:面向21世纪的公司治理探索》,张荣刚译,中国社会科学出版社1999年版。
7. 〔法〕伊夫·居荣:《法国商法》(第1卷),罗结珍、赵海峰译,法律出版社2004年版。
8. 〔德〕C.W.卡纳里斯:《德国商法》,杨继译,法律出版社2006年版。
9. 〔美〕伊斯雷尔·柯兹纳:《市场过程的含义》,冯兴元等译,中国社会科学出版社2012年版。
10. 〔美〕斯蒂芬·M.贝恩布里奇:《理论与实践中的新公司治理模式》,赵渊译,法律出版社2012年版。
11. 〔美〕奥利弗·E.威廉姆森:《治理机制》,石烁译,机械工业出版社2016年版。
12. 郑玉波:《民法总则》,中国政法大学出版社2003年版。
13. 范健、王建文:《商法基础理论专题研究》,高等教育出版社2005年版。
14. 范健、王建文:《商法的价值、源流及本体》,中国人民大学出版社2007年版。
15. 王璟:《商法特性论》,知识产权出版社2007年版。
16. 于新循:《现代商人法纵论——基本理论体系的探寻与构建》,人民法院出版社2007年版。
17. 肖海军:《营业权论》,法律出版社2007年版。
18. 童列春:《商法基础理论建构:以商人身份化、行为制度化、财产功能化为基点》,法律出版社2008年版。
19. 欧洲民法典研究组、欧洲现行私法研究组:《欧洲示范民法典草案:欧洲私法的原则、定义和示范规则》,高圣平译,中国人民大学出版社 2012 年版。

20. 赵万一主编:《商法》(第 4 版),中国人民大学出版社 2013 年版。

21. 徐强胜:《商法导论》,法律出版社 2013 年版。

22. 孔剑平主编:《社群经济:移动互联网时代未来商业驱动力》,机械工业出版社 2015 年版。

23. 唐文剑、吕雯等编:《区块链将如何重新定义世界:区块链可以用来做什么?》,机械工业出版社 2016 年版。

24. 王作全:《商法学》(第 4 版),北京大学出版社 2017 年版。

25. 全国人大财经委电子商务法起草工作小组编:《中华人民共和国电子商务法解读》,中国法制出版社 2018 年版。

26. 覃有土主编:《商法学》(第七版),中国政法大学出版社 2019 年版。

(二) 论文类

1. 江平:《中国民法典制订的宏观思考》,载《法学》2002 年第 2 期。

2. 范健、王建文:《商主体论纲》,载《南京大学法律评论》2003 年第 1 期。

3. 赵万一:《论民法的伦理性价值》,载《法商研究》2003 年第 6 期。

4. 赵万一:《论民商法价值取向的异同及其对我国民商立法的影响》,载《法学论坛》2003 年第 6 期。

5. 王保树:《商事通则:超越民商合一与民商分立》,载《法学研究》2005 年第 1 期。

6. 肖海军:《论营业权入宪——比较宪法视野下的营业权》,载《法律科学》2005 年第 2 期。

7. 苗延波:《论中国商法的立法模式(下)——兼论〈商法通则〉的立法问题》,载《法学评论》2008 年第 2 期。

8. 樊涛:《商事通则:中国商事立法的应然选择(附:〈中华人民共和国商法通则〉建议稿)》,载《河南大学学报(社会科学版)》2008 年第 3 期。

9. 徐强胜:《商主体的类型化思考》,载《当代法学》2008 年第 4 期。

10. 朱慈蕴:《营业规制在商法中的地位》,载《清华法学》2008 年第 4 期。

11. 赵万一、王兰:《私法视域下商事登记的重新解读》,载《河北法学》2009 年第 6 期。

12. 徐强胜:《企业形态法定主义研究》,载《法制与社会发展》2010 年第 1 期。

13. Tarun Khanna、Yishay Yafeh、陈文婷:《新兴市场的企业集团:是典范还是寄生虫?(上)》,载《管理世界》2010 年第 5 期。

14. 黄文艺:《作为一种法律干预模式的家长主义》,载《法学研究》2010 年第 5 期。

15. 徐元国、章新:《企业集团内部信息治理的成本及收益分析》,载《经济学家》2010 年第 9 期。

16. 杜景林:《〈德国商法典〉中的商人》,载《德国研究》2011 年第 1 期。

17. 肖海军:《论商主体的营业能力——以投资主体与营业主体的二重结构为视

角》,载《法学评论》2011 年第 5 期。

18. 石少侠、李镇:《论个体工商户商事登记义务之豁免》,载《经济纵横》2012 年第 1 期。

19. 李建伟:《个人独资企业法律制度的完善与商个人体系的重构》,载《政法论坛》2012 年第 5 期。

20. 沈贵明:《基本商事主体规范与公司立法》,载《法学》2012 年第 12 期。

21. 赵磊:《反思"商事通则"立法——从商法形式理性出发》,载《法律科学》2013 年第 4 期。

22. 刘凯湘、赵心泽:《论商主体资格之取得要件及其表现形式》,载《广东社会科学》2014 年第 2 期。

23. 张力:《民法转型的法源缺陷:形式化、制定法优位及其校正》,载《法学研究》2014 年第 2 期。

24. 卢谌:《〈德国商法典〉:解构抑或重构》,载《德国研究》2014 年第 2 期。

25. 王建文:《我国商法引入经营者概念的理论构造》,载《法学家》2014 年第 3 期。

26. 钱宇丹、徐卫东:《论我国中小企业的营业权制度》,载《当代法学》2014 年第 4 期。

27. 窦欢、张会丽、陆正飞:《企业集团、大股东监督与过度投资》,载《管理世界》2014 年第 7 期。

28. 宁光杰、林子亮:《信息技术应用、企业组织变革与劳动力技能需求变化》,载《经济研究》2014 年第 8 期。

29. 李海舰、田跃新、李文杰:《互联网思维与传统企业再造》,载《中国工业经济》2014 年第 10 期。

30. 王利明:《民商合一体例下我国民法典总则的制定》,载《法商研究》2015 年第 4 期。

31. 蒋大兴:《论民法典(民法总则)对商行为之调整——透视法观念、法技术与商行为之特殊性》,载《比较法研究》2015 年第 4 期。

32. 李建伟:《制定商法通则的缘起及其立法价值的再认识》,载《社会科学战线》2015 年第 12 期。

33. 汪青松:《主体制度民商合一的中国路径》,载《法学研究》2016 年第 2 期。

34. 赵旭东:《民法典的编纂与商事立法》,载《中国法学》2016 年第 4 期。

35. 肖海军:《民法典编纂中商事主体立法定位的路径选择》,载《中国法学》2016 年第 4 期。

36. 王文宇:《揭开法人的神秘面纱——兼论民事主体的法典化》,载《清华法学》2016 年第 5 期。

37. 樊云慧:《论我国社会企业法律形态的改革》,载《法学评论》2016 年第 5 期。

38. 王天玉:《基于互联网平台提供劳务的劳动关系认定——以"e 代驾"在京、沪、穗三地法院的判决为切入点》,载《法学》2016 年第 6 期。

39. 董彪、李仁玉：《"互联网+"时代微商规制的逻辑基点与制度设计》，载《法学杂志》2016 年第 6 期。

40. 曹兴权：《民法典如何对待个体工商户》，载《环球法律评论》2016 年第 6 期。

41. 范健：《民法体例中商法规则的编内与编外安排》，载《环球法律评论》2016 年第 6 期。

42. 汪旭晖、张其林：《平台型电商企业的温室管理模式研究——基于阿里巴巴集团旗下平台型网络市场的案例》，载《中国工业经济》2016 年第 11 期。

43. 许中缘、颜克云：《商法的独特性与民法典总则编纂》，载《中国社会科学》2016 年第 12 期。

44. 俞华：《我国微商新业态发展现状、趋势与对策》，载《中国流通经济》2016 年第 12 期。

45. 赵鹏：《超越平台责任：网络食品交易规制模式之反思》，载《华东政法大学学报》2017 年第 1 期。

46. 范健：《民法典编纂背景下商事立法体系与商法通则立法研究》，载《中国法律评论》2017 年第 1 期。

47. 石少侠：《编纂民法典应当正确处理民商法关系》，载《中国检察官》2017 年第 1 期。

48. 施鸿鹏：《民法与商法二元格局的演变与形成》，载《法学研究》2017 年第 2 期。

49. 范健、丁凤玲：《中国商人制度与民事主体立法——写在〈民法总则〉创立时的思考》，载《南京大学学报（哲学·人文科学·社会科学）》2017 年第 3 期。

50. 江平：《〈民法总则〉评议》，载《浙江工商大学学报》2017 年第 3 期。

51. 傅穹：《商法营利性思维与民事主体制度》，载《南京大学学报（哲学·人文科学·社会科学）》2017 年第 3 期。

52. 纳鹏杰、雨田木子、纳超洪：《企业集团风险传染效应研究——来自集团控股上市公司的经验证据》，载《会计研究》2017 年第 3 期。

53. 赵旭东：《电子商务主体注册登记之辩》，载《清华法学》2017 年第 4 期。

54. 蒋大兴：《〈民法总则〉的商法意义——以法人类型区分及规范构造为中心》，载《比较法研究》2017 年第 4 期。

55. 葛伟军：《民法典编纂视野下民事主体与商事主体的衔接》，载《上海财经大学学报》2017 年第 4 期。

56. 陈彦晶：《商事司法对商主体法定原则的突破》，载《法学论坛》2017 年第 6 期。

57. 黄辉：《国企改革背景下母子公司债务责任问题的规制逻辑和进路》，载《中外法学》2017 年第 6 期。

58. 董晓洁、陈欣、纳超洪：《企业集团、纵向关联与社会责任披露的关系研究》，载《管理学报》2017 年第 10 期。

59. ［日］尾崎安央、张杨：《日本商法典的"解构"与日本民法的"商法化"现象》，载《中国政法大学学报》2018 年第 1 期。

60. 施天涛:《商人概念的继受与商主体的二元结构》,载《政法论坛》2018年第3期。

61. 赵旭东等:《〈商法通则〉立法大家谈》,载《国家检察官学院学报》2018年第3期。

62. 赵磊:《论比特币的法律属性——从HashFast管理人诉Marc Lowe案谈起》,载《法学》2018年第4期。

63. 肖海军:《我国商事登记豁免制度的构建》,载《法学》2018年第4期。

64. 蒋大兴:《〈商法通则〉/〈商法典〉的可能空间?——再论商法与民法规范内容的差异性》,载《比较法研究》2018年第5期。

65. 韩鹏飞等:《企业集团运行机制研究:掏空、救助还是风险共担?》,载《管理世界》2018年第5期。

66. 鲁晓明:《从家户并立到家庭统摄——我国民事法上家户制度的问题与出路》,载《法商研究》2018年第5期。

67. 阳镇:《平台型企业社会责任:边界、治理与评价》,载《经济学家》2018年第5期。

68. 李广乾、陶涛:《电子商务平台生态化与平台治理政策》,载《管理世界》2018年第6期。

69. 彭冰:《重新定性"老鼠仓"——运动式证券监管反思》,载《清华法学》2018年第6期。

70. 李建伟:《民法典编纂背景下商个人制度结构的立法表达》,载《政法论坛》2018年第6期。

71. 刘湘蓉:《我国移动社交电商的商业模式——一个多案例的分析》,载《中国流通经济》2018年第8期。

72. 潘怡麟、朱凯、陈信元:《决策权配置与公司价值——基于企业集团的经验证据》,载《管理世界》2018年第12期。

73. 周林彬、关欣荣:《论营业行为的商法安排》,载《学术论坛》2019年第1期。

74. 范健:《商法的时代性与时代商法——创制一部反映时代需求的〈中国商法通则〉》,载《学术论坛》2019年第1期。

75. 蒋大兴:《〈商法通则〉/〈商法典〉总则的可能体系——为什么我们认为"七编制"是合适的》,载《学术论坛》2019年第1期。

76. 郭富青:《论现代商法的基点、形式与我国商法的体系化建构》,载《学术论坛》2019年第1期。

77. 杨立新:《电子商务法规定的电子商务交易法律关系主体及类型》,载《山东大学学报(哲学社会科学版)》2019年第2期。

78. 张鹏:《数字经济的本质及其发展逻辑》,载《经济学家》2019年第2期。

79. 张力:《法人功能性分类与结构性分类的兼容解释》,载《中国法学(文摘)》2019年第2期。

80. 许可:《互联网平台的责任结构与规制路径——以审查义务与经营者责任为基础》,载《北方法学》2019 年第 3 期。

81. 夏小雄:《私法商法化:体系重构及制度调整》,载《法商研究》2019 年第 4 期。

82. 刘向东、刘雨诗、陈成漳:《数字经济时代连锁零售商的空间扩张与竞争机制创新》,载《中国工业经济》2019 年第 5 期。

83. 汪青松:《区块链系统内部关系的性质界定与归责路径》,载《法学》2019 年第 5 期。

84. 杨翱宇:《数据财产权益的私法规范路径》,载《法律科学》2020 年第 2 期。

85. 周雷:《营业自由作为基本权利:规范变迁、宪法依据与保护范围》,载《中国法律评论》2020 年第 5 期。

86. 申卫星:《论数据用益权》,载《中国社会科学》2020 年第 11 期。

87. 高菲:《网络个体经营者商主体资格之辩》,载《政法学刊》2021 年第 1 期。

88. 肖海军:《商法基本范畴的逻辑建构与理论展开——以营业为切点的分析》,载《湖湘法学评论》2021 年第 1 期。

89. 赵万一:《后民法典时代商法独立性的理论证成及其在中国的实现》,载《法律科学》2021 年第 2 期。

90. 赵万一:《民商合一体制下商法独立的可能性及其实现路径》,载《法学杂志》2021 年第 7 期。

91. 安晋城:《论交易成本视角下小商人的信息公示》,载《湖北社会科学》2021 年第 12 期。

92. 马更新、王焕悟:《电子商务经营者登记豁免制度的反思与重构》,载《北京联合大学学报(人文社会科学版)》2022 年第 3 期。

93. 刘斌:《商事关系的中国语境与解释选择》,载《法商研究》2022 年第 4 期。

94. 包振山等:《数字经济时代零售商业模式创新:动因、方法与路径》,载《中国流通经济》2022 年第 7 期。

二、外文类参考文献

(一) 著作类

1. J. A. Rawls, *Theory of Justice*. Cambridge, Harvard University Press, 1971.

2. Oliver E. Williamson, *The Economic Institutions of Capitalism*, Free Press, 1985.

(二) 论文类

1. Angela Walch, "The Bitcoin Blockchain as Financial Market Infrastructure: A Consideration of Operational Risk", 18 *N. Y. U. Journal of Legislation & Public Policy*, 837 (2015).

2. Alexander Savelyev, "Contract Law 2.0:'Smart' Contracts as the Beginning of the End of Classic Contract Law", 2 *Information & Communications Technology Law*, 116-134

(2017).

3. Armen A. Alchian & Harold Demsetz, "Production, Information Costs, and Economic Organization", 62 *American Economic Review*, 777-795 (1972).

4. Bernard S. Black & Conrad S. Ciccotello, "Law and Tunneling", 37 *Journal of Corporation Law*, 1-49 (2011).

5. David Skarbek, "Governance and Prison Gangs", 105 *American Political Science Review*, 702-716 (2011).

6. David Yermack, "Corporate Governance and Blockchains", 21 *Review of Finance*, 7-31(2017).

7. Dániel Gergely Szabó & Karsten Engsig Sørensen, "Corporate Governance Codes and Groups of Companies: In Search of Best Practices for Group Governance", 15 *European Company and Financial Law Review*, 697-731(2018).

8. Clayton M. Christehsen & Richard S. Tedlow, "Patterns of Disruption in Retailing", 78 *Harvard Business Review*, 42-45(2000).

9. C. Cennamo, "Platform Competition: Strategic Trade-offs in Platform Markets", 8 *Strategic Management Journal*, 1331-1350(2013).

10. Harold Demsetz, "Toward a Theory of Property Rights", 57 *American Economic Review*, 347 (1967).

11. Henry Hansmann, Reinier H. Kraakman & Richard D. Squire, "Law and the Rise of the Firm", 119 *Harvard Law Review*, 1335-1403 (2006).

12. June Carbone & Nancy Levit, "The Death of the Firm", 101 *Minnesota Law Review*, 963-1030(2017).

13. Jukka Mähönen, "The Pervasive Issue of Liability in Corporate Groups", 13 *European Company Law*, 146-149(2016).

14. Kevin D. Werbach and Nicolas Cornell, "Contracts Ex Machina", 67 *Duke Law Journal*, 313(2017).

15. Mark Anderson & Max Huffman, "The Sharing Economy Meets the Sherman Act: Is Uber a Firm, a Cartel, or Something in Between?", 3 *Columbia Business Law Review*, 859-933(2017).

16. Michael C. Jensen & William H. Meckling, "Theory of the Firm: Managerial Behavior, Agency Costs, and Ownership Structure", 3 *Journal of Financial Economics*, 305-360(1976).

17. Oliver E. Williamson, "The Theory of the Firm as Governance Structure: From Choice to Contract", 16 *The Journal of Economic Perspectives*, 171-195 (2002).

18. Oliver E. Williamson, "Transaction Cost Economics: the Governance of Contractual Relations", 22 *Journal of Law and Economics*, 233-261(1979).

19. Oliver Hart, "An Economist's Perspective on the Theory of the Firm", 89 *Columbia*

Law Review, 1757-1774 (1989).

20. Pierre-Henri Conac, "Director's Duties in Groups of Companies-Legalizing the Interest of the Group at the European Level", 10 *European Company and Financial Law Review*, 194-226(2013).

21. Richard Squire, "Strategic Liability in the Corporate Group", 78 *University of Chicago Law Review*, 605-669 (2011).

22. Rainer Böhme, Nicolas Christin, Benjamin G. Edelman & Tyler Moore, "Bitcoin: Economics, Technology, Governance", 29 *Journal of Economic Perspectives*, 213-238(2015).

23. Shawn Bayern, "Dynamic Common Law and Technological Change: The Classification of Bitcoin", 71 *Wash & Lee Law Review*, 31-33 (2014).

24. Stefan J. Padfield, "A New Social Contract: Corporate Personality Theory and the Death of the Firm", 101 *Minnesota Law Review Headnotes*, 363-381(2017).

25. Usha Rodrigues, "Law and the Blockchain", 104 *Iowa Law Review*, 5(2018).

26. William W. Bratton, "The New Economic Theory of the Firm: Critical Perspectives from History", 41 *Stanford Law Review*, 1471-1527(1989).

27. Ying-Ying Hsieh & Jean-Philippe Vergne, "Bitcoin and the Rise of Decentralized Autonomous Organizations", 7 *Journal of Organization Design*, 14 (2018).

28. Yochai Benkler, "Coase's Penguin, or, Linux and the Nature of the Firm", 112 *The Yale Law Journal*, 369-446 (2002).